THEO ADAM

Die hundertste Rolle oder »Ich mache einen neuen Adam«

Sängerwerkstatt II

Henschelverlag
Berlin 1986

Mit einem vollständigen Verzeichnis der Opernrollen und einem Personenregister sowie einer Zeittafel und einer Diskographie von Hans-Peter Müller

Statt eines Vorworts

»Die Hauptarbeit ist wieder einmal geschafft«, so dachte ich erleichtert, als ich das letzte Kapitel meines Opus II im Verlag abgeliefert hatte. Nun brauchte ich nur noch das Vorwort zu schreiben. Da würde eine Zusammenfassung aus den bisherigen Kapiteln gezogen – und schon hätte ich eine feine Einleitung.

Und nun sitze ich an der Schreibmaschine und warte auf gute Einfälle. Was ist denn eigentlich noch zu sagen – am Ende? Welchen Anfang soll man denn da noch erfinden? Ich muß gestehen, daß mein Vorwort eigentlich den Charakter eines Nachwortes bekommen wird. Und nach der Lektüre mancher anderer Bücher, wie z. B. Biographien, möchte ich die Behauptung wagen, daß auch da die Einleitung mitunter am Ende einer abgeschlossenen Arbeit formuliert worden ist.

Als ich meine erste »Sängerwerkstatt« der Öffentlichkeit übergab, glaubte ich nicht, daß ich mich ein zweites Mal schriftstellerisch betätigen würde. Da sich aber anerkennende und dankbare Leserzuschriften auf meinem Schreibtisch häuften, der Verlag gar Neuauflagen beschloß, fand ich die Bestätigung, daß mein Nachdenken über die gesanglichen Probleme einer Opernrolle und über andere künstlerische Fragen auf großes Interesse meines Publikums gestoßen war. In fast allen Briefen kam der Wunsch zum Ausdruck, noch mehr über Fragen und Ansichten zu erfahren, die sich bei der Arbeit eines Sängers ergeben. So kam der eigentliche Anstoß, eine »Sängerwerkstatt II« zu versuchen, aus Publikums- und Leserkreisen. Wenn ich diese also hiermit vorlegen kann, habe ich mich auch bei meinen Lesern zu bedanken.

Es gab da übrigens einige, die mir beim Titel meines ersten Buches einen grammatikalischen Fehler nachweisen zu müssen glaubten. Aber sie hatten mich im falschen Verdacht! Da die Rolle des Hans Sachs in meinem Buch eine zentrale Stellung einnahm, hatte ich ein Zitat aus den MEISTERSINGERN als zutreffenden Titel ausgewählt: »Seht, hier ist Tinte, Feder, Papier ...«. Da man aber einen Rollentext, den man selbst viele Male auf der Bühne gesungen hat, nicht verändern kann, selbst wenn er dadurch »richtiger« würde, habe ich Richard Wagner original zitiert. Die Zensuren müßten also den großen Meister selbst treffen.

Auch für das vorliegende Buch habe ich ein Zitat gewählt, das aber sicher zu keinen Beanstandungen führen kann, stammt es doch von keinem geringeren Meister der Sprache als Bertolt Brecht. Der BAAL, sein geniales Jugendstück, wurde 1981 von Friedrich Cerha komponiert und bei den Salzburger Festspielen als Oper uraufgeführt. Die Titelfigur wurde meine 100. Opernrolle, über die ich nun in meiner »Sängerwerkstatt II« ausführlich berichte. Vielleicht ist diese Behauptung vom »neuen Adam« in meinem jetzigen Lebensabschnitt tatsächlich berechtigt. Ich habe mich ja seit einigen Jahren an neue gesangliche Aufgaben herangewagt, die für einen Wagner-, Strauss-, aber auch Mozart-Sänger, von Bach gar nicht zu reden, sicher ungewöhnlich, in manchen konservativen Ohren sogar als ungebührlich erscheinen. Denn es häuften sich beim »alten Adam« plötzlich – eher unbeabsichtigt, aber vielleicht auch zwangsläufig – Rollen in Opern des zwanzigsten Jahrhunderts, wie EINSTEIN von Paul Dessau, Alban Bergs WOZZECK, BAAL von Friedrich Cerha, der Doktor Schön in LULU und 1984 (in Salzburg) der Prospero in Berios UN RE IN ASCOLTO.

Wenn dieses Buch erscheint, wird der »neue Adam« – hoffentlich – noch einige ähnliche Aufgaben, wie die Uraufführung KÖNIG BERENGER I. (nach Ionesco) von Heinrich Sutermeister anläßlich der Münchner Opernfestspiele bewältigt haben. Natürlich gibt und gab es auch auf dem Konzertsektor mehrere Ur- und Erstaufführungen für mich zu singen, u. a. die HÖLDERLIN-FRAGMENTE von Siegfried Matthus, Rainer Kunads KLOPSTOCK-ODE oder Gottfried von Einems DANTONS TOD, KARL V. von Krenek etc.

In vielen Interviews taucht nun die berechtigte Frage auf:

Warum jetzt die verstärkte Hinwendung zur modernen Musik? Reicht ihm denn der Erfolg mit den großen Wagner-Rollen, wie Hans Sachs, Holländer, Gurnemanz usw. nicht aus? Die kann man doch überall in der Welt singen, damit kann man doch wunderbar die Ernte der Arbeit vergangener Jahre einfahren! Gewiß, es macht mir ungeheure Freude, diese und andere herrliche Partien des klassischen Repertoires zu singen, und ich möchte diese nicht missen.

Man kann natürlich mit fünf oder sechs Rollen auch die ganze Opernwelt »beglücken«. Ob man aber dabei selbst immer glücklich und zufrieden bleibt, lasse ich dahingestellt. Kollegen, die immer nur ihre Erfolgsrollen abziehen, wissen gar nicht, was ihnen bei einer neuen, ungewohnten Partie an Spannung und auch Genugtuung über Neubewältigtes entgeht. Zugegeben: Es gibt auch eine Zeit der großen Rollenerfolge, in der man von einem Gastspiel zum anderen hetzt, die Schönheit und Buntheit der Welt bestaunt, neue Eindrücke verarbeitet, so daß man weder die Zeit noch den Mut findet, etwas ganz Neues künstlerisch anzupacken. Auch ich habe solche wunderbaren Jahre genossen, in denen man dem vergangenen Erfolg in Buenos Aires den morgigen Triumph als Hans Sachs in der New Yorker Metropolitan Opera folgen lassen kann; wenn man aus dem vollen schöpfen darf, heute in Paris und morgen in London als Wotan auf der Bühne steht, in Bayreuth singt und in der nächsten Woche zu einer Liederabend-Tournee nach Japan »jettet«. Der ständige Wechsel solcher Schauplätze, wie z. B. Wien, Moskau, München, Rom, Budapest, die Arbeit »daheim« in Dresden und an der Berliner Staatsoper, die Verschiedenheit des Publikums und seine Einstellung darauf stimuliert den Künstler und den Menschen sicher zu großem persönlichem Einsatz, seine Leistungen noch zu steigern. Ich bin glücklich und dankbar für eine lange Periode solcher herrlicher Jahre in meinem Sängerleben. Aber sie bergen auch eine Gefahr in sich. Bei vielen Künstlern – und ich schließe mich da nicht aus – liegt die Verführung nahe, sich auf den Gipfeln des internationalen Ruhmes zu sonnen und, erfolggewohnt, dort »oben« zu rasten. Daß dabei die eigentlichen künstlerischen Potenzen auch rosten können, ist durch manche frühzeitig beendete Karriere schon nachhaltig belegt worden.

Heute drängt es mich nach neuen Aufgaben, die mich aktivieren. Wenn ich die Rolle für eine Uraufführung einstudiere, bin ich wochenlang in großer Spannung und habe die Gewißheit, auf ein Ziel hin zu arbeiten. Das ist jedesmal ein künstlerisches Abenteuer, das mich in jeder Beziehung beweglich hält und fordert. Natürlich ist auch jeder Holländer und jeder Hans Sachs eine erneute Herausforderung. Aber nur in diesen Rollen hier und da zu gastieren, kann auch zur künstlerischen Bequemlichkeit verführen, in zwar erprobten, aber bisweilen auch festgefahrenen Darstellungsklischees und gesanglicher Routine zu verharren. Beispiele von solcher Art Spezialistentum haben wir viele in aller Welt. Mich aber läßt dies auf die Dauer unbefriedigt.

Es geht mir bei der Bewältigung einer neuen zeitgenössischen Rolle nicht nur um das Rätsel, was das Neue bietet, oder um das Experiment – obwohl auch das die Sache interessant macht –, sondern um die zusätzliche Erfahrung, daß Rollen, die man x-mal gesungen hat, plötzlich in einem anderen Licht erscheinen. Es bedarf ja gerade bei der Erarbeitung des Neuen, des noch nicht Dagewesenen der Kreativität, der Gespräche, des Nachdenkens und Abwägens. Schließlich ist das Ganze auch mitunter ein hartes musikalisches Training, das den arrivierten Sänger in Bewegung und Kondition hält, die er auch für seine »klassischen« Rollen so nötig braucht. Die Erfahrung habe ich nun in 37jähriger Tätigkeit als Sänger machen können: Jedes Nachdenken und jede Auseinandersetzung mit einer bestimmten Opernrolle hat mir bei der Interpretation einer anderen, neuen Aufgabe geholfen! Letztlich gibt es aber bei aller Risikobereitschaft gegenüber der zeitgenössischen Opernrolle für mich dort eine unüberwindliche Grenze, wo es für den Sänger keine Kantilene mehr gibt und die Stimme Schaden erleiden kann.

Und so bleiben natürlich trotz dieses Plädoyers für interessante zeitgenössische Rollen nach wie vor die klassischen Opernfiguren das Gerüst der sängerischen Tätigkeit eines »neuen Adam«. Sie finden sich auch in der zweiten Sängerwerkstatt wieder, neben anderen Aufgaben und Problemen, die sich bei einem Sänger zwangsläufig ergeben müssen, der sich nicht nur als ein Gefäß einer vom Schicksal verliehenen Begabung versteht, sondern sich, dieser Gnade wohl bewußt, auch als handelndes Wesen, als aktives Geschöpf zu begreifen hat.

»Aller guten Dinge sind drei« – möge mein Opus II die Ausnahme der alten Regel bestätigen und meinem Publikum weitere Einblicke in meine »Sängerwerkstatt« vermitteln und freundliche Aufnahme finden.

Fidelio – ein Opernproblem?

Als Meisterwerk der Musikgeschichte betrachten und lieben wir das »Hohelied der Gattentreue«, als Revolutionsepos mit großem humanistischem Anspruch ist es jedem Opernfreund vertraut: der Fidelio, Beethovens einzige Oper. Die Musikwissenschaft hat dieses Meisterwerk von vielen Seiten beleuchtet, untersucht und analysiert – es gibt viele Deutungen. Die Einmaligkeit des Fidelio zeigt sich aber in vielen Aspekten. Da sind zunächst die großen Probleme, die Beethoven selbst im Ringen um das Werk hatte. Sie sind nicht im Musikalischen, sondern in der literarischen Vorlage zu suchen. Wir wissen ja aus Tagebuchnotizen, Briefen und Selbstzeugnissen, daß er ein ganzes Leben lang um gute Texte für sein musikalisches Theater gerungen hat. Welche schöpferischen Qualen ihm das Problem Fidelio letztlich bereitete, macht seine Mitteilung an Treitschke, den Bearbeiter des Textbuches, deutlich: »Die Oper erwirbt mir die Märtyrerkrone ... Hätten Sie sich nicht so liebe Mühe damit gegeben ... ich würde mich kaum überwinden können! ...« Widerwillig ließ er sich von Freunden zur Umarbeitung der Urfassung Leonore, die dann keinen Erfolg hatte, überreden. Es gab Ärger mit der Zensur. Es war eine kräftezehrende Arbeit, die er mit seinem Schmerzenskind Fidelio hatte, die Umarbeitung bezeichnete er als die »mühsamste der Welt«.

Sich als Ausführender, als Interpret, dieser Oper zu nähern bedingt nun auf anderer Ebene ebenfalls einige Probleme zu meistern. Das fängt schon bei der Schwierigkeit der Besetzung der einzelnen Partien an. Es ist nicht leicht, Sänger zu finden, die den außerordentlichen stimmlichen Belastungen der Hauptpartien gewachsen sind. Auch äußere Voraussetzungen müssen z. B. im Falle der Leonore im Einklang mit dem Stimmfach stehen, soll die Verkleidung als junger Mann glaubhaft wirken.

Schon die Dreiteilung der Handlung in Singspiel, Drama und oratorische Schlußapotheose stellt den Interpreten die Kardinalfrage, welche Form der Darbietung zu wählen ist. Soll die realistische Handlung im Vordergrund stehen oder zeigt man den Ideengehalt des Werkes in symbolischen oder abstrakten Bühnenbildern auf? Bindet man das letzte Bild, die Befreiung der Gefangenen und das Erscheinen des Ministers, in die Gesamthandlung als realistische Darstellung ein oder verkündet man die humanitäre Botschaft des Schlußbildes in oratorisch strenger Form? Die Metamorphose vom Singspiel zum Drama, vom Drama zur Botschaft – ist sie ohne Bruch, den das Werk ja selbst zu provozieren scheint, zu erreichen? Diese Fragen, die natürlich in erster Linie Regisseur und Bühnenbildner jeder Aufführung beantworten müssen, stellen sich auch als Problem für die Sänger bei der Bewältigung ihrer Rollen. Wofür man sich auch entscheidet, für Realistik oder Symbolik, für Dramatik oder Statuarik – selten ist die Glaubwürdigkeit des Darstellers auf der Bühne so vonnöten wie im FIDELIO!

Drei Protagonisten bilden dabei die tragenden Säulen, auf denen sich die Handlung und damit auch die kompositorische Anlage aufbaut: Da ist zunächst die Titelpartie Leonore, eine Operngestalt von wahrhaft singulärem Rang. Ihre Befreiungstat, die anfangs nur das persönliche Schicksal einer liebenden Frau zu sein scheint, sprengt den Rahmen einer bloßen Schreckensoper und wird zum Sieg des Guten über das Böse. Persönliches Anliegen wächst im Augenblick höchster Gefahr zu einem Bekenntnis allgemeingültigen Humanismus.

»Wer Du auch seist, ich will dich retten!« Diese anspruchsvollste aller Frauenrollen des Musiktheaters ist nur mit innerstem Engagement glaubhaft auf der Bühne zu vermitteln. Sie stellt darüber hinaus auch enorme stimmliche Anforderungen und ist nur von erfahrenen Sängerinnen, die ihre stimmlichen Möglichkeiten, vor allem aber auch ihre Grenzen genau einschätzen können, zu bewältigen.

Hier möchte ich unsere jungen, angehenden Sängerinnen vor unausgereiften und – auch von Intendanten und Dirigenten unüberlegt geforderten – Schritten nachdrücklich warnen! Dabei ist die große Leonoren-Arie im ersten Akt das sicher noch am ehesten zu meisternde Paradestück. Die wahren stimmlichen und kräftezehrenden Probleme stellen sich wohl im zweiten Akt beim großen Quartett und anschließendem Duett ein.

Große Gestalterinnen der Leonoren-Partie durfte ich auf vielen Opernbühnen der Welt zu meinen Partnerinnen zählen. Schon in meinem ersten Anfängerjahr 1950 an der Dresdner Staatsoper konnte ich als 2. Gefangener die von den Dresdnern heiß geliebte Christel Goltz aus nächster Nähe auf der Bühne bewundern. In einfachster Nachkriegskostümierung, fast ohne Schminke und ohne Perücke, war sie in Heinz Arnolds Inszenierung der ergreifende Mittelpunkt eines Spitzenensembles, das aus so großartigen Sängern wie Elfriede Trötschel, Bernd Aldenhoff, Gottlob Frick, Joseph Herrmann und Erich Zimmermann bestand. Ihren Gesichtsausdruck zu studieren, wie sie während des Gefangenenchores durch unsere Reihen hastete, um ihren Florestan zu suchen, war mir ein unvergeßliches Erlebnis. In einem solchen Ensemble zwei Sätze singen zu dürfen, konnte den Ehrgeiz eines dreiundzwanzigjährigen Bassisten schon anstacheln! Daß diese zwei kurzen Sätze des 2. Gefangenen im FIDELIO dabei stilistisch und intonationsmäßig höchst anspruchsvoll sind, man an ihnen wohl abmessen kann, ob einer singen kann, sei nur nebenbei vermerkt.

In späteren Jahren faszinierte mich dann jedesmal von neuem die stimmliche Pracht einer Birgit Nilsson, deren

Gegenspieler Pizarro zu sein eine echte Herausforderung bedeutete. Einen Höhepunkt in meinen bisherigen FIDELIO-Erinnerungen aber bildete jener Abend im historischen Theater an der Wien im Beethoven-Jahr 1970. Die Ausmaße dieser getreu restaurierten Bühne, an der im Jahre 1805 die Uraufführung der LEONORE stattgefunden hatte, waren ideal zu nennen, genau wie die Akustik. Die oft zu großen Dimensionen renommierter Bühnen, auf denen der Bruch zwischen Singspiel und heroischem Drama zum Zwang wird, gab es hier nicht. Das lag natürlich auch an der realistischen, das allgemein Menschliche betonenden Inszenierung Otto Schenks. Was aber alle Mitwirkenden und das Publikum mitriß, war das ungeheure Engagement Leonard Bernsteins an diesem Abend. Als das Publikum nach dem C-Dur-Finale mit einem Aufschrei dankte, brach die Leonore Gwyneth Jones in Tränen aus. Man spürte, daß etwas Besonderes geschehen war. Die Jones, eine oft von mir erwähnte und geliebte Partnerin als Senta, Salome und Brünnhilde sang die Titelpartie mit einer von mir bis dahin noch nie erlebten Inbrunst und Passion. Als sie mir im Kerker mit in höchster Not gezückter Pistole gegenüberstand, blickte sie mich in einer derart verzweifelten Erregung an, daß ich mich für Sekunden bei dem bangen Gedanken erwischte, die Pistole sei doch hoffentlich nicht geladen. Sie atmete so heftig, daß ich glaubte, sie hätte mich in ihrer Intensität erschossen! Es war eine so vollkommene Identifizierung mit der Rolle, daß man annahm, das Schicksal Leonores sei ihr eignes.

Eine gleich ausdrucksstarke Leonore ist für mich auch immer wieder Hildegard Behrens, die von sich selbst behauptet, die überwältigenden Emotionen dieser Rolle seien schwerer in den Griff zu bekommen als die stimmtechnischen Schwierigkeiten. Noch viele große Kolleginnen lassen sich hier aufzählen: die in ihrer Bühnenpräsenz sich geradezu verzehrende Leonie Rysanek oder meine Gegenspielerin in Salzburg 1970, Ingrid Bjoner, in einer hinreißenden Aufführungsserie unter Karl Böhm. Als ich 1982 in Salzburg aufgefordert wurde, nach 12 Jahren wiederum bei den Festspielen den Pizarro unter der Leitung von Lorin Maazel zu singen, war die Ungarin Eva Marton eine energische, stimmstarke Leonore. Siw Ericsdotter erlebte ich noch als Rocco in einer beeindruckenden Inszenierung von Harry Buckwitz unter der Stabführung von Georg Solti in Frankfurt am Main. Schließlich waren Hedwig Müller-Bütow und Ludmila Dvořáková meine aufregenden Partnerinnen in vielen Vorstellungen der Deutschen Staatsoper Berlin. Ihnen allen gebührt Dank für Impulse auch für meine eigene Rollenvertiefung!

Die zweite große Säule der FIDELIO-Handlung ist Florestan, der als politischer Gegenspieler des herrschenden Systems »kühn die Wahrheit zu sagen wagte«. Auch dem Sänger dieser Rolle verlangt Beethoven schier übermenschliche Kraftreserven ab, als wollte er demonstrieren, daß dieser gedemütigte Gefangene wahrhaftig nur noch »wie ein Schatten schwebt«. Hier hat der Meister die Grenzen der menschlichen Stimme doch hart verkannt! Die große Florestan-Arie am Beginn des zweiten Aktes bedingt eigentlich zwei verschiedene Tenorstimmen: einen lyrischen Sänger für den resignierenden, klagenden ersten Teil und schließlich eine heldische, dennoch leicht geführte Stimme für den zweiten Teil. Die hoffnungsvollen Wahnbilder auf sehr hoch liegenden Tonwiederholungen bereiten nicht selten erhebliche Schwierigkeiten. Und so widerspruchsvoll geht es mit der Rolle auch weiter. Denn einem lyrisch zu singenden Part im Terzett folgt ein kräftezehrendes Duett, und im Finale der Oper gibt es Passagen, die einen gestandenen Heldentenor verlangen. So ergeben sich auch für den Sänger des Florestan Probleme bei der Bewältigung der im FIDELIO gestellten Aufgaben.

Jeder der vielen Florestane, die ich auf der Bühne als Partner erlebte, löste diese Probleme auf seine Weise mit Erfolg. Namen wie Bernd Aldenhoff, Max Hirzel aus meinen ersten Bühnenjahren in Dresden, später Ernst Kozub, Jess Thomas, Jon Vickers, an der Deutschen Staatsoper Berlin Martin Ritzmann oder der legendäre, faszinierende Helge Rosvaenge, in letzter Zeit schließlich James King, René Kollo, Reiner Goldberg sind mir noch in guter Erinnerung. Auf der ersten Digital-Schallplattenaufnahme, die ich unter Georg Solti in Chicago 1979 einspielte, singt der Tenor Peter Hofmann seinen ersten Florestan.

Eine dritte große Triebkraft der Oper stellt schließlich der Gouverneur des Gefängnisses, in welchem sich die gesamte Handlung abspielt, Don Pizarro, dar. Im Laufe meiner Bühnenjahre, ob als 2. Gefangener, Rocco oder Don Fernando (Minister), stand ich oft genug in szenischer Konfrontation zu diesem Bühnenschurken, so daß ich die Rolle dann eines Tages gut vorbereitet übernehmen konnte. Den Rocco habe ich viele Jahre in Dresden, Berlin und Frankfurt am Main gesungen. Im Werk stellt diese vielschichtige Figur ja die längste Rolle dar, die in der Gestaltung und Haltung manches Problem aufwirft. Sowohl im Musikalischen als auch im Dramaturgischen sind dieser Figur viele Farben und Schattierungen eigen. Der biedere Beamte, zunächst ganz Erfüllungsgehilfe, macht angesichts der dramatischen Zuspitzung der Ereignisse eine menschlich bemerkenswerte Entwicklung durch. Sein Bewußtsein, seine Lebenseinstellung, zunächst recht materialistisch, wie die berühmte Goldarie zeigt, erlangt nach Leonores großer Befreiungstat sicher eine neue Qualität. Da ich also als Kerkermeister ständig auf der Bühne zu agieren hatte, in jedes Detail der Handlung sozusagen verwickelt war, erschlossen sich mir die Aspekte dieser Oper aus den verschiedensten Perspektiven.

Übrigens stellt das Debüt als Pizarro in meinem Sängerleben einen bemerkenswerten Einzelfall dar: Es fand einmal nicht auf der Opernbühne, sondern im Film statt. Es war im Jahr 1969, als Rolf Liebermann, Intendant der Hamburgischen Staatsoper und einer der engagiertesten und bedeutendsten Opernchefs unserer Tage, mit der Produktion einer Serie von Opernfilmen begann. Ihm ging es dabei nicht um gefilmte oder verfilmte Oper schlechthin, sondern die Musik- und Aufführungstreue sollten im Vordergrund stehen. Er wollte das Theater nicht durch Film ersetzen. Sein Vorhaben war es, Millionen von Fernsehzuschauern mit der Idee des Musiktheaters vertraut und dadurch viele Menschen mit der Welt der Oper wahrscheinlich erstmals bekannt zu machen. Er lud mich ein, in der Verfilmung einer FIDELIO-Aufführung (im Studio originalgetreu nach Günther Rennerts Inszenierung nachvollzogen) den Pizarro zu übernehmen.

FIDELIO – die Problemoper – gab mir auch hier einige Nüsse zu knacken. Denn Bühnenerfahrung in dieser Partie hatte ich noch nicht, und doch mußte ich diesem intellektuellen Bösewicht, hier in Großaufnahme vor der Kamera, den gültigen Ausdruck geben. Für den Regisseur ist zwar ein Darsteller, der eine Rolle das erste Mal singt, ein Idealfall. Das weiß ich inzwischen auch aus eigener Regie-Erfahrung. Es gibt dann keine eingefahrenen Gleise, keine routinierten Gesten usw. – der Regisseur kann die »Darstellermasse« noch nach seinen Vorstellungen kneten. Das aber braucht seine Zeit – und die hatten wir nun gar nicht. Da die Tonaufnahmen vorher im Studio stattfanden, der Film im Playback-Verfahren aufgenommen wurde, ergab sich für mich noch ein ganz persönliches Problem. Ich mußte die Rolle nicht nur einfach »singen«, sondern vor dem Mikrophon bereits ausdrucksmäßig so gestalten, daß alles glaubwürdig bis ins Detail wirkte. Wenn ich bei einer Rolle lange Bühnenerfahrung und Erprobung habe, macht mir das keine Schwierigkeit, aber hier war ich ja Neuling und Debütant. Der Hamburger Generalmusikdirektor Leopold Ludwig, der in den fünfziger Jahren auch oft an der Deutschen Staatsoper Berlin dirigiert hatte, gab mir dabei viele wertvolle Hilfen.

Trotz der Studioatmosphäre legte Liebermann großen

Wert auf den originalen Operneindruck, dem natürlich das im Studio notwendige Playback-Verfahren entgegenstand. Er selbst schreibt dazu in seinem Buch »Opernjahre«:

»Im Musikfilm ... liegt der Akzent meist mehr auf dem Bild als auf der Musik. Der Filmemacher erlaubt sich von vornhinein ›Verfremdungen‹: Schnitte, Szenenwechsel usw.

Bei der gefilmten Oper hingegen steht die Aufführungstreue im Vordergrund. Das wichtigste Requisit der Studioaufnahme ist die vierte Wand, die Kameraschwenks erlaubt, ohne plötzlich in ein gähnendes Loch zu fallen, das in der Realität der Zuschauerraum wäre.

Das Playback-Verfahren, das in jedem Fall anzuwenden ist, stellt den Filmer sowohl vor ein technisches als auch vor ein dramaturgisches Problem. Das Technische besteht in der genauen Übereinstimmung von Ton und Lippenbewegung ...

Das dramaturgische Problem ist mir selbst erst aufgegangen, nachdem ich ein halbes Dutzend Opern gefilmt hatte: das Playback verfälscht den Gesichtsausdruck der Sänger. Man nimmt dem Sänger ein hohes H oder C einfach nicht ab, wenn er dabei ein völlig gelöstes, glattes Darstellergesicht macht. Nachdem ich dies erkannt hatte, bat ich meine Interpreten immer, auch bei den reinen Bildaufnahmen nicht nur zu ›markieren‹, sondern wirklich zu singen.«

Soweit Rolf Liebermann. Schon im eigenen Interesse erfüllten wir natürlich seine Forderungen. Der Film wurde ein großer Erfolg und bereicherte manches Festival in der Welt. Wir waren damals ein durchschnittlich sehr junges Sängerteam, das auch selbst vor der Kamera agierte, also nicht durch Schauspieler ersetzt wurde. So blieb das von Liebermann geforderte Opernerlebnis weitgehend erhalten. Anja Silja, das einstige Sängerwunderkind und die spätere Bayreuther Protagonistin in allen Wieland-Wagner-Inszenierungen, war die Leonore.

Ein bewegender Augenblick, wie sie sich im großen

Quartett des zweiten Aktes als Frau des Florestan zu erkennen gab. In höchster Not und Verzweiflung ihr »Töt' erst sein Weib« herausstoßend, riß sie sich die Kappe, die sie als Fidelio trug, vom Kopf, und ihr rotblondes Haar fiel – stimmungsvoll beleuchtet wie ein überdimensionaler Heiligenschein – auf ihre Schultern. Dazu ihr zu allem entschlossener Gesichtsausdruck in Großaufnahme – das war der absolute Höhepunkt an dramatischer Zuspitzung! In solchen Momenten gibt natürlich die filmische Version der musikdramatischen Aussage eine zusätzliche Dimension. Hier wurde ich durch eine große Sängerdarstellerin gleich zu Anfang meiner Pizarro-Gestaltung zur intensiven Auseinandersetzung mit dem Stellenwert der Rolle im Werk herausgefordert.

Nun glaube ich, daß die psychologische Durchdringung dieser Partie an den Sänger nicht allzu große Ansprüche stellt (dafür aber um so mehr stimmliche), wenn man erkennt, daß dieser extrem grausame Mann als ganz einseitig negativer Charakter von Beethoven musikalisch angelegt wurde. Dieser Despot beherrscht bis zu seiner Entlarvung durch Leonore eindeutig die Szene. Kaltblütig kann er einen anderen ermorden, der ihm durch seine bloße Existenz gefährlich wird. Dabei zeigt er sich um so grausamer, je brüchiger seine Situation wird. Durch die Gefahr der Aufdeckung seiner Verbrechen befindet er sich in Zeitnot. Daher setzt er alles auf eine Karte, um seiner Entlarvung zu entgehen. Selbst schwachen Protest, wie Roccos vorsichtige Weigerung, den Staatsgefangenen für Geld umzubringen, unterbindet er mit wahren Fanfarentönen, die jedes Aufbegehren gegen den teuflischen Plan verstummen lassen.

Das Ausmaß der absoluten Bosheit, die Abgründe eines menschlichen – im Falle Pizarros besser unmenschlichen – Charakters sicht- und vor allem hörbar zu machen, ist nun meine Aufgabe. Und das war die erwähnte Besonderheit bei der Tonaufnahme zu den Hamburger Filmaufnahmen. Wie auch bei späteren Schallplattenaufnahmen war es wichtig, das Wesen dieser Figur bereits akustisch, also mit einem ganz spezifischen Klangbild zu erfassen. Das klingt zwar nach einer Binsenwahrheit – schließlich ist das bei jeder Rolle Voraussetzung, beim Pizarro aber doch etwas schwieriger –, es sei denn, man verläßt sich einfach auf das Brüllen. Das allein aber nimmt das Publikum sicher nicht ab, denn Lautstärke allein wird mit der Zeit – übrigens in allen Opernrollen – langweilig und höchstens noch störend. So bemühe ich mich bei der Pizarro-Rolle immer einen scharfen, schneidenden, aber immer noch »klingenden« Ton zu produzieren, der despotisch wirken, also keinen Widerspruch dulden soll. Dazu gehört auch eine sängerische Überwindung, dies dem Zuschauer durch klangliche Härte und deklamatorische hervorgestoßene Töne zu vermitteln. Dabei muß ich nicht nur dem Bösen einen hochexplosiven Ausdruck geben, sondern auch die Perfidie und nackte Angst des Tyrannen zeigen. Man ist da als Künstler in einer etwas merkwürdigen Zwickmühle, man soll schrecklich wirken – das Publikum soll aber wiederum nicht sagen dürfen: »Herrgott, das klingt ja schrecklich ...« Um reinen Schönklang darf es aber auch nicht gehen. Wie also diese Rolle stimmlich in den Griff bekommen? Der realistische Ausdruck muß vom Wort allein bestimmt werden. So muß z. B. ein Forte-Ton eines Pizarros anders klingen als die Kraft eines Hans Sachs. »Sie haben heute den Pizarro so schön gesungen, Herr Kammersänger« – wäre ein schlechtes Kompliment (wenn auch gut gemeint!).

Ich erinnere mich dabei einer kleinen Episode, die mir mein Anfängerkollege und Freund Werner Faulhaber einmal erzählte, ein Kuriosum, das uns Sängern nicht selten passieren kann. Er war in Dresden 1950 für Joseph Hermann als Pizarro kurzfristig eingesprungen und am Bühnenausgang sprach ihn ein weibliches Wesen folgendermaßen an: »... Sie waren heute abend als Pizarro entzückend!!!« Das kann einem Künstler, der sich ausgiebig mit einer Rolle auseinandersetzt, schon einen kleinen Stich geben!

Pizarros erster Auftritt wird musikalisch durch einen bedrohlichen Marsch mit teilweise rhythmisch verschobenen Akzenten angekündigt. In der großen Rachearie, die am Beginn der Rolle liegt und in der man gleich ganz »da« sein muß, wird bereits der Sadismus, aber auch die Vitalität dieses gefährlichen Mannes charakterisiert. Es herrscht in diesem Ausbruch von Bösartigkeit eine geradezu elektrisierende Spannung, die der Sänger auch stimmlich vermitteln muß. Es ist für mich immer wieder ein erregendes Moment, wenn mich Dirigenten vom Range eines Karl Böhm, Georg Solti, Leonard Bernstein, Horst Stein, Lorin Maazel oder – früher – Joseph Krips zu einem wahren Agitato-Hochdruck anfeuern.

Dabei macht es ja Beethoven mir als Sänger nicht gerade leicht: Sein Verhältnis zur menschlichen Stimme scheint doch recht zwiespältig gewesen zu sein. In all seinen Vokalwerken können wir feststellen, daß die Gesangslinie vor allem instrumental empfunden wurde. Wie oft beansprucht er dabei die Stimme oft gegen alle Regeln der Gesangskunst über das von der Natur gegebene Maß hinaus. Beethovens Ertaubung mag zum Teil schuld gewesen sein, daß seine Klangvorstellungen nicht immer mit der Realität vereinbar waren, denn er forderte von seinen Sängern Außerordentliches, das mitunter an der Grenze des Erfüllbaren liegt. Man denke nur an die beinahe unsingbare Führung der Chorsoprane in der NEUNTEN SYMPHONIE und der MISSA SOLEMNIS oder an die Belastungen, die er seiner LEONORE zumutet. Die Koloraturrouladen der UR-LEONORE – noch im italienischen Stil geschrieben – sind wahrlich halsbrecherisch und enorm kräftezehrend. Bewundernswert war ihre Bewältigung durch meine Kollegin Edda Moser, die diese schwere Rolle auf unserer Dresdner Schallplatteneinspielung unter Herbert Blomstedt grandios gemeistert hat!

Ich muß gestehen, daß mich die relativ kurze Rolle des Pizarro in ihrer Konzentration oft mehr fordert und anstrengt als manch andere umfangreichere Gesangspartie. Gerade die Perfidie und Vitalität dieses Despoten, wie sie mit wilden Orchesterfiguren z. B. in der Rachearie charakterisiert wird, stimmlich nachzuvollziehen erfordert eine messerscharfe, hochexplosive Tongebung, in der die Gefahr der stimmlichen Forcierung naheliegt. Es gibt ja bei dieser Partie keine Möglichkeit einer dramatischen Entwicklung oder Exposition. Der Einstieg in die Handlung bedeutet sofort stimmlicher Höhepunkt. Mit dem Auftritt Pizarros beginnt ja das eigentliche Drama, während vorher eine fast reine Singspielatmosphäre herrschte. Nackte Existenzangst diktiert sein Handeln, er ist im Zugzwang. Scharfe rhythmische Akzente, Dissonanzen und kühne Modulationen kennzeichnen diese Musik, die das Spiegelbild eines unbarmherzigen Rächers wiedergibt. Diese Akzente verleiten allzuoft zum Brüllen und Forcieren – der Gesangsapparat ist hier wie bei keiner anderen Partie in erhöhter Gefahr. Und doch – bei aller Kritik an Beethovens Umgang mit der menschlichen Stimme – entsteht eben bei richtiger Interpretation dieser Rolle ein Wort-Ton-Verhältnis im FIDELIO, das schon das Wagnersche Musikdrama als Gesamtkunstwerk vorwegnimmt.

Die wahren Dimensionen des Pizarro dokumentieren sich aber letztlich durch die singuläre humanistische Tat der Leonore, die ihn schließlich zu Fall bringt. Da sich aber das echte Drama immer erst in seinen Spannungen, Gegensätzlichkeiten und deren Lösungen vollendet, ergibt sich die ethische Größe der Titelfigur in Beethovens FIDELIO letztlich auch durch den Gegenpol ihrer tödlichen Bedrohung, durch Pizarro. Diese Rolle ist also nicht nur der übliche »Opernschurke« schlechthin, sondern stellt im großen Freiheitsdrama die notwendige dramaturgische Konsequenz dar.

Der hundertste Anlauf – ein Abenteuer

Wenn man eine neue Rolle des klassischen Opernrepertoires lernt, hat man von ihr schon oft eine bestimmte Vorstellung und auch einen Wertbegriff. Man weiß, das ist eine wichtige, schwere oder mehr oder weniger interessante Partie, die einem im Repertoire noch fehlt – und man könnte mit ihr der eigenen Palette eine neue Farbe hinzufügen. Große Vorbilder und Kollegen hat man in dieser Rolle schon gehört oder von ihnen gelesen. Es gibt ja heute fast keine Oper, die geschäftstüchtige Schallplattenfirmen nicht bereits aufgenommen haben. Es ist also leicht möglich, die Erfahrungen älterer Interpretationen in die eigene Arbeit und Rollengestaltung einfließen zu lassen. Das ist legitim und oft sogar Voraussetzung einer großen künstlerischen Leistung, denn wir alle sind ja in einer großen Tradition verankert, die geprägt ist von unseren Vorgängern und der wir verpflichtet sind. Nur müssen wir das künstlerisch Erreichte mit unseren Gegebenheiten und den Anforderungen unserer Zeit entsprechend weiterführen. Denn Tradition wahren heißt nicht, in ihr verharren – etwa nach dem alten, verstaubten Motto: So wurde das schon immer gemacht! Ein unkritisches Nachmachen und unproduktives Verharren in Erinnerung wäre eine falsch verstandene Wahrung von Tradition. Aber es gibt geistige Werte und ästhetische Begriffe, die von Generationen vor uns geprägt, durch uns Interpreten erhalten und weitergereicht werden müssen. Die Form der Wiedergabe war und ist natürlich immer zeitgebunden, sie muß sich wandeln und neue Impulse bekommen. Aber sie muß sich anschließen an die großen Leistungen der Vergangenheit und muß vor ihnen bestehen können.

Dieses Eingebundensein, diese Vorbelastungen durch Tradition – von manchen gern als unnötiger Ballast störend empfunden – setzt uns beim Erlernen einer klassischen Opernrolle stets Maßstäbe, denen wir uns zu stellen haben.

Ganz anders aber gestaltet sich der Lernprozeß bei einer zeitgenössischen Rollenaufgabe, die zuvor noch nie kreiert worden ist. Das Erfassen, Wachsen und Werden einer wirklich neuen Rolle, ihre erstmalige musikalische Umsetzung ist immer wieder ein spannendes Abenteuer. Ist jede Rolle für den, der sie erstmals in Angriff nimmt, Neuland, so gleicht die Situation vor einer Uraufführung einem Niemandsland, in das viel Phantasie investiert werden muß. Aber gerade das ist besonders reizvoll, weil man ohne Vorbilder auszukommen hat und dadurch viel kreativer sein kann als bei den bekannten Repertoirerollen.

Eine Welturaufführung ist bei den Salzburger Festspielen 1981 geplant. Seit acht Jahren wird dort neben den Erfolgsopern auch wieder einmal Neues vorgestellt. Der österreichische Komponist Friedrich Cerha hat nach Bert Brechts Erstlingswerk die Oper Baal komponiert. Mir ist von der Direktion, auf Wunsch des Komponisten, die Titelrolle übertragen worden. Nachdem mir Friedrich Cerha einige Teile seiner Oper am Klavier vorgespielt hat, das Notenmaterial allerdings noch nicht ganz fertiggestellt ist, weiß ich, daß da eine ungewöhnliche und umfangreiche Arbeit auf mich zukommt. Ich kann wohl nach flüchtigem Überschauen des ersten Aktes damit rechnen, daß die Partie mindestens die Ausmaße eines Hans Sachs haben wird. Von 25 Szenen werde ich in 24 Bildern ausgiebig beschäftigt sein. Meine nunmehr 100. Rolle scheint sich also wieder zu einem ganz schönen »Bandwurm« zu entwickeln. Es sieht so aus, als wird die gesamte Aussage des Stückes, und damit seine Wirkung und Erfolg, auf meinen Schultern bzw. in meinen Stimmbändern ruhen.

Da ich bisher Brechts Jugendstück vom Inhalt her nicht

kannte, muß ich gestehen, daß ich mir unter dem Titel Baal natürlich etwas Großes, Gewaltiges aus dem Altertum vorgestellt habe. Ich glaubte, schon wieder einmal einen Gott verkörpern zu müssen, jenen Baal, der für die Kanaaniten Herr und Gottvater bedeutete, der in allen semitischen Sprachen als Quelle von Leben und Fruchtbarkeit angesehen und in Stiergestalt verehrt wurde. Über den Baal-Kult sind ja seltsame Dinge überliefert. Von grausamen Kindesopfern ist die Rede, auch von sakraler Prostitution, von Liebesopfern. In Mendelsohn Bartholdys gewaltigem Oratorium Elias, dessen Titelpartie ich so oft und gern schon gesungen habe, ruft das Volk Israels den Gott Baal an, auf daß er die verdorrte Erde durch Regen wieder fruchtbar werden lasse. – Ja, eine heidnische Quelle von Leben und Fruchtbarkeit ist dieser Brechtsche Baal auch, aber wohl kein Gott. Im Gegenteil, er ist ganz und gar von dieser Welt, aus der er aussteigen und von der er sich nicht »verwursten« lassen will. Dieses junge Genie ist allenfalls ein Götze der Fruchtbarkeit einer total verwalteten Welt, deren Konventionen er sich mit allen Mitteln widersetzt. Warum ihm Brecht den Namen Baal gegeben hat – dahinter bin ich bis jetzt noch nicht gekommen. Es ist, wie mir scheint, auch nirgends darüber etwas nachzulesen.

Hier muß ich mich zunächst einmal mit dem rein Stofflichen, der literarischen Vorlage beschäftigen, um diese Figur eines provokativen Lyrikers – des versoffenen Genies mit all seinen Widersprüchen, Saufereien, Hurereien – aber auch naturverbundenen, lyrischen Träumen ganz zu erfassen und schließlich singend auf der Bühne Wirklichkeit zu geben. Den in vielen Teilen der Welt gerade heute sehr aktuellen Konflikt zwischen Individuum und programmierter Gesellschaft – das bei zahllosen Jugendlichen beliebte Aussteigen und Sichverweigern – musikalisch zu bewältigen ist natürlich eine reizvolle Herausforderung.

Als ich allerdings zum ersten Mal den Text und den ersten Akt des Klavierauszuges durchlas, gab es doch zunächst einen gewaltigen Schock! Auf den ersten und auch zweiten Blick ist das doch ein ganz schön »starker Tobak«, den uns da Brecht – und Cerha mir – zumutet! Ein Wüstling, der ständig besoffen, aufsässig, höhnisch, aggressiv ist, der mordet, brutal Frauen verbraucht, seine Freunde verletzt und schließlich umbringt – bin ich das, kann ich das und will ich das darstellen? Einen Aussteiger aus einer Gesellschaft, der er entkommen will und in der er doch letzten Endes durch sein Sichausleben verkommt, auf die Bühne zu bringen, ihm gar noch eine musikalische Berechtigung zu entlocken oder gar zu verleihen, muß das sein?

Doch hier stocke ich schon – und eine andere, weit berühmtere Opernfigur drängt sich mir auf! Passen nicht all die Ajektive, die in meinen Überlegungen eben auftauchten – aufsässig, höhnisch, aggressiv, mordend, Frauen brutal verbrauchend usw. – auf eine sehr etablierte und respektable Figur der Opernszene: den Don Giovanni? Ist er nicht der gleiche Aussteiger, allerdings auf einer gesellschaftlich viel »höheren« Ebene? Auch er verkommt durch sein Sichausleben, auch er stirbt nicht wie gewöhnliche Sterbliche, sondern verendet. Er fährt – im Gegensatz zu Baal – nur sichtbar zur Hölle. Ist nicht Baal auch ein Don Giovanni der Kutscherkneipen und Asyle? Wie jener verzehrt er sich faustisch im Genuß, dessen er sogar überdrüssig wird. Wir werden sehen, daß er sogar mehr Qualitäten hat als der Edelmann und Frauenverführer Don Giovanni; denn er ist als Dichter und Lyriker auch kreativ und teilweise sogar produktiv. Ein gewagter Vergleich – vielleicht –, aber er drängt sich mir von selbst auf!

So bedurfte es auch diesmal wieder einiger Überlegungen und Gespräche mit Frau und Freunden, ob dies wohl eine Aufgabe sein kann, die mich erfüllt. Denn ohne innere Beziehungen zu einer Rolle habe ich einfach keine Lust, monatelange Lernarbeit zu investieren. Ich möchte nicht wie manche moderne Regisseure stolz verkünden: ich habe zwar keine Beziehung zu dem Stück, aber ich inszeniere es aus kritischer Sicht! Solche Schaumschlägerei liegt mir nicht! Aber es ist diesmal ganz merkwürdig: dieser abstoßende Kerl, dieses Scheusal, der so ganz anders reden und formulieren kann wie seine Mitmenschen, läßt mich irgendwie nicht mehr los. Er stößt mich ab und fasziniert mich zugleich, warum, weiß ich bloß noch nicht. Wir – denn meine Frau gab den entscheidenden Anstoß, das muß ich hier ehrlich sagen – haben uns dann »heroisch« entschlossen, den BAAL zu machen!

Baal singt schließlich im 5. Bild der Brecht-Oper – für mich beinahe ein Programm –: »... ich mache einen neuen Adam, ich versuche es mit dem inneren Menschen ...!« Gerade an einer solchen Stelle – und es gibt deren viele – sehe ich für mich als einen gefühlsbetonten Sänger auch den Reiz an der Rolle: Baal hat auch innere Werte, die nur durch Frustration und Übersättigung an dieser Gesellschaft verschüttet sind. Sie brechen hier und da – ja selbst wenn er besoffen ist – einmal auf, wo er in lyrischer Schönheit und Treffsicherheit seine Sehnsüchte nach Reinheit und Unschuld, die er allein in der Natur zu finden glaubt, spüren läßt. Der violette Sonnenuntergang z. B. gibt ihm geradezu dionysische Gefühle, die er mit vitalem Schmerz herausschreit.

Nach den ersten Eindrücken beim zunächst oberflächlichen Durchlesen und Betrachten dieser Rolle kann ich das Angebot der Salzburger Festspiele als Chance betrachten, meiner Arbeit als Sänger wieder eine neue Seite hinzuzufügen. Hier werde ich wohl in erster Linie als Sänger*darsteller* gefordert werden. Ich sehe auch dies wieder als einen der glücklichen Zufälle an, die ein Künstlerleben hie und da braucht, daß ich in meinen »fünfziger Jahren« nicht nur die Erfolgspartien wie Hans Sachs, Holländer, Giovanni, Wotan, Gurnemanz u. a. in dieser oder jener Stadt ständig wiederholen muß und vielleicht sogar in die Gefahr des routinemäßigen »Abziehens« solcher herrlicher Rollen gerate. Meine künstlerische Neugier wird geweckt, und das ist gut so: hier muß ich einmal ganz von vorn beginnen, muß mich dem Publikum neu stellen und kann außerdem an der Geburt einer neuen Oper mit- und ihr hoffentlich zum Erfolg verhelfen. Den Reiz dieser ungewohnten und ungeheuerlichen Rolle sehe ich auch darin, daß ich wieder einmal – wie schon bei Wozzeck – gegen mich selbst (soweit man mich als »Typ« schon festgelegt hat) antreten muß.

Die Verwandlung auf der Bühne – ein oft strapaziertes Wort – ist ja das Kriterium, das den darstellerisch engagierten Sänger immer wieder von neuem in die Pflicht nimmt. Das braucht diesmal sicher seine Zeit. Es gibt Rollen, die sich einem sofort wie eine zweite Haut anschmiegen, die dem eigenen Lebensanspruch entsprechen oder zu denen man sich vom Charakter her angezogen fühlt. Doch es gibt auch die zwielichtigen und bösen Figuren, die in ihrer Brechung oft vielmehr reizen, bei denen man sich aber zunächst einmal selbst verdrängen muß. Aber es ist schon merkwürdig: das Böse, Zwielichtige, Ungeschlachte und Verschlagene, das uns im Leben abstößt, weckt auf der Bühne, wenn es künstlerisch überhöht wird, unser großes Interesse. Es ist wie das Salz in der Suppe, es gibt erst den Geschmack – uns Künstlern und dem Publikum. Und wenn dieses negative Element richtig dargestellt wird, wenn es sich bis in die verborgensten Tiefen einer kranken oder bösen Seele – bis an die Grenzen einer Prostitution – offen darbietet, dann sind wir, durch die Faszination gefangen, auch bereit, alle bösen Gedanken und Handlungen in unserem Innersten mitzufühlen und mitzuvollziehen. Eine gewagte Behauptung, aber ich leite sie aus der Gewißheit ab, daß es viele offene und verborgene Bereiche in uns gibt, die erst den ganzen Menschen ausmachen. Und gibt es nicht in jeder Figur auf der Bühne – ob Mephisto, Jago, Scarpia, Lady Macbeth, Klytämnestra, und sicher auch im umstrittenen Baal – Gefühle und Gedanken, die uns etwas angehen oder gar im extremen Fall die unseren sein könnten?

Habe ich meine sonstigen Opernrollen, Konzerte und Lieder meist selbst am Klavier einstudiert, so muß ich bei dieser Aufgabe natürlich von Anfang an mit einem Korrepetitor arbeiten. Zu kompliziert scheint auf den ersten Blick das Notenbild zu sein, als daß man zugleich singen und Klavier spielen kann. Ich muß mich erst einmal völlig auf die Gesangsstimme konzentrieren. Da ich emotional so eingestellt bin, daß ich immer gleich Musik machen will, muß ich gestehen, daß ich dieses rohe Studium des Zusammensuchens der Töne und Tonhöhen als eine mechanische Sisyphusarbeit empfinde, die mir zeitweilig recht sauer wird. Es schleichen sich da Momente ein, in denen man an Aufgeben denkt und sich die – unkünstlerische – Frage stellt: wozu? Aber die Geduld, die der Studienleiter der Dresdner Staatsoper, Kapellmeister Klaus-Dieter Stephan, der mit mir diese schwere Rolle erarbeitet, dabei aufbringt, holt mich immer wieder aus dem grollenden Abseits zurück.

Da das Notenmaterial immer nur in Abständen von der Universal-Edition Wien bei mir eintrifft, allerdings sehr klar und übersichtlich geschrieben, weiß ich oft nicht einmal, wie es nun weitergehen wird mit Baal – und mir. Wenn ein neues Notenpaket eintrifft, ist das Öffnen beinahe so spannend wie bei einem Weihnachtspaket: wie werden die nächsten Szenen aussehen, was stellt Baal noch alles an, werde ich im zweiten Akt auch keine Verschnaufpause haben? So ist das Studium dieser Rolle für mich das bisher ungewöhnlichste, ein richtiges Abenteuer – aber gerade darum spannend und interessant.

Nach einigen Proben kann ich aber hoffnungsvoll feststellen, daß die Rolle auch wirklich sangbar zu sein scheint. Da dieser Baal oft sehr schnell vom harten und schnoddrigen Umgangston in eine echte und auch schöne Lyrik übergeht und sich in einer unvermutet melodischen Sprache äußert – die den jungen Brecht schon als großen Dichter ahnen läßt –, hat der Komponist Friedrich Cerha dieser melodischen Diktion in seiner Musik Rechnung getragen.

Was ich schon beim ersten Kennenlernen des Stücks durch Cerha erfuhr, wird mir jetzt beim Rollenstudium zur Gewißheit: die Figur des Baal hat – wenn auch nicht die geistigen – so doch mindestens die zeitlichen Dimensionen eines Hans Sachs. Merkwürdig, dieser Vergleich mit meiner »Lebenspartie« (um die sonst übliche Frage nach der Lieblingspartie einmal sinnvoll abzuändern) klopft bei den Proben immer wieder bei mir an. Warum eigentlich? Diese beiden Figuren haben doch so gar nichts miteinander zu tun? Nun, die stimmlich-ökonomische Bewältigung wird nicht viel leichter sein und auch die geistige Beweglichkeit des Hans Sachs wird – natürlich auf anderer, moralisch tieferer Ebene – vonnöten sein. Auch für den Darsteller des Baal wird es erforderlich sein, sich schnell und oft auf wechselnde Partner einzustellen. Dieses rasche Umschalten auf neue Kontrahenten ist ein Problem, das sich mir auch schon beim Studium des Hans Sachs stellte. Bei dieser neuen Rolle kommt hinzu, daß die orchestralen Zwischenspiele nicht sehr lang sind, der schnelle Wechsel der Bühnenbilder und die damit verbundenen raschen Umzüge neue Aufregung und Streßsituationen hervorrufen werden.

Es wird eine Gratwanderung zwischen Extremen sein, weil bei diesem unwiderstehlichen Monstrum Baal, diesem äußerlich brutalen, innerlich jedoch so verletzbaren Aussteiger aus einer asozialen Gesellschaft, immer wieder Seiten aufbrechen, die seine Sehnsüchte nach Glück und Erfüllung, seine unersättliche Gier nach Leben in oft sprachlicher Schönheit sichtbar werden lassen. Er will das ganze Leben haben, den Himmel über sich, die Natur unter sich, die Menschen um sich. Er sucht gierig und beansprucht die absolute Freiheit – für sich. Nur anpassen will und kann er sich nicht. Sein Anspruch auf das eigene Glück reibt sich an den mehr oder weniger legitimen Wünschen. Er sträubt sich gegen seine Umwelt und ist doch auf sie angewiesen. Diese Rechnung kann aber nicht aufgehen – so kann man vielleicht in seinen Träumen leben, aber nicht in der Realität. Baal singt im 5. Bild beziehungsvoll: »... ich habe Hunger wie ein Raubtier ...!« Es klingt beinahe wie Selbsterkenntnis, daß er diesen Hunger (auf das Leben) nicht als Mensch empfindet, für den nun einmal bestimmte Regeln des Zusammenlebens gelten müssen, sondern eben als ein Raubtier, das sich nimmt, was und wann es etwas braucht. Die unausweichliche Tragik ist nur, daß er sich in seinem Hunger nach Leben und Lust gleich selbst mit auffrißt. Diesen zitierten Ausbruch hat der Komponist im übrigen musikalisch großartig gestaltet. Hier kann die Stimme wie bei Wagner und Verdi aufblühen!

Es scheint, als hätte der junge Brecht viel von seinen eigenen Nöten, Träumen und – an seiner Jugend gemessen – erstaunlich lebenserfahrenen Einsichten in diesen philosophierenden Vagabunden investiert. War nicht auch er der »Dichter als Bürgerschreck« mit leicht anarchischen Zügen? Auch er litt an seiner Gesellschaft und wollte sich nicht von ihr verwursten und vermarkten lassen. »Genie und Gesellschaft« – das ewig akute Thema wird hier in der Figur eines »versoffenen Genies« sinnvoll, wenn auch noch nicht ausgegoren, reflektiert. Baal besitzt – wie Brecht – Kraft und Lebendigkeit im Übermaß und eine geradezu verheerende Ehrlichkeit, die sich oft böse, aggressiv, aber auch humorig mitteilt. Das Böse und Bittere offenbart dabei einen großen Erkenntnisgrad von Reife. In diesen Bereichen liegt auch das Anziehende der zunächst wohl abstoßenden Figur: in zwielichtigen Situationen und negativen Vorgängen macht dieser Mensch auch geistige Prozesse durch. Dann schlägt diese Aggressivität plötzlich in Ruhe und Zärtlichkeit um. Ein außergewöhnlicher Charakter fürwahr! Er ist wohl ein Gewaltmensch – aber er muß eine prachtvolle Theaterfigur abgeben! Es ist nicht einfach, Zugang zu ihm zu finden und sich als Sänger und Darsteller in ihn hineinzudenken; aber je länger ich die Rolle studiere, um so treffender will mir scheinen, was Alfred Polgar, der große Kritiker, nach einer Aufführung in der Wiener Josefstadt 1926 in der Weltbühne schrieb: »Baal ist ein Kerl, der über seine eigenen Ufer getreten ist. Er hat keine Grenzen. Er ist Kraft, die jede Form, in der sie sich manifestiert, sprengen muß ... Baal endet, wie er gelebt: tierhaft einsam, kompromiß- und lügelos ... Immerhin steht hier, zum ersten Mal, auf der Bühne ein Exemplar Mensch, dem das Dasein an und für sich Schicksal, die Funktion: Leben, das tollste Erlebnis ist. Da steckt die Tragik (und auch Komik) der Figur.«

Er ist kompromißlos und kennt nicht die Lüge, insofern ist er auch nicht »menschlich«. Ist er aber böse, weil er aus unseren menschlichen Verhaltensweisen ausbricht? Der Chauffeur Horgauer singt einmal von Baal: »Er tut immer, was er muß!« (Nicht, was andere von ihm verlangen, sondern was aus seinem inneren Antrieb kommt.) Ein Holzfäller, sonst nicht gerade feinfühlig, sinnt über dem sterbenden Baal nachdenklich: »... es ist etwas in ihm, daß man an sich denkt!« An diesen wunderbaren Sätzen – deren es so viele im dramatischen Erstling Brechts zu bewundern gilt – erkenne ich, daß etwas von diesem Baal eigentlich in uns allen steckt. Jeder möchte in seinem innersten Winkel auch – wenigstens zeitweise – so leben, in absoluter Freiheit, die es aber nirgends auf der Erde gibt. Denn da sind moralische und juristische Grenzen oder gesellschaftliche Normen, die man nicht überschreiten kann, ohne Schaden zu nehmen an Leib und Seele. Baal aber tut es. Seine Ausnahme bestätigt die Regel.

Eine Tatsache fällt mir beim Studium der Rolle auf, die auf vielfältige darstellerische Möglichkeiten und stimmliche Ausdrucksvarianten schließen läßt und eine geradezu komödiantische Verlockung provoziert: Baal spricht anders als seine Partner (»Die Liebe reißt einem die Kleider vom

Leib wie ein Strudel und begräbt einen nackt mit Blattleichen, nachdem man Himmel gesehen hat«), er ist sensibel, aggressiv, poetisch, humorvoll, sadistisch, ehrlich, gemein und egozentrisch – und kann auch zärtlich sein –, er gibt unheimlich viel her. Seine Egozentrik ist dabei schonungslos und macht ihn zu einem individualistischen Fels, an dem sich die Brandung der Gesellschaft brechen muß.

Seiner Ehrlichkeit und Egozentrik entspringt auch die selbstzerstörerische Kompromißlosigkeit, die z. B. sehr eindringlich im Gespräch zwischen dem Gefängnisgeistlichen und Baal während seiner Haft dargestellt wird: Baal entgegnet dem Priester mit bitteren Wahrheiten, die manche Argumente des frommen Mannes in Frage stellen. Aus dem Vorsatz, dem Gefangenen Tröstung zu geben, vor allem aber ihn zur Umkehr auf den rechten Weg zu bewegen, und zwar einen Weg, welcher der Gesellschaft (und ihrer Macht) als der »rechte« gilt, werden durch des Gefangenen kompromißlose Antworten aus den Argumenten des Priesters nur noch eifernde Vorwürfe. Es sieht so aus, als würden hier die Rollen einer Beichte vom Dialektiker Brecht vertauscht. Vielleicht ist diese beinahe ins Philosophische gehende Konversation eine der stärksten Szenen des Stückes bzw. der Oper von Cerha. Denn die innere Dramatik (äußerlich wird und kann sicherlich nicht viel geschehen, Baal wird wohl unbeweglich auf seiner Pritsche sitzen) dieses Bildes scheint mir auch in der musikalischen Aussage sehr gelungen. Der Dialog breitet sich auf dem Untergrund eines Chorals von fernen Orgelklängen aus und bekommt durch den sprechenden Geistlichen und den vom Sprechgesang zum reinen Gesang überwechselnden Baal Spannungen, denen sich der Zuhörer sicher nicht entziehen kann. Stellt auch die äußere Wirklichkeit dieses Monstrums Baal an unsere Einbildungskraft große Zumutungen dar, so bieten uns Szenen wie dieses Gespräch wohl eine Möglichkeit, uns mit ihm wenigstens teilweise zu identifizieren. Denn diese Bilder und kühnen Visionen, die da plötzlich aufbrechen, werden uns in einer Sprache vermittelt, die in ihrem Wechsel von zynischer Härte zu plötzlich lyrischer Zärtlichkeit von großer poetischer Dichte ist. Davon zeugen auch die Balladen Baals, die so zur musikalischen Umsetzung geradezu herausfordern.

Der Gefängnisgeistliche läßt sich durch Baals sehr irdische Bekenntnisse, mit denen dieser sich hart, aber ehrlich rechtfertigt (»... ich bin aufs Hiesige angewiesen ... geben Sie mir den blauen Himmel ... eine Handvoll Ähren ... und Freiheit, hinzugehen, wo ich will. Das ist Ruhe der Seele!!«), doch ganz schön aus der Fassung bringen. Er kann nur noch schimpfen, wirft die Tür zu und nennt Baal ein Tier: »Das Urtier, das schön und gemein ist. Eine Plage des Himmels.« Unschwer sind hier Parallelen zu Wedekind-Bergs LULU zu erkennen. Es liegt nahe, anzunehmen, daß die Arbeit an der LULU – bekanntlich hat ja Friedrich Cerha den dritten Akt dieser Oper, die Alban Berg als Torso hinterließ, erst vor einigen Jahren vollendet – den letzten Anstoß zur Beschäftigung mit BAAL gegeben hat. Wie LULU kann auch dieser die Paten an seiner Wiege nicht verleugnen, die da heißen: Büchner, Grabbe und Wedekind. In seinen Tabu-Brüchen erinnert er oft an das Geschöpf Wedekinds, jenes »... ungebändigte, rein erotisch bedingte Tier, an dem die Männer wie große Fliegen umkommen ... in aller Unschuld stiftet sie das Unheil« (Wieland Wagner). Gewiß, Lulus Unschuld, ihre Natur, bedingt doch noch einen, wenn auch bescheidenen Anspruch auf Moral, der uns oft mit ihr fühlen läßt.

So wie Lulu lebt vielleicht manches Geschöpf unbewußt. Aber so wie Baal kann und darf man nicht leben wollen. Die Qualität dieser Figur kann sich nur in den Lehren und Konsequenzen dokumentieren, die wir aus dem uns dargebotenen Verhalten ziehen müssen. Aber dennoch scheinen mir seine Lüste und Ängste dem Todesengel Lulu sehr verwandt. Auch sie tut nur, was sie muß, lebt nur aus ihrer Triebhaftigkeit und stiftet damit »in aller Unschuld

Unheil«. Dr. Schöns Sohn Alwa sagt über Lulu: »Mit deinen Gottesgaben macht man seine Umgebung zu Verbrechern, ohne sich's träumen zu lassen.« Ein Urteil, das auch – mit Abstrichen – auf Baal zutreffen kann. Beide sind im Grunde tief-einsame Menschen – besser Kreaturen: Lulu, das Weib-Tier und Baal, das Mann-Tier! Innerhalb einer Gesellschaft, die korrupt, asozial und oberflächlich aus verdrängten Komplexen ihr desolates Lustverlangen zieht, machen diese beiden »Asozialen« sich selbst zum Maßstab von allem. Dabei erreicht Lulu nur gesellschaftliche und erotische Höhen, von denen sie schließlich abstürzt. Baal hingegen verletzt zwar die Konventionen brutaler als jene, ist aber zweifellos die größere Potenz von beiden. Zeitweise ist er ja doch auch noch ein geistiger Arbeiter als Lyriker und nicht *nur* – obwohl es ständig den Anschein hat – vom Drang nach Lust beherrscht.

Bei der Erarbeitung dieser Rolle, die mir ständig neue Rätsel, aber auch laufend neue, interessante Erkenntnisse beschert, will es mir scheinen, daß innerhalb dieser Lust auf Leben die sexuellen Erlebnisse Baals eigentlich jeder erotischen Kraft entbehren. Denn er scheint in ihnen nicht zu finden, was er sucht, die Erfüllung eines Glücksgefühls, das sich erst in der echten und tiefen Verbindung zum anderen, zum Partner, offenbart. Eines echten Gefühls ist er nur gegenüber seiner Mutter und seinem späteren Freund Ekart fähig. Eine geradezu erschütternde Einsicht zeigt er jener gegenüber bei der Entlassung aus dem Gefängnis, wenn er sagt bzw. nunmehr als »Opern-Baal« singt: »Mutter, daß so ein Lümmel aus dir herauskroch, vor dem du zittern mußtest. Aber jetzt wird alles anders!« Anzunehmen, daß er den Willen, sich zu bessern, hier ganz ehrlich empfindet. Aber seine Mutter kennt ihn besser und fragt besorgt: »Wirst du aber auch dabei bleiben?«

Ich glaube im übrigen nicht, daß Baals Gefühle gegenüber seinem Freund Ekart vordergründig homoerotisch oder sogar homosexuell sind, wenn er auch behauptet, daß er »kein Weib mehr mag«. Ekart ist Komponist, und es sind wohl eher die gleichen künstlerischen Wellenlängen und Weltsehnsüchte, die beide verbinden. Wären beide Romantiker (in historischer Sicht), was sie nach dem Willen ihrer geistigen Väter Wedekind, Büchner und natürlich Brecht (bei BAAL kommt ganz sicher noch François Villon als Großvater hinzu!) ganz bestimmt nicht sein sollen, könnte man von Weltschmerz reden. Unser versoffenes Genie hat darüber hinaus starke egozentrische, wenn nicht gar narzistische Züge. So kann man sagen, daß Baal seine eigenen Sehnsüchte in der Naturverbundenheit und dem Freiheitsdrang des Freundes wiederfindet und so in ihm sich selbst liebt. In den schon teilweise philosophischen Gesprächen mit dem Freund sucht er die Wahrheit des Lebens zu ergründen und flieht doch vor ihr, indem er die Wahrheit seiner eigenen, wankenden realen Existenz negiert. Er versucht, den Sinn und Inhalt dieser Welt zu ergründen, in der er sich lebenshungrig so absurd bewegt. Gedanken und Erkenntnisse wie diese: »... in neunundvierzig Jahren kannst du das Wort Wald ausstreichen ...« sind ja von geradezu beklemmender Aktualität, wenn man die Entstehungszeit des Brechtschen BAAL berücksichtigt! Es sind Visionen in diesen Szenen, auf die näher einzugehen sich wirklich lohnt, um zu erkennen, welche Werte und Kraft letztlich doch in dieser Biographie einer Selbstzerstörung schlummern. In der Aussage wahre und sprachlich schöne Sätze werden Baal und seinem Freunde in den Mund gelegt und von Cerha musikalisch eindrucksvoll und expressiv gestaltet. »Das ist jetzt schon ein Blechschuppen, morgen ist dort eine Eisenkonstruktion. Die großen Städte strecken ihre Gelenke über die alte Landschaft ... aber zu der Zeit, wo Deine großen Städte heraufgekommen sind, wirst Du das Delirium haben ... Das wird die Zeit sein, wo Du schon ganze Taifune brauchen wirst, um ein leichtes Geräusch wahrzunehmen!« Man darf diese Sätze nicht nur lesen, sondern muß sie sprechen, um ihre ganze poetische

Schönheit zu erfassen. Wie schön erst, wenn man sie singen kann! Und welch geradezu prophetischer Blick eines jungen Dichter-Genies aus dem Jahre 1918 in die Zukunft! Denn ist es nicht tatsächlich so gekommen, daß, wer sich heute in der weiten technisierten Welt bemerkbar machen will, schon wie ein Taifun wirbeln muß, um gehört zu werden?

Es gibt viele solche gescheiten Sätze im Baal, die der Titelheld in seinen »lichten« Momenten ausspricht. Je grausiger ihn die Dunkelheit zu umgeben scheint, je härter er anstößt an die Grenzen seiner Gesellschaft, desto heller leuchten die Blitze seiner geistigen und sprachlichen Ausdruckskraft. Es fällt mir angesichts solcher Überraschungen, die ich beim Studium des Baal immer wieder erlebe, schwer, zu glauben, daß es Brecht ernst meinte, wenn er 1954 schrieb: »Ich gebe zu (und warne) dem Stück fehlt Weisheit ...!« Das halte ich doch mehr für Ironie, wenn nicht gar Koketterie des auf der Höhe seines Ruhmes stehenden, großen und nunmehr weithin anerkannten Dichters. Es ist dies in der Geschichte der Kunst kein Einzelfall, daß große Geister – Dichter, Maler und Musiker – ihre Erstlings- und Jugendwerke (siehe Wagner) kritisch betrachteten, ja verleugneten oder – und hier muß man Brecht natürlich ernst nehmen – überarbeiteten.

Merkwürdig, was am Anfang fast aussichtslos erschien, nämlich diese chaotische Figur Baal, die ihren Götzennamen, wie mir jetzt klar wird, sicher nicht ohne Absicht trägt, in den Griff zu bekommen, nimmt jetzt allmählich Gestalt an. Ich bin mir dabei nicht ganz sicher, ob ich die Rolle nun schon im Griff habe oder ob nicht sie bereits von mir Besitz ergriffen hat!

Diese Ausnahmeerscheinung der Opernbühne hat tatsächlich auch wie klassische Opernrollen Querverbindungen und Parallelen zu anderen Partien. Wenn ich die Darstellungsprobleme dieser Figur überdenke, glaube ich, daß Baal in seinen Charakterzügen

– die Naivität eines PEER GYNT und
– die Amoral einer LULU hat,
– sich gegen eine Vereinnahmung der Gesellschaft wehrt, dabei rebelliert wie WOZZECK
– und ein Aussteiger und Außenseiter à la DON GIOVANNI ist.

Einer der ersten Baal-Darsteller, Oskar Homolka, wurde in einer Kritik sogar als DICHTER-FALSTAFF tituliert. Eine Assoziation, die durchaus ihre Berechtigung hat! –

Alle Vergleiche haben eines gemeinsam – sie hinken; so sicher auch diese Charakterisierungen. Aber wie Peer Gynt will auch Baal nicht Amboß sein – er geht dabei nur leider über den Goetheschen Hammer weit hinaus. Seine Aktivität schmiedet nicht, sondern zerstört. Wie Peer ist er ein ewiger Sucher und in den Augen anderer ein Scharlatan. Ihrer beider Schicksal ist die Katastrophe eines selbstsüchtigen Egoismus. Beide scheitern an den sozialen Widersprüchen einer asozialen Welt, in der sie sich so unüblich bewegen. Auf unterschiedliche Art bleiben sie sich selbst treu und tragen bewußt die unerbittlichen Folgen ihres Tuns.

Etwas von Lulus unheilstiftender Unschuld steckt wohl auch im Baal. Auch er ist wie eine Leimrute, auf der die sich nähernden Insekten verkommen. Der Zynismus eines Wedekind ist in Brechts Schauerballade konsequent weitergeführt. Auf wortgleiche Zitate wurde schon hingewiesen.

Wozzeck ist natürlich kein Gewaltmensch wie Baal. Seine Lebenspassion hat für uns einen moralischen Anspruch, seine Aktionen – obwohl wie bei der Tötung Maries absurd – sind für den Zuschauer innerlich nachvollziehbar. Und doch sind beide, Wozzeck und Baal, als Außenseiter beinahe Brüder im Unbewußten. Sie rebellieren – unterschiedlich zwar – gegen eine zynische Gesellschaft, in der sie als asozial gelten. Da sie sich nicht einordnen können (der eine) und wollen (der andere), müssen beide an ihr zugrunde gehen. Sie unterscheiden sich nur darin, daß der geschundene Soldat eine willenlose Marionette ist, während der Utopist Baal ganz bewußt die Kriterien seiner Umwelt negiert. An vielen Stellen des BAAL dokumentiert sich so auch das Büchner-Erlebnis des jungen Brecht.

DON GIOVANNI als Vergleich für diese Rolle heranzuziehen ist für den normalen Opernkonsumenten vielleicht der schockierendste Versuch einer Deutung! Aber, wie ich schon eingangs erwähnte, drängen sich mir ständig Parallelen zu dem rebellierenden Sauf- und Raufbold eines höheren Standes auf. Ja, kann man nicht mit viel Phantasie in dem ständchensingenden, heruntergekommenen spanischen Don einen Liedermacher erkennen? Bedeutet nicht Sophies Katastrophe, wenn sie von Baal verstoßen und für ihn beinahe nicht mehr wahrnehmbar wird, das gleiche grausame Schicksal der von Don Giovanni ebenfalls fallengelassenen Donna Elvira? Der spanische Adlige und der »Sichausleber und Andreausleber« (Brecht) Baal haben jedenfalls eines gemeinsam: Beide sind die personifizierte Leidenschaft, die zwar flüchtig, im Augenblick aber aufrichtig und unwiderstehlich lieben kann. Beide sind – nach Brecht – »Verehrer der Dinge, wie sie sind«.

Es ergibt sich daraus, daß alle Rollen der Opernbühne, ob Schurken, Helden, Tragöden oder Liebhaber, irgendwie verwandt sind. So kann ich auch bei dem Scheusal Baal optimistisch sein, Erfahrungen meiner bisherigen Rollen verwerten zu können. Diese Figur birgt eine Fülle von Facetten und Widersprüchen wie selten. Sie verspricht daher große Möglichkeiten zu einer interessanten Interpretation auf der Musikbühne. Ich bleibe dabei: Sie ist für mich eine echte Herausforderung!

Welche Gründe mögen nun Friedrich Cerha bewogen haben, diese dramatische Biographie, wie Brecht sie nannte, als Oper zu vertonen? Der Allesfresser, Frauen, Alkohol und Männer verbrauchende Baal als arienschmetternder Sänger – geht das auf? Ich glaube, dramaturgisch bietet sich da schon einiges an, um musikalisch verarbeitet zu werden. Baal ist ein Liedermacher, oft trägt er lyrische Verse und ganze Balladen vor. Der letzten Fassung des Stückes stellte Brecht den »Choral vom großen Baal« voran. In Anmerkungen zur »Baal-Regie« steigt Baal mit der Klampfe »aus der Orchestra« und – später – »stimmt Baal während der Arie die Gitarre«. Brecht berichtete 1935 über Verwendung von Musik für ein episches Theater, daß auch im BAAL Musik zu hören war, wobei er einschränkte, daß »durch die Einführung der Musik immerhin ... das Drama an Gewicht leichter, sozusagen eleganter« wurde. Und weiter Brecht: »Zugleich ermöglichte die Musik etwas, was schon lange nicht mehr selbstverständlich war, nämlich poetisches Theater.« – Und jetzt kommt ein interessanter Satz: »Diese Musik schrieb ich noch selbst.« Vollends überrascht wird man aber bei den Überlegungen zu Baal als Opernfigur, wenn man von Brecht selbst erfährt, daß ihn »zwanzig Jahre nach der Niederschrift des BAAL ein Stoff für eine Oper bewegte, der wieder mit dem Grundgedanken des BAAL zu tun hatte«. Brecht und die Oper, das sind also gar nicht so weit voneinander entfernt liegende Begriffe, auch wenn er Opern als »kulinarische Angelegenheit« abwertete. Als Einundzwanzigjähriger hatte er in seiner Augsburger Kammer einen Notenständer mit der aufgeschlagenen TRISTAN-Partitur stehen, neben der auch noch ein Taktstock (!) lag. Wie von einem Zeitgenossen berichtet, geschah dies noch dazu während der Arbeit am BAAL! Die Brechtsche Sprache und das epische Theater haben schon viele Musiker inspiriert: Da war die Zusammenarbeit mit Weill, aus der die berühmte DREIGROSCHENOPER, DIE SIEBEN TODSÜNDEN und die Kurzoper DER JASAGER entstanden, da waren Paul Dessau und Hanns Eisler, die Brecht-Werke vertonten – in letzter Zeit hörte man von einer sowjetischen Oper MUTTER COURAGE – der Theatermann Brecht spricht also auch den Musikdramatiker an.

Wie die großartigen Verse, so vermag auch Musik die Gefühle und den Verstand der Menschen auszudrücken.

Lassen wir aber Cerha selbst über sein Vorhaben sprechen: »Das Verhältnis von menschlicher Gesellschaft und Individuum ist auch an B. Brechts BAAL, der mich seit langem beschäftigt, jenes Problem, das mich daran am meisten interessiert – hier vom einzelnen Menschen her gesehen. Eine Inkarnation unabdingbaren vitalen Glücksverlangens wird in einer notwendigerweise zunehmend verwalteten Welt, die ihm immer weniger schmale vorgezeichnete Wege läßt und an die Substanz greift, immer mehr zum Anachronismus. BAAL ist aber heute wahrscheinlich vielen verständlicher als vor 40 Jahren. Meine musikalische Entwicklung hat mich schließlich zu dem Punkt gebracht, den Stoff konkret in die Hand zu nehmen.«

Nun, über Musik zu sprechen, die ich noch nicht als Ganzes gehört bzw. interpretiert habe, ist vielleicht etwas vermessen. Dennoch kann ich während des Studiums am Klavier schon feststellen, daß Cerha für den individuellen Ausdrucksbereich Baals einprägsame, melodische Phrasen verwendet, besonders da, wo er sich als Lyriker zeigt, während für Baals Umwelt polyrhythmische und eng neben- und übereinanderliegende Tonsequenzen wahrzunehmen sind. Dabei sind manche persönliche Aussagen (wie z. B. bei Baals Frau Sophie) leitmotivisch gestaltet. Sie wiederholen sich oft als Erinnerungen oder Assoziationen und erleichtern so sicher das musikalische Verstehen des Zuhörers. Der melodische Duktus kommt dabei besonders bei der Titelfigur aus der Deklamation und dem Affekt. Es bleibt dabei nicht aus, daß es viele Formen des Übergangs vom Sprechen zum Sprechgesang auf bestimmten Tonhöhen und schließlich zum reinen Singen gibt. Dabei muß ich gut zwischen operngerechter Expression und – bei den Balladen (z. B. in der Kabarettszene) – einem songhaften Ton unterscheiden. Das Umschalten von der Deklamation auf einer Tonhöhe zum reinen Sprechen will dabei gut geübt sein.

Großartig finde ich Cerhas Exposition, wie er die Hauptfigur ausdrucksmäßig in das Stück einführt. Wenn die »bessere Gesellschaft« Baal als neues »Genie« deklariert, ihn vereinnahmen will, dieser aber völlig unbeteiligt reagiert, ißt und trinkt, so läßt der Komponist die Gesellschaft in ihrem Scheinkonsens mit dem jungen Dichter singen. Baal aber singt nicht mit, er spricht nur – und das immer aggressiver. Er ist zwar anwesend, distanziert sich jedoch auf seine Weise – eben nicht mitsingend, sondern sprechend – vom leeren Party-Geschwätz der anderen. Als sich die Herrschaften empört zurückziehen, fängt er, alleingelassen, plötzlich singend an zu sinnieren über den »allgemein unbeliebten« Ichthyosaurus, der nicht in Noahs Arche einstieg, weil er nicht an die Flut glaubte, und schließlich ersoff. Nach diesen kurzen, einprägsamen Gesangslinien kehrt Baal wieder zum Sprechen zurück, als er überlegt, daß er »auch nicht einsteigen werde«. Also auch hier im eigenen Nachdenken die musikalische Distanzierung von der Gesellschaft, die ihn durch Schranken an seiner Kreativität hindert. Das ist musikdramatisch klug konzipiert. Gewiß, die Musik dieser Oper wird für die Zuschauer nicht leicht zu konsumieren sein, dafür sorgen moderne Strukturen wie Tongeflechte und Reibungen dichtaneinanderliegender Töne, eine expressive Akkordik, die auch von der Instrumentation hier und da sicher schockieren wird. Aber schließlich ist ja das ganze Thema ein Schock!

Die Gesänge und Balladen der Hauptfigur haben im gesamten Gefüge der Handlung ja ihre bestimmte Funktion. Hier sehe ich auch den Ansatzpunkt für mich als Sänger für die Verkörperung des Baal. Denn in seinen Gesängen, selbst in der »Schmutzlyrik« einzelner Szenen, geht ja immer etwas Schöpferisches vor. So ist das berühmte »Loblied auf den Abort« eigentlich eine Parodie des Kant-Satzes »vom gestirnten Himmel über uns und dem moralischen Gesetz in uns«. Baal erkennt in solchen Momenten wohl Zusammenhänge des menschlichen Verhaltens, wie auch die Schönheit und Reinheit der Natur, was man diesem »Dreckskerl« eigentlich nicht zutrauen und zuerkennen möchte. Möglich, daß hier die Musik tiefer loten kann als die nur sprachliche Interpretation. Möglich aber auch, daß dieser ungewöhnliche Kerl durch die Musik zu sehr humanisiert wird. Singende Darsteller sind ja nun einmal sympathischer als sprechende. Diese Feststellung kann man bei allen Werken des Musiktheaters machen, die ihren Stoff von der Sprechbühne beziehen. Während Schillers König Philipp im DON CARLOS als Machthaber die Kraft des Gegenpols im Drama der Freiheit darstellt, wird derselbe Philipp durch Verdis Musik für uns vor allem als leidender Mensch sichtbar, und dadurch rückt er uns auch menschlich näher. Lulu wirkt in der Oper auch sympathischer als bei Wedekind – ähnlich ist es sicher auch mit Baal. Ein grandioses Beispiel, wie die musikalische Gestaltung die literarische Vorlage in eine völlig neue Qualiät heben kann, erleben wir ja immer wieder an Berg-Büchners WOZZECK. Die Mordszene z. B. erschüttert uns bei Berg nachhaltiger als im Schauspiel, die Musik läßt uns gefühlsmäßig alles stärker miterleben, was in der Prosa möglicherweise nur zwischen den Zeilen steht. So glaube ich, daß die problematische Thematik des BAAL durch die Überhöhung der Musik eine ganz neue Wirkung bekommen kann. Cerha hat die positiven Züge des Stückes durch ein oft sehnsüchtiges Melos, besonders in den Naturszenen, verstärkt. Das ist legitim, gibt es ja im BAAL doch auch ein großes Stück Menschlichkeit, die man singend gut ausdrücken kann.

Grundlegendes musikalisches Material ist für Cerha die »Ballade von der Dirne Evelyn Roe«, die bei Brecht nur in der Fassung von 1918 enthalten ist. Deren musikalische Elemente und Themen strahlen auf die ganze Oper aus.

Das ertrunkene Mädchen sucht, wie Baal selbst, das Land ihres ungestillten Sehnens, das »heilige Land«, in das sie nie hingelangt. Auch Baal sucht, »zuweilen nicht ohne Zähren, immer das Land, wo es besser zu leben ist«. Leitmotivisch verfolgt ihn diese Balladenfigur bis in seine Träume und bis an sein Ende. Schon am Anfang besingt er so seinen eigenen Weg. Die Pilgerfahrt der »Evelyn Roe« ist auch seine Irrfahrt durchs Leben. In seinen Reflexionen im zweiten Akt kommen diese musikalischen Gedanken immer wieder an die Oberfläche. Und das ist gut so für den Zuschauer; durch die Wiederkehr solcher musikalischer Themen hat er Anhaltspunkte zum Verständnis der gesamten Handlung. Cerha verwendet bei seinem Werk im übrigen durchaus auch traditionelle Formen wie Arie, Ballade, Fuge, Passacaglia und Lied. Dazu kann ich feststellen, daß er bei meiner Partie auch nicht über die Grenzen des für einen modernen Sänger Zumutbaren hinausgeht, wenn ich einmal von der ständigen Präsenz der Figur auf der Bühne absehe, die allerdings auch eine körperliche Strapaze werden wird.

Nun, die Uraufführung wird es zeigen, was von meinen Überlegungen und meiner Erarbeitung dieser ungewöhnlichen Riesenrolle darstellerisch und gesanglich über die Rampe kommen wird. Studiert habe ich sie gründlich, musikalisch fühle ich mich durch die konzentrierte Vorarbeit auch ziemlich sicher. Der wichtigste Abschnitt des langen Weges zu BAAL liegt aber noch vor mir: der Gestalt Leben einzuhauchen und dem Orchester gegenüber stimmlich zu bestehen. Das große Fragezeichen für alle, die an so einer Einstudierung mitarbeiten, ist ja letztlich immer die Instrumentation des Orchesterparts. Denn das Wichtigste bleibt, daß der Zuschauer uns »oben« versteht! Was nützen unsere Anstrengungen in der Vorbereitungszeit und am Abend selbst, wenn wir von »unten«, von einem zu dick instrumentierten Orchester zugedeckt werden? Hier hat jeder Komponist es zum großen Teil selbst in der Hand, ob sein

Stück ein Erfolg wird oder nicht. Ich bin in dieser Beziehung nach allem, was ich vom Notenbild des Klavierauszuges her kenne, zwar zuversichtlich – aber so sicher nun wieder auch nicht. Schließlich bin ich lange genug am Musiktheater, um zu wissen, daß allen Prognosen zum Trotz – ob positiv oder negativ – erst der Premierenabend und dabei das Publikum entscheidet!

Der neue Adam – der Alltag hat ihn wieder

Längst sitze ich wieder zu Hause auf der Gartenterrasse in der angenehmen und wohltuenden Herbstsonne und lasse in Gedanken die vergangenen Tage des für mich so ereignisreichen Festspielsommers 1981 in Salzburg vorüberziehen. Urlaub nach streßreichen Tagen im eigenen Garten mit Familie, Enkeln, Freunden und Bekannten ist für mich immer eine Zeit, in der ich, wie die Marschallin im ROSENKAVALIER, die Uhren alle stehen lassen möchte. Natürlich klingen das BAAL-Erlebnis und der -Erfolg noch tagelang nach. Wenn man sich in der langen Vorbereitungszeit intensiv mit einer Sache beschäftigt hat, von früh bis abend nur für sie gelebt und gedacht hat, ja, wenn die Spannung vor einer solchen Weltpremiere einen bis in die Träume hinein verfolgt, dann kann man das gar nicht – selbst wenn man es wollte – von einem zum anderen Tage abschütteln. So werden Gedanken und Gespräche, Bilder, Briefe und natürlich auch Kritiken ausgetauscht. Und deren gab es wahrlich nicht wenige; allein in der Generalprobe sollen 70 Kritiker aus aller Welt gewesen sein. Wie gut, daß ich das nicht vorher wußte! Und merkwürdig: was mich schon beim Studium der Rolle so stark beschäftigte, löste bei vielen Zuschauern und Kritikern die gleichen Fragen aus. Was hat uns diese Baal-Figur eigentlich noch zu sagen, wieso stößt sie uns einerseits ab und berührt uns aber andererseits, wieviel Baal steckt denn in jedem von uns? Keiner, der mich ansprach, am Bühnenausgang in Salzburg, in Wien, im persönlichen Gespräch, am Telefon oder in Briefen konnte so einfach von diesem Opernerlebnis zur Tagesordnung übergehen. Keiner sagte vereinfachend kategorisch: »Ich lehne das ab, das Thema und die

Musik gefallen mir nicht.« Und ich glaube nicht, daß es nur – wie ja mitunter auch üblich und verständlich – Höflichkeit gegenüber dem Interpreten war. In irgendeiner Weise hatte sich jeder noch lange mit dem Thema dieser neuen Oper beschäftigt. Wer denkt wohl nicht gelegentlich daran, daß er sich die Freiheiten dieses Außenseiters auch einmal nehmen möchte? Wir gehen da alle auf sehr schmalen Pfaden. Denn wer kann schon von sich behaupten, daß sein Leben frei von negativen Einflüssen oder Aggressionen wäre? Die Kunst hat es da leichter, weil sie das alles durch Verwandlung und Verfremdung ausdrücken kann! Nachdem die große stimmliche wie körperliche und geistige Anspannung nun von mir allmählich abklingt und der Alltag mich wieder hat, erfüllt mich doch eine tiefe innere Befriedigung und Freude, daß die enorme Investition in diese ungewöhnliche Rolle, die einen in ihrer gesamten Problematik schon gewaltig fordert, sich wirklich gelohnt und ausgezahlt hat. Daß ich mich daher zufrieden und auch glücklich über einen Erfolg, den ich in dieser Form wirklich nicht erträumt oder gar einkalkuliert habe, im Liegestuhl räkle, daß ich ein wenig stolz darüber bin, »einen neuen Adam« geschafft zu haben – welcher Künstler wollte das nicht am Ende ehrlich zugeben?

Die Entscheidung, die allein das Publikum über unsere Arbeit zu fällen hat, wobei ich den Komponisten als einen von »uns« betrachte, war gefallen. Und zwar in einem solch positiven Sinne, der uns letztlich doch überraschte. Um es vorwegzunehmen: Wann hat es so etwas gegeben, daß Publikum und internationale Presse eine neue Oper in holder Eintracht so enthusiastisch annahmen? Die bisherigen Erfahrungen bestätigen doch in der Regel, daß die Meinungen zwischen Publikum und Presse bei neuen Werken und auch bei Neuinszenierungen des Opernrepertoires weit auseinanderklaffen. Hat es dem Publikum gefallen, wird dieses am nächsten Tag in der Presse belehrt, daß es vieles miß- oder überhaupt nicht verstanden hat. Der verwunderte Zeitungsleser fragt sich dann, ob der Kritiker nicht in einer ganz anderen Aufführung war. Umgekehrt kann man mitunter auch folgende Auslassung lesen: »Dieses Werk hat außergewöhnlichen Rang. Daß einige Besucher das Theater fluchtartig verließen, ändert daran nichts«! Oder – von mir nicht erfunden –: »... durch betont surrealistische Elemente und Abstrahierung im Bild wird nichts beschönigt, sondern aus dem Vordergründigen gerettet. Auch wenn das Publikum Mühe hat, das Symbolische zu erfassen, so wird es zum Mitdenken gezwungen.« Das Publikum hat es also nicht kapiert – so wie es die verschachtelten Sätze des Rezensenten wohl auch nicht verstehen wird. Nein, diesmal war die Opernlandschaft – auch in neu erschlossenen Gebieten – heil; was den großen Erfolg der Uraufführung betrifft, so galt er nicht nur dem Salzburger Premierenabend, sondern setzte sich auch überraschend bei den nachfolgenden Aufführungen des Werkes an der Wiener Staatsoper fort. Die Uraufführung war ja bekanntlich eine Koproduktion der Salzburger Festspiele und der Wiener Staatsoper! Man hätte ja erwarten können, daß die Euphorie der Festspielstimmung in Salzburg beim zweiten Anlauf und Wiederhören nach einigem Abstand mit Recht abklingen würde. Dies war aber nicht der Fall! Man muß ja bedenken, daß Festspiele immer mit anderen Maßstäben bewertet werden. Die Bedingungen der Besetzungen sind oft besser, das Publikum kommt mit anderen Erwartungshaltungen, alles gibt sich eben »festlicher«. Im täglichen, normalen Betrieb eines Opernhauses mit seinem festen Abonnementspublikum muß sich zeigen, was letzten Endes Bestand hat. Neue Werke werden hier oft kritischer betrachtet. Nun, nach den Wiener Erfahrungen kann man freudig konstatieren: Baal wird sicherlich Bestand haben – und seinen Weg machen.

Und dieser Weg war bald vorgezeichnet: Baal konnte als Erstaufführung in der Bundesrepublik Deutschland in Darmstadt aufgeführt werden. In der Deutschen Demokratischen Republik kam inzwischen die Erstaufführung in der Deutschen Staatsoper Berlin 1982 heraus. Hier hatte Prof. Hans Pischner als Intendant eine kluge und auch praktische Entscheidung getroffen, weil er das Werk in der Übertragung der Salzburger Regie und Ausstattung spielen ließ. Die gesamten Dekorationen und Kostüme wurden von Österreich nach Berlin gebracht, und ich konnte so meinen Salzburg-Wiener BAAL auch dem Berliner Publikum vorstellen. Die Berliner Staatsoper konnte damit ihre Bemühungen und Erfahrungen um das Thema »Brecht und das Musiktheater« folgerichtig fortsetzen.

Die Probenzeit in Salzburg von knapp sieben Wochen Dauer gehört mit zu den schönsten und produktivsten Perioden, die ich in meinem Theaterleben erfahren habe, vergleichbar nur noch der Bayreuther RING-Einstudierung 1965 unter Wieland Wagner. Auch hier war ein erfahrener Theatermann am Werk: Otto Schenk, der Erzkomödiant und Wiener Regisseur, sorgte von Anfang an durch seine freundliche, natürliche und vor allem humorvolle Art für eine zwar produktive, aber auch familiäre Probenatmosphäre. Wenn wir eine der 25 Szenen des Werkes zu probieren begannen, ließ er uns alle zunächst um den auf der Vorbühne plazierten Flügel versammeln. Dann sangen wir ihm und uns den jeweiligen Teil erst einmal vor. Man sah Otto Schenk an, wie konzentriert er uns zuhörte und wie er ganz kreativ im Augenblick das Gehörte in Aktion umsetzte. Die Musik hörte er ja in dieser Form das erste Mal. Er ist kein Freund von großen theoretischen Erörterungen und tiefschürfenden Konzeptionen, die ja auch oft genug an der theatralischen Wirklichkeit scheitern. Er will Theater spielen, und zwar so, wie sich das Leben selbst auch ab»spielt« – realistisch, normal. Er ist ein großer Beobachter des Lebens und der Menschen, ein Meister des Details; er lauscht dem Manne auf der Straße, den Leuten im Salon oder auf Empfängen, wenn sie »offiziell« so unnatürlich werden, ihre Reaktionen förmlich ab und kann sie so herrlich echt wiedergeben. Das kam uns bei der Arbeit an diesem realistischen Musikdrama sehr zugute. Es gab Momente, in denen wir lange suchen mußten, bis wir die geforderte Situation richtig in den Griff bekamen. Aber wie froh waren wir alle, wenn wir die richtige Aussage gefunden hatten und sich das bei den Wiederholungen auch bestätigte. Dann saß »Otti« zufrieden in seinem von der Requisite zur Verfügung gestellten barocken Regiesessel und lutschte dabei genüßlich eines jener köstlichen Bonbons, die, für jedermann verfügbar, auf dem Tisch der Regieassistentin lagen. Wie schön und ermutigend war es auch, wenn Kollegen, die in der betreffenden Szene nicht beschäftigt waren oder von anderen Produktionen im großen Festspielhaus schnell einmal zu uns auf die Bühne des kleinen Festspielhauses herüberkamen, interessiert der Probe beiwohnten und – wie z. B. Martha Mödl, Paul Hoffmann, Waldemar Kmentt, Helmuth Lohner oder Lucia Popp – erregt zu mir kamen und bestätigten, wie großartig und aufwühlend manche Szenen schon auf sie wirkten und wie sie meinen Baal schon »wachsen« sehen könnten. Das gab, wie Fidelio sagt, Mut und Kraft!

Nun hatte ich mir durch das lange, intensive musikalische Studium natürlich auch schon feste Vorstellungen für manches Detail der Rolle gemacht. Gott sei Dank war Friedrich Cerhas Musik von solcher Art, daß man sich darunter ausdrucksmäßig auch etwas vorstellen kann. Das ist bei moderner Musik leider nicht immer der Fall! Diese meine Gedanken bot ich natürlich bei jedem neuen Arrangement auch an, und Otto Schenk ging bei aller kritischen Ausarbeitung und Ausfeilung immer mit meiner Auffassung konform. Das bedeutet natürlich nicht, daß es keine Meinungsverschiedenheiten über dieses oder jenes Detail gab. Aber die belasteten unser gutes Arbeitsklima nicht, sie halfen uns im Gegenteil weiter in unserem gegenseitigen Bemühen, den Baal in den Griff zu bekommen. Dabei gab es auch eine recht vernünftige Arbeitseinteilung.

Da viele von den gastierenden Sängern ihr Quartier in Vororten und in der Umgebung Salzburgs genommen hatten, waren unsere Proben täglich von 10.00 bis etwa 15.30 Uhr angesetzt worden. So brauchten wir den langen Anfahrweg ins Festspielhaus, verbunden mit den leidigen Parkproblemen, nur einmal am Tag zu bewältigen. Der Spätnachmittag und Sommerabend gehörten uns dann ab 16 Uhr zur Entspannung, die wir alle aber auch nötig brauchten. Ich selbst hatte ein herrliches, ganz neues Haus auf der Mittereggalm am Salzburger Gaisberg gemietet, in dem ich mich bei ozonhaltiger Bergluft in 1000 Meter Höhe und durch tägliche Schwimmübungen – zum Entsetzen meiner Frau auch bei schlechtem, regnerischem Wetter – für die körperlichen Anstrengungen der BAAL-Partie fithalten konnte.

Die Mittagspause verbrachten wir meist alle gemeinsam im kleinen Café im Toscanini-Hof hinter dem Festspielhaus. In privaten Gesprächen kamen sich die Kollegen näher, alte Bekanntschaften wurden aufgefrischt, mit den auch pausierenden Bühnenarbeitern konnte man ein paar persönliche Worte wechseln und dabei feststellen, wie auch sie dieses Stück vom Inhalt her interessierte. (Es ist mir später besonders auch in den Wiener Vorstellungen aufgefallen, wie interessiert und aufmerksam die Bühnentechniker das Stück am Abend verfolgten. Wenn sie ihre komplizierten und schnellen Umbauten während der kurzen Orchesterzwischenspiele gemeistert hatten, ging fast keiner in den Aufenthaltsraum zurück, alle hörten zu und ihre aufmunternden Reden und Blicke, ihr Interesse für das Werk als Ganzes, war für mich ein zusätzlicher Ansporn.) Otto Schenk gab in diesen Mittagspausen laufend die köstlichsten Geschichten und Theateranekdoten zum Besten, und wir kamen manchmal vor Lachen nicht zum Essen. So wuchsen wir nicht nur auf der Bühne zu einem sehr harmonischen Ensemble zusammen.

In dieser Oper sind ja immerhin 57 Rollen zu besetzen,

wobei manche Kollegen drei oder vier Rollen verkörperten, sich also im Laufe des Abends viermal schminken und umziehen mußten. Für diese Episoden standen hervorragende Sänger wie Helmut Berger-Thuna, Emily Rawlins, Marjana Lipovcek, Waldemar Kment, Heinz Holecek, Martha Mödl, Margarete Bence, Herrmann Winkler u. a. zur Verfügung. Eine ganz große Freude für mich war, daß ich in der Gefängnisszene mit dem früheren Dresdner Staatsschauspieler und späteren Burgtheaterdirektor Paul Hoffmann zusammen auf der Bühne stand. Diesen großartigen Künstler, auch aus vielen Filmen bekannt, hatte ich als Schüler in Dresden glühend verehrt; er war als jugendlicher Held das Idol aller am Theater interessierten Teenager und Halbstarken. Nie hätte ich zu träumen gewagt, wenn ich als Sechzehnjähriger im Dresdner Schauspielhaus im dritten Rang Seite in der hinteren Reihe saß und mich, um überhaupt etwas zu sehen, weit vorbeugen mußte, daß ich im Jahre 1981 eine ganz entscheidende Szene meiner Riesenrolle mit diesem großartigen Grandseigneur der Sprechbühne im Festspielhaus Salzburg gestalten würde. Braun gebrannt, mit schneeweißem Haar, begrüßte mich der Neunundsiebzigjährige jeden Morgen mit der ihm eigenen Grandezza und Herzlichkeit. Ein großer Schauspieler ohne Starallüren, durch Können und Bescheidenheit wahrhaft Respekt gebietend! Dies gehört auch mit zu meinen unvergeßlichen und weiterwirkenden Erfahrungen bei meinen Gastspielen in aller Welt: daß die Begegnungen mit ehemaligen großen Dresdner Persönlichkeiten immer von besonderer Herzlichkeit, Wärme und innerer Bewegung gekennzeichnet sind. Vielleicht trägt das gegenseitige Bewußtsein der großen Dresdner Tradition und die Verbundenheit mit der im Kriege so entsetzlich verwundeten Stadt und schließlich die Freude über ihr Wiedererstehen aus der Asche dazu bei, Gemeinsamkeiten und enge Beziehungen zueinander zu entdecken. Dieses Verbundensein in einer großen künstlerischen Tradition, wie sie Dresden über Jahrhunderte ausstrahlte und seinen Künstlern immer wieder eine verpflichtende Qualität abforderte, ließ bei meiner Zusammenarbeit mit ehemaligen »Dresdnern«, wie z.B. Karl Böhm, Joseph Keilberth, Rudolf Kempe, Christel Goltz, Erna Berger, Kurt Böhme, Erich Ponto, Paul Hoffmann, Paul Schöffler sofort herzlichen Kontakt aufkommen, der weit über das Kollegiale hinausging. Und auch heute gibt es an der Deutschen Staatsoper Berlin, an der ja viele Sänger aus der Elbestadt ständig singen, eine besondere Verbundenheit der »Dräsdner« zu verzeichnen!

Die künstlerische Arbeit bei Festspielen bietet mancherlei Vorteile gegenüber der oft mühevollen Kleinarbeit im Opern-Repertoirebetrieb. Die Sänger, nur für eine bestimmte Rolle verpflichtet, sind alle während der ganzen Probenzeit anwesend. Es kann meist in den bereits fertig gebauten Dekorationen täglich geprobt werden, da keine sonstigen Abendvorstellungen die Bühne blockieren. Von besonderem Vorteil aber ist die relativ frühe Anwesenheit des Dirigenten bei den szenischen Proben. So ist schon lange vor den Orchester-Bühnen-Proben eine weitgehende Übereinstimmung zwischen den szenischen Belangen und der musikalischen Ausführung gegeben. In den meisten Opernhäusern ist es ja heute üblich geworden, daß der Generalmusikdirektor, überall in der Welt herumgastierend, bei einer Neueinstudierung erst zu den allerletzten Proben erscheinen kann, mit Ach und Krach gerade noch rechtzeitig eine Ensembleprobe zusammenbringt und, durch musikalische Belange zwar oft begründet, auch noch szenische Änderungen verlangt, die unnötige Spannungen bei allen Mitwirkenden hervorrufen müssen. Die dann übliche Nervosität, die durch die Überkonzentration auf alles Musikalische entsteht, läßt dann alle szenische Kleinarbeit auf ein Minimum zusammenfallen. Beider Herren Wünsche, des Regisseurs und des Dirigenten Forderungen in kurzer Zeit dann zu erfüllen, bedeutet für den Sängerdarsteller erhöhten Streß vor der Premiere, einige Überspannung, die sich zudem noch auf die Stimme auswirken kann. Wie mit unserem Regisseur Otto Schenk, der ein musikalisches Werk eben nicht auf den Kopf stellt oder es in moderner Regietheatermanier »kritisch abfragt«, so hatten wir Sänger im Baal auch großes Glück mit unserem Dirigenten. Christoph von Dohnanyi war zeitig auf den szenischen Proben anwesend und konnte dadurch manches musikalisch-szenische Problem beizeiten klären, das bei den Orchesterproben unnötigen Aufenthalt bereitet hätte. Er hatte mit den Wiener Philharmonikern bereits eingehende Proben in Wien abgehalten, führte mit uns auch zahlreiche Ensembleproben am Klavier durch und beherrschte die schwierige Partitur schon im Probenstadium mustergültig. Ich habe ihn vor allem bei den Schluß- und Hauptproben ob seiner Ruhe und Ausgeglichenheit bewundert. Er ließ sich durch keinerlei Premierenhektik aus der Ruhe bringen. Wenn etwas noch nicht klappte, gab er seine Anweisungen und Korrekturen in einem sachlichen, vernünftigen Ton, der alle in diesem schwierigen Werk Beteiligten bei der Stange hielt. Ein wichtiger Pluspunkt dieser Produktion und sicher auch ein Garant für den großen Erfolg war natürlich die Mitwirkung der Wiener Philharmoniker. Ihr wunderbar opulent-abgerundeter Klang ließ diese der Tradition der Neuen Wiener Schule verhaftete und doch auch eigenständige Musik Cerhas absolut eingängig erscheinen. Dies fiel mir besonders bei den zahlreichen Zwischenspielen auf, welche die 25 Szenen nahtlos verbinden. Obwohl ich durch kürzeste Umzüge, bei denen mir mein »Garderober« Georg half, vollauf beschäftigt war, konnte ich wenigstens taktweise das herrliche Spiel dieses Meisterorchesters genießen. Ich habe selten ein Orchester in der Oper erlebt, das ein zeitgenössisches Werk mit so restlosem Einsatz, so locker und selbstverständlich spielte, als wäre es sein tägliches Brot. Und das kann man ja nun beim Wiener Opernspielplan bestimmt nicht behaupten! So konnte es nicht ausbleiben, daß gerade für solch einen literarischen

Vorwurf wie BAAL die Musik – um mit seinem eigenen Schöpfer Bert Brecht zu sprechen – die schönste Art »Verfremdung« darstellte, die man sich denken und wünschen kann.

Die erwähnten Umzüge, die ich während der oft sehr kurzen Zwischenmusiken zu bewältigen hatte, waren wirklich ein Streß-Kapitel für sich und für eine Opernpartie in dieser Häufung völlig ungewohnt und neu. Die waren ohne fremde Hilfe gar nicht zu bewältigen. Da ich durch die ständig hin- und herfahrenden Bühnenwagen abwechselnd links und rechts abgehen bzw. »abspringen« mußte, gab ich meinem »Garderober« Georg einen genauen schriftlichen »Umkleidefahrplan«, damit er wußte, wo er mich im Dunkeln auf der Seitenbühne zu finden hatte. Er beherrschte ihn mustergültig, denn er war immer mit dem entsprechenden Kleidungsstück – Hose, Mütze, Schuhe, Schaltuch, Leibchen etc. – zur Stelle. Dabei sah er mitunter recht lustig aus: meine Mütze hatte er auf dem Kopf, das Leibchen über der Schulter, die Gitarre am Arm, in der rechten Hand die Schuhe, in der linken eine Tasse Tee, dazu noch im Mund die angerauchte Pfeife, da mir einfach keine Zeit blieb, diese noch anzuzünden. Die noch verbleibenden Sekunden nutzte ich, um wenigstens einen Schluck Kamillentee zu trinken, dieses Wundermittel für alle trokkenen Sängerkehlen der Welt.

Die Bedingungen, unter denen hier ein völlig neues Opernwerk aus der Taufe gehoben werden sollte, waren also wirklich als optimal zu bezeichnen, zumal auch der junge, hochbegabte Bühnenbildner Rolf Langenfass realistische Schauplätze auf einer beweglichen Szenerie, die Umbauten in kürzester Zeit erlaubten, geschaffen hatte. Man kann ohne Übertreibung sagen, daß hier ein Ausstatter am Werk war, der Cerhas Musik ins Bild übersetzt hat. Ob das die Natur-, Kaschemmen- oder Kabarettszenen waren, alle Bilder hatten eine entsprechende Aussage voller Imaginationskraft, die einem dazu verhalf, richtig zu agieren. So kündigte sich schon während der Probenwochen keine Uraufführung um jeden Preis, sondern eine gründlich vorbereitete Aufführung an. Nach vielen Jahren Abstinenz von neuer, moderner Oper in Salzburg war das Interesse an diesem Unternehmen sehr groß, und das Werk war bereits Tagesgespräch, ehe es aus der Taufe gehoben wurde. Einführungsvorträge, Pressekonferenzen, Künstlerinterviews bewirkten eine allgemein gespannte Erwartung. Schließlich signalisierte das Kartenbüro in der Presse Sensationelles angesichts des sonst konservativen Festspielpublikums und der horrend hohen Eintrittspreise: BAAL-Vorstellungen ausverkauft!! Was bei einer Karajan-Vorstellung des klassischen Opernrepertoires die Regel ist, war doch hier für alle eine Überraschung und versetzte uns geradezu in Euphorie. Wir mußten uns zwingen, »auf dem Teppich zu bleiben« – und das hatten wir sicher nötig. Denn machten wir uns nicht zu viele Hoffnungen, beurteilten wir das Stück noch objektiv? Wenn man durch intensive Vorarbeit auch gründlicher in das Werk eindringt, wenn man durch wiederholte Proben so manche Schönheit erst entdeckt, durch Gespräche mit dem Komponisten seine Absichten besser versteht – ist man dann nicht schon vorbelastet, ist Partei und wird – vielleicht – betriebsblind? Was man einmal angepackt hat, will man ja auch schließlich zum Erfolg bringen! Es war jedenfalls nun aufregend genug für uns, bei dieser Premiere nicht nur – wie sonst – um die Interpretation zu bangen, sondern um das Werk selbst.

Die letzten Orchester-Haupt- und Generalproben bedeuteten natürlich für mich noch einmal eine besondere Anstrengung. Da ich in dieser Oper von Anfang bis Ende auf der Bühne stehe und mich in keinem Bild »schonen« oder gar ausruhen kann, bedurfte es kluger Ökonomie im Stimmlichen, um diesen Streß bis zur Premiere unbeschadet durchzuhalten. Nun waren ja die Verantwortlichen, Otto Schenk und Christoph von Dohnanyi, zu meinem

Glück erfahrene Theater- und Opernmänner, die mich nach Möglichkeit nicht über Gebühr strapazierten. (Mit Dohnanyi hatte ich bereits in meinen Frankfurter Jahren, seit 1954, unter Georg Solti Kontakt gehabt, als er dort als junger Korrepetitor anfing.) Es gibt ja leider auch andere, eigensüchtige und den Sängern gegenüber rücksichtslose »Vorstände«, die nur ihre Person und ihre Arbeit sehen und, nur am eigenen Erfolg interessiert, über (Sänger-)»Leichen« gehen. Sie verlangen erbarmungslos in den Proben die letzte Kraft und wundern sich dann, wenn die Sänger, deren Instrument sensibler und empfindlicher ist als diejenigen des Orchesters, im wichtigsten Moment, in der Premiere, stimmlich versagen.

Nun, in der Generalprobe habe ich mich natürlich nicht geschont, sie war öffentlich, und vor Publikum kann ich mich schon gar nicht schonen! Eine vorsorgliche Disposition der Festspieldirektion ließ auch zwischen Generalprobe und Premiere einen Tag zur stimmlichen Regeneration frei. Das gab mir eine gewisse Beruhigung vor einer strapaziösen Überforderung. Die Generalprobe verlief sehr gut, es gab schon da großen Beifall, der uns nach altem Theater-Aberglauben doch etwas bange machte.

Diese Vorsicht war – Gott sei Dank – völlig überflüssig, wie sich bald herausstellen sollte: am Abend selbst verbreitete sich, wie immer, Hochspannung im ganzen Haus, auf dem Garderobenflur, auf der Bühne und im Foyer. Eine Premiere ist ja – nicht nur in der Oper – immer etwas Besonderes und Aufregendes; man spürt es – abgesehen von der eigenen Verfassung – schon beim Betreten des Theaters. Da empfängt einen gleich an der Portiersloge ein frischer Duft von bereits abgegebenen Blumen. Kollegen, die hinter der Bühne arbeiten, Inspizienten, Regieassistenten und Korrepetitoren, ja selbst Komparsen sind heute festlicher gekleidet als zu einer Repertoirevorstellung. Auch darin dokumentiert sich die Einstellung zur Arbeit dieser dem Theater ergebenen und »verfallenen« Mitarbeiter hinter der Szene. Auf dem Schminktisch stehen bereits Grüße von Freunden, Fans oder kleine Aufmerksamkeiten von lieben Kollegen. All das erhöht natürlich die Spannung und gibt dem Abend von vornherein seine Besonderheit. Wenn man dann – noch halbfertig geschminkt – versucht, sich zu konzentrieren, ich beispielsweise auf meine sechs Baal-Balladen, die mit viel Text gespickt sind, melden sich der Reihe nach alle möglichen Störenfriede, die nur kurz ein herzliches toi, toi, toi sagen möchten. Störenfriede, die man aber sehr vermissen würde, wenn sie an der Garderobentür taktvoll vorübergingen! Ja, und wenn dann der Dirigent im Frack hereinschaut und freundlich die letzte musikalische Korrektur mit einem »... so wichtig ist das zwar nicht ...« anbringt, dann weiß man, daß es jetzt kein Zurück mehr gibt, daß es nun »soweit« ist. Ein letzter Blick in den Schminkspiegel – der bei der Rolle des Baal lieber gar nicht geschehen sollte! »Adam, wo bist Du hingekommen« – könnte man meinen!! Von ermunternden Worten begleitet, geht es auf die Bühne – und dann hört man die aufregendsten Klänge, die man in einem Opernhaus erleben kann: ein immer wieder erregender Augenblick!

Schon tausende Male habe ich ihn erleben können, diesen hundertstimmigen gebrochenen Akkord, der Künstler und Publikum in eine andere Welt zu entführen scheint. Er fasziniert mich immer aufs Neue: wenn das Orchester innerhalb von drei reinen Quinten nach dem Klang der Oboe in mannigfach abgewandelter Form, mit Läufen und Akkorden präludiert, um sich selbst und das gesamte Auditorium auf den Abend einzustimmen. Dieses war nun zu diesem festlichen Anlaß besonders interessant zusammengesetzt. Von den üblichen »Premierentigern« abgesehen, waren es weniger die sonst zahlungskräftigen Salzburger Touristen als vielmehr musikinteressierte »Fachleute« aus aller Welt, Dramaturgen, Operndirektoren, Intendanten, gemischt mit Diplomaten und Opernfans und natürlich die internationale Presse, die das Werk teilweise nach der Generalprobe zum zweiten Male hörte. All das zusammengenommen macht ja das große Fluidum aus, das den Künstler über die eigene Bereitschaft zur Höchstleistung herausfordert. Mit einem Wort: es knisterte!

Die Vorstellung – ein für mich unvergessenes Ereignis in meiner Laufbahn – zu beschreiben und zu beurteilen, muß ich anderen überlassen. Nur ein eigener Eindruck sei mir gestattet: Der starke Beifall löste nicht nur meine eigene Spannung und machte mich bei aller Erschöpfung überglücklich; ich glaubte auch zu spüren, daß das Publikum mit diesem losbrechenden Beifall die aufgestaute und beklemmende Stimmung, in die wir es versetzen konnten, geradezu abschütteln mußte.

Die Aufführung wurde weltweit rezensiert und beachtet. Der Tenor fast aller Besprechungen war auf wenige Sätze zusammengedrängt folgender: Was im derzeitigen Opernbetrieb lange nicht stattfand, hier wurde es Ereignis. Endlich trafen die drei wichtigsten Säulen des Musiktheaters wieder einmal zusammen: Musik, Interpretation und Publikum. Und diese nicht nur im luftleeren Raum einer perfekten Konserve, sondern in einer lebendigen Aufführung. »Ein Meisterwerk war geboren« schrieben die sonst nicht gerade zimperlichen »Salzburger Nachrichten«. In anderen Rezensionen sprach man vom »... Wertvollsten, das in den letzten Jahren für die Bühne komponiert wurde!« An anderer Stelle hieß es meiner Meinung nach sehr treffend: »... hier schließt einer (Cerha) endlich unmittelbar an die große Vergangenheit an, indem er die »Techniken« der letzten dreißig Jahre überwindet« (»Kurier«, Wien).

Unser Einsatz hatte sich also gelohnt, und ich glaube ganz bestimmt, daß mit Werken wie dem Baal das Verhältnis des Publikums zur neuen Musik entscheidend gebessert werden kann. Man sprach weltweit von einem Glücksfall. Nun gut – solange es aber solche Glücksfälle gibt, braucht einem um die Zukunft der zeitgenössischen Oper nicht bange zu sein. Es gelingt sicher einmal besser und einmal weniger, aber man muß es riskieren!

Nach der Premiere gab es einen Empfang für Friedrich Cerha und alle Mitwirkenden im Karl-Böhm-Saal des Festspielhauses. Beim Eintritt in denselben dachte ich voller Mitgefühl an den Namenspatron dieses Saales, der in Salzburg sterbenskrank darniederlag und wenige Tage später in seiner geliebten Festspielstadt starb. Auch er führte vor Jahren ein modernes Werk hier in Salzburg zum durchschlagenden Erfolg, den WOZZECK von Alban Berg. In zwei Vorstellungen sang ich im Festspielhaus 1972 unter Böhms Leitung die Titelpartie. Wie aktuell waren gerade hier – und jetzt – Baals Worte: »die Welt geht weiter – alles geht weiter ...« – Die Prominenz dieses denkwürdigen Abends hatte sich versammelt und wollte ihre Komplimente loswerden, die diesmal ziemlich ehrlich klangen. Die Sterilität solcher unvermeidlicher gesellschaftlicher Zusammenkünfte wurde durch die Tatsache gemildert, daß wir Mitwirkenden den Abend nach getaner Arbeit auch noch gemeinsam ausklingen lassen konnten. Mit fast grasgrünem Haar, das sich durch das Auswaschen der braunen Baal-Tönung so ungewöhnlich verfärbt hatte, mischte ich mich, vom Scheusal wieder zum normalen Sterblichen zurückverwandelt, leicht erschöpft, doch sehr glücklich an der Seite meiner Frau in das Gläser schwenkende, festliche Gewühl. Sie hat mir, wie immer, in den vergangenen Wochen mit aller erdenklichen Hilfe und ständigem Rat zur Seite gestanden. Sie hatte mir ja vor einem Jahr zugeredet, einmal etwas Neues anzupacken. Auch von ihr war nun eine große Spannung gewichen, auch sie strahlte recht glücklich in ihrem aus Anlaß des Ereignisses gerade neu erstandenen Salzburger Abenddirndl. Aus allen freundlichen Begrüßungen und Komplimenten konnte ich doch nach Abzug der Höflichkeitsfloskeln und nach sorgfältigem Abwägen heraushören, daß mein physischer Einsatz und psychischer Aufwand in dieser Rolle Respekt und Anerkennung fand.

Eine beziehungsvolle Äußerung des DDR-Botschafters, Dr. Schramm, der durch seine Anwesenheit einem Künstler seines Landes die Ehre gab, bleibt mir in guter Erinnerung: »Vor fünf Jahren habe ich Ihnen hier in Salzburg zum 50sten gratuliert, heute nun mit großer Freude zur 100sten.« Geburtstag und Rollenzahl hatten sich so abgerundet. Das Abenteuer, zu dem ich mich beim Studium meiner 100. Opernrolle entschlossen hatte, nämlich mich einmal ganz anders auf der Bühne zu zeigen, war nun geschafft. In vielen Kritiken und Briefen wurde mir dies bestätigt, was die »Neue Berliner Illustrierte« aus Salzburg berichtete: »Es war ein veränderter Adam!«

Mein Richard-Strauss-Œuvre

Im Jahre 1948 erlebte ich im Großen Haus in Dresden zum ersten Mal in meinem Leben den ROSENKAVALIER von Richard Strauss. Meine Berührungen und Erfahrungen mit der von mir heute so geliebten Musik dieses Komponisten waren bis dahin eher spärlich gewesen. Zwar hatten wir im Dresdner Kreuzchor einmal seine DEUTSCHE MOTETTE einstudiert, die mich als Sängerknabe schon faszinierte. Aber es war weniger die Musik als vielmehr die Tatsache, daß dieses Werk für zwanzig Stimmen geschrieben war. In der reichhaltigen Chorliteratur sicher ein Ausnahmefall. Wenige Chöre sind imstande, das Werk ob seiner großen Schwierigkeiten aufzuführen. (Übrigens ist diese Abendhymne der einzige religiöse Stoff, an dem sich der große Komponist zeit seines Lebens versucht hat.) Meine zweite Strauss-Berührung war schon eher ein Zufall. Da mein musikalisches Interesse sich auch allmählich der Oper zuwandte – für mich als Sängerknabe bestand ja die Musik bis zu meinem 16. Lebensjahr ausschließlich aus Werken der musica sacra – stellte ich mich an meinen (Kreuzchor-)freien Abenden in die Schlange für billige Studentenkarten an der Kasse der berühmten Semperoper und erwischte mit großem Glück eine Stehplatzkarte für die Oper CAPRICCIO von Richard Strauss. Ich wußte natürlich mit dem Titel überhaupt nichts anzufangen, hatte nie davon etwas gehört. Das konnte ich auch gar nicht, denn durch Zufall war ich nun Zeuge der Dresdner Erstaufführung einer neuen Strauss-Oper geworden. Ich kann mich erinnern, daß es auf der Bühne sehr vornehm zuging und die spärliche Handlung damals für mich schwer verdaulich war. Lediglich die große Ansprache des Theaterdirektors La Roche machte auf mich einen nachhaltigen Eindruck. Daß ich dieses Werk, dessen geistvolle Brillanz und Delikatesse mir erst viel später bewußt wurde, nach fast vierzig Jahren einmal selbst – an der Deutschen Staatsoper Berlin – in Szene setzen sollte, wäre mir während der zweieinhalb Stunden, die ich da im Stehparkett von einem Bein auf das andere wechselte, sicher wie ein Märchen vorgekommen. Aber inzwischen habe ich gelernt, daß das Leben mitunter seltsame Wege geht und sogar Märchenträume erfüllen kann. Verlassen sollte man sich allerdings nicht darauf!

Es dauerte übrigens eine ganze Weile, bis ich erkannte, was Richard Strauss in der Geschichte der Deutschen Oper eigentlich bedeutete. Unerfahren, jung – und durch den Kreuzchor wohl auch ein bißchen einseitig in die klassische Musik eingeführt –, verwirrte mich der Name Strauss, weil ich lange Zeit die Vornamen der berühmten Namensvettern Johann, Joseph und Richard und natürlich auch ihre Musik durcheinanderwarf.

Nunmehr als Anfänger an die Staatsoper Dresden engagiert, war ich zwar interessiert und neugierig, aber doch ziemlich ahnungslos und unvorbereitet in den ROSENKAVALIER gegangen. Der Titel dieser Oper wurde ja in Dresden immer mit einer geradezu feierlichen Hochachtung genannt. Die Kunststadt Dresden und ihre Opernfreunde betrachten ja dieses daselbst 1911 uraufgeführte Werk als ihre »eigenste« Oper. Ich hatte also als Dresdner Opernbesucher ein Fest zu erwarten und zu würdigen.

Und dann – darf ich es gestehen? – kam die große Enttäuschung! Ich reagierte nämlich – nach landläufiger Ansicht – wie ein Banause; denn es hatte mir leider ganz und gar nicht gefallen. Richtiger gesagt, ich konnte mit dem Stück weder textlich noch musikalisch etwas anfangen. Neben und hinter mir wurde geklatscht und gejubelt; ich konnte das nicht und wurde sehr unsicher und ungehalten. Um mich nicht zu blamieren, wagte ich natürlich nicht, meine Enttäuschung zu zeigen, und klatschte eben mit. Ich war zum ersten Mal von einem musikalischen Werk – von einem Meisterwerk – verwirrt. Natürlich gab es da herrliche Augenblicke wie die Überreichung der berühmten silbernen Rose, den zweiten Aktschluß mit seinen Walzerthemen oder das hübsche, volksliedhafte Schlußduett. Aber ehe es immer dazu kam, gab es so viele verwirrende Musik und lange Erzählungen der Frau Marschallin und des Barons Ochs. Wie gut, daß ich die WALKÜRE noch nicht kannte, was hätte ich damals wohl zu den endlosen Monologen des Wotan gesagt?

Immer wieder stellte ich mir die Frage: Was begeistert denn die Leute so an diesem Werk? Natürlich hatte ich eine Aufführung in großartiger Besetzung erlebt; ich bewunderte alle in jenen Rollen, die mir noch so fremd erschienen: Christel Goltz, Elfriede Weidlich, Ruth Lange, Kurt Böhme und den unvergessenen Joseph Keilberth am Pult der Dresdner Staatskapelle, dem Strauss-Orchester schlechthin. Aber vielleicht gehörte es in Dresden aus Tradition zum guten Ton – heute sagt man, es war wohl »in«, den ROSENKAVALIER zu bejubeln? Schon der Titel klingt ja so vornehm und duftig! Solche ketzerischen Gedanken stellten sich tagelang bei mir ein und plagten mich ganz schön. Denn ich konnte doch als angehender Opernsänger mit musikalischer Bildung aus dem berühmten Kreuzchor diese Gedanken nicht laut aussprechen!

Und merkwürdig – viele Jahre später –, als ich selbst die Rolle des Ochs auf Lerchenau in Dresden erarbeitete und beim Studium viel Strauss- und ROSENKAVALIER-Literatur las, sollte ich auf ein ähnliches Urteil aus allerdings viel kompetenterer Feder stoßen. Die Aufführungsgeschichte und der anhaltende weltweite Erfolg des ROSENKAVALIER hat es allerdings längst revidiert und überholt. Nach der Stuttgarter Erstaufführung der Oper schrieb ein Kritiker: »Vorweggenommen: das Stück ist ebenso lang wie langweilig, ich kann mir nicht denken, daß ein normaler Mensch, der es einmal gesehen und gehört hat, nach einer Wieder-

Eine der ersten Rollen: der Polizeikommissar
im ROSENKAVALIER, Dresden 1951

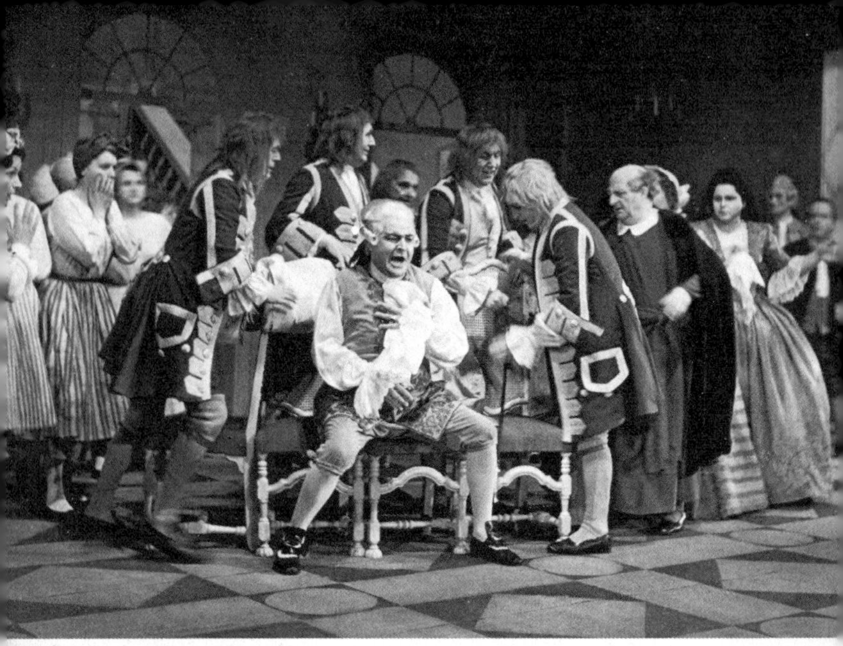

Szene mit Theo Adam als Ochs auf Lerchenau (ROSENKAVALIER),
Staatsoper Dresden 1961 und in Salzburg 1969
mit Christa Ludwig als Marschallin

Der erste La Roche (Capriccio) in Dresden, 1963

Amfortas in Buenos Aires, 1969

Pizarro – Wien 1972

SCHWEIGSAME FRAU (Sir Morosus) mit Ursula Reinhardt-Kiss, Dresden 1974

Als Gurnemanz (PARSIFAL) bei den Bayreuther Festspielen 1976

Salzburg 1982: Pizarro

Als La Roche in Capriccio, München 1981

Als Baal (Titelrolle) in Friedrich Cerhas gleichnamiger Oper,
die 1981 in Salzburg uraufgeführt wurde

Baal: Kabarettszene

Gefängnisszene in BAAL mit Paul Hoffmann

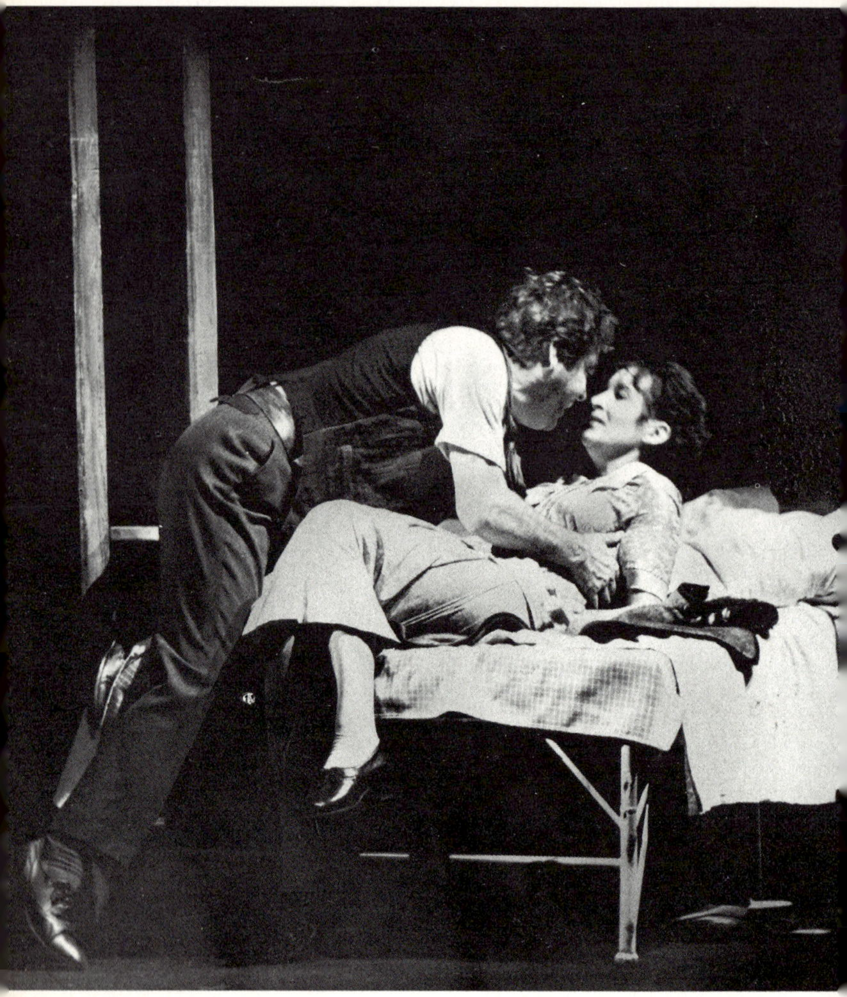

BAAL – Aufführung an der Deutschen Staatsoper Berlin, 1982, mit Magdalena Falewicz als Sophie

Als Dr. Schön (Lulu), mit Julia Migenes in der Titelrolle, Wien 1983

Als Prospero in Berios Oper Un Re in ascolto, bei den Salzburger Festspielen 1984 uraufgeführt

holung des Genusses die Lust verspürte!« Aus heutiger Sicht ein unvorstellbares Urteil eines Fachmannes! So allein stand ich also als unbeschriebenes Opernelevenblatt da gar nicht mit meiner unsicheren Haltung. Nach der Wiener Erstaufführung am 8. April 1911 – also wenige Wochen nach der Dresdner Uraufführung – waren kritische Stimmen noch ablehnender: »Eine Farce, die stellenweise zur Operette herabsinkt, stellenweise auch tiefer ...« oder – genug des traurigen Kritikerirrtums – noch folgende Fehldiagnose: »ROSENKAVALIER wird ein Homunkulusdasein in der üblichen kurzen Dauer der Neugierde haben!«

Wenn schon die überschlauen Kritiker anfangs ihre Schwierigkeiten mit diesem anspruchsvollen Werk hatten, wie sollte ich als unerfahrener Opernneuling keine haben? Das ist ein kleiner, später Trost für mich, zumal auch ich meine Meinung und mein Urteil bald revidieren sollte.

Es interessiert mich übrigens, ob es den heutigen Opernbesuchern, die das Werk zum ersten Mal hören, nicht ähnlich ergeht wie mir in meinen Anfängerjahren? Ob nicht manche ihre Ratlosigkeit hinter ihrem »spontanen« Beifall auch so verstecken wie ich damals?

Natürlich war mir allmählich klar geworden, daß es an mir selbst liegen mußte, wenn mir das berühmte Werk noch nicht viel zu sagen schien. Also raffte ich mich auf und besuchte eine zweite Vorstellung; und siehe da, ich erkannte und erwartete bald diese oder jene Passage, die ich schon beim ersten Mal als schön empfand, und kam so der Oper schon entschieden näher. Das Strausssche Melos schmeichelte mir schon und fing an, mich zu betören. Nach weiteren Besuchen kam mir die herrliche Musik und der köstliche, teilweise geniale Text immer mehr zum Bewußtsein, und ich erkannte nun endlich, welches Meisterwerk dem berühmten Dichter- und Komponistengespann da gelungen war. Trotzdem stehe ich auch heute noch dem Werk nicht ganz unkritisch gegenüber. Da scheint mir manchmal, als sei bei der Bewältigung des umfangreichen

Hofmannsthal-Textes dem großen Richard II. mitunter auch sogenannter »musikalischer Zwirn« aus der Notenfeder geflossen (was sich ja auch bei anderen Werken, wie z. B. der SCHWEIGSAMEN FRAU, CAPRICCIO u. a. leicht feststellen läßt). Bei den Szenen des Polizeikommissars und den anschließenden Faninalszenen im III. Akt läßt sich das wohl leicht belegen. Aber dann schlägt eben zur rechten Zeit die musikalische Pranke des genialen Komponisten und Theaterpraktikers Strauss wieder so zu, daß man sich als Opernkonsument genüßlich im Sessel wiegt und auf dem lukullischen Melos dieses letzten großen Opernromantikers kritiklos dahinfließt.

Interessant und auch nicht ganz kritiklos erscheint mir in diesem Zusammenhang die Meinung des großen Theatermannes Rolf Liebermann, dem ich übrigens viele interessante Rollen meines Fachs während seiner ersten Hamburger Intendantenzeit verdanke. In seinem bereits erwähnten Buch »Opernjahre« kratzt er ziemlich kritisch an einem Sakrileg mancher Opernfreunde, wenn er schreibt: »Nachdem ich in letzter Zeit zehn Aufführungen des ROSENKAVALIER gehört habe, fühle ich mich ein wenig verstört. Wie, wenn diese Oper am Ende doch nicht das Meisterwerk wäre, als das man sie seit einem halben Jahrhundert rühmt? Wenn es sich eher um eine Art Rumtorte handelte, viel zu süß und viel zu üppig? Der Dialog im ersten Akt zwischen Ochs und der Marschallin schien mir auf einmal musikalisch recht dünn und der Anfang des dritten Aktes unmäßig langgezogen ... Dieses Erlebnis hat meine früheren leisen Zweifel bestätigt: Der verführerische Charme des ROSENKAVALIERS ist vielleicht doch im Schwinden begriffen ...«

Dieses Urteil ist natürlich sehr subjektiv, bestätigt mir aber doch meine geheimen Zweifel und Vorbehalte, die ich bei aller Bewunderung für Meister Strauss nicht ganz verdrängen kann, als junger Sänger allerdings nie laut auszusprechen gewagt hätte.

Wenn man mich heute nach vielen Jahren der Bayreuth-Mitwirkung als Wagner-Sänger bezeichnet, eine Qualifizierung, die mir zwar zur Ehre gereicht, aber doch etwas einseitig ist, so konnte ich mich in zahlreichen Strauss-Rollen, die mir, dem anfänglichen Zauderer, herrliche sängerische Stunden bescherten, zum sogenannten »Strauss-Sänger« mausern. Es ist ja allgemein bekannt, daß Strauss selbst mehr den Frauenstimmen den Vorzug gab; die meisten seiner Titelgestalten sind Frauen. Vom Stimmfach Tenor hielt er scheinbar nicht viel; denn er hat wenig ergiebige und interessante Tenorrollen geschrieben. Den Baß und Bariton hat er nicht schlecht behandelt, und die meisten der dankbaren Rollen in diesem Stimmfach habe ich sehr gern gesungen.

Und ausgerechnet in jenem ROSENKAVALIER, zu dem ich sehr langsam Zugang fand, sollte meine Laufbahn als Strauss-Sänger beginnen! Es dauerte damals nicht lange, bis ich eines Tages in einer Vorstellung unter der Leitung Rudolf Kempes einspringen mußte, und zwar als jener Polizeikommissar, dessen Passagen ich als mehrmaliger Zuschauer so kritisch betrachtet hatte. Beim Erlernen der kurzen, aber wichtigen Rolle merkte ich bald, daß Strauss besonders musikalische Sänger erfordert. Da ich keine Orchesterprobe bekam, mußte ich also gleich am Abend ins »kalte Wasser« springen. Ich habe gar nicht gewußt, daß man im kalten Wasser so ins Schwitzen kommen kann! Denn wenn um einen herum lauter »alte Hasen« mit ihrer langen Bühnenerfahrung singen und man eine Rolle hat, die mehr oder weniger immer nur die »Stichworte« für die anderen zu geben hat, muß man schon gewaltig aufpassen und die Nerven behalten. Von den ungeheueren musikalischen und stimmlichen Anforderungen der großen Ochs-Rolle war ich indes noch weit entfernt. Diese schien mir damals ein schier unüberwindlicher Berg, meinem ganzen Wesen und Habitus so fremd, daß ich überhaupt nicht daran denken konnte, ihn jemals zu singen. Von dieser ersten kleinen Rolle zu meinem jetzigen Strauss-Œuvre war es schon ein weiter Weg, und heute muß ich schon scharf nachdenken, wenn ich alle meine Strauss-Partien aufzählen will, damit ich keine vergesse.

Da war der würdige Penaios in DAPHNE, der Orest in ELEKTRA, dann kam der gewaltige »Brocken« des Ochs auf Lerchenau auf mich zu, schließlich auch dessen stimmlicher Verwandter, der stolze Theaterdirektor La Roche aus CAPRICCIO. Relativ spät in meiner Laufbahn erschloß sich mir nach längerem Zögern der so menschliche Barak in der FRAU OHNE SCHATTEN. Eine schwierige, mich stimmlich ziemlich fordernde Partie sang ich in Dresden 1974 zum ersten Mal: den polternden Seebären Sir Morosus aus der SCHWEIGSAMEN FRAU. Dann wagte ich mich schließlich, nicht ohne das Drängen anderer, an den für mich etwas exponiert liegenden Propheten Jochanaan in der SALOME. Als 99. Rolle meines bisherigen Repertoires machte mir die gewichtige Episodenrolle des weisen Musiklehrers in der ARIADNE AUF NAXOS immer wieder viel Vergnügen. Wenn ich an die vielen Worte und Noten denke, die ich mit diesen neuen Strauss-Rollen – die kleineren, wie z.B.: 1. Nazarener, Adrast, 1. Schäfer nicht mitgerechnet – in meinem Gehirn speichern und vor allem auch abrufen mußte, staune ich selbst manchmal, was ein Sängerleben doch an produktiver Kärrnerarbeit beinhalten muß. Ob mancher junge Student die Erfüllung und Bedeutung seines Berufswunsches immer richtig einschätzen kann? Konnte ich mir es denn selbst ausmalen, was es für Arbeit, Fleiß, Disziplin, Mut – und auch manchmal Entbehrungen – kostete, die vielen künstlerischen Hürden zu nehmen? Erst spät erkennt man im Leben, wie gut es die Natur mit uns meint, wenn sie uns in der Jugend die Unbekümmertheit beschert und uns nicht in die Zukunft sehen läßt. Ich glaube, daß mancher Karrierebesessene die Flinte vorzeitig ins Korn werfen würde, wüßte er, welche Anforderungen der künstlerische Beruf jeden Tag und Abend gerade an den Erfolgreichen stellt!

Natürlich führen zu einer individuellen Rollengestaltung – und das gilt auch für Strauss-Partien – viele Wege. Schließlich interpretiert jedes Mal ein anderer Mensch mit eigenem Stimmaterial, mit seiner Persönlichkeit, seinem eigenen Habitus die entsprechende Figur auf der Bühne. Jeder wird aus seiner eigenen Auffassung heraus die Rolle gestalten. Daher können die hier aufgeführten Gedanken über die Interpretation von meinen Strauss-Rollen nur als »ein« Weg zur Erschließung und Darstellung einer Opernfigur gelten. Ich habe mich dabei nie von der sicher auch mir anhaftenden Eitelkeit verführen lassen, auf der Bühne nur Töne zu produzieren und mit ihnen zu glänzen, sondern mich immer bemüht, in einer gegebenen Situation so und nicht anders handeln und singen zu müssen.

Jede Rolle, jede Äußerung auf der Bühne, selbst wenn sie nur aus einem Satz besteht, bietet uns Gelegenheit, einen Menschen, einen Charakter darzustellen. In zwei oder drei gesungenen Worten kann uns Ergebenheit, Unterwürfigkeit, Zynismus, Charakterfestigkeit, Stolz, Güte usw. signalisiert werden. Es gibt ja Sänger, die glauben, nur in großen Rollen ihre Einmaligkeit beweisen zu können. Kleine Rollen, die sogenannten »Wurzen«, tun sie mit einer Handbewegung ab; sie glauben sich dazu zu schade – und das oft schon als blutjunge Anfänger. Mit dieser künstlerischen Haltung versagen sie dann allerdings meist auch in den großen Bühnenrollen, sie merken es nur selbst leider nicht.

Wie bei Wagner, so habe ich auch bei Strauss ganz unten angefangen. Im folgenden will ich daher versuchen, meine Erfahrungen mit Strauss-Rollen chronologisch aufzulisten, so wie sich mir die Gelegenheiten boten, sie zu lernen und in Premieren oder als Einspringer in laufenden Vorstellungen auf der Bühne darzustellen.

Penaios

Meine erste Mitwirkung in einer Strauss-Oper fiel in die Zeit der Neueinstudierung der Daphne an der Staatsoper Dresden im Jahre 1950. Ich befand mich gerade im ersten Anfängerjahr und hatte die wenigen Worte des 4. Schäfers in dieser »Bukolischen Tragödie« zu singen. Hätte es fünf Schäfer gegeben, wäre ich sicher der fünfte gewesen! Aber was machte das schon, ich war dabei und konnte jeden Tag auf der Bühne in den Proben etwas lernen: von Rudolf Kempe, dem Dirigenten, vom Regisseur Heinz Arnold und natürlich von erfahrenen Kollegen mit berühmten Namen wie Arno Schellenberg, dessen Rolle »Adrast«, immerhin der 1. Schäfer, ein sogenannter »Edelwurzen«, ich wenige Monate später übernehmen konnte. Das muß mir ganz gut gelungen sein, denn wiederum einige Zeit danach übernahm ich von Gottlob Frick, der durch Gastspiele an die Deutsche Staatsoper gebunden war, die Hauptrolle im Baßfach dieser Oper, den Penaios. Das war natürlich schon eine große Bewährungsprobe für den vierundzwanzig Jahre jungen Sänger. (Übrigens bekam ich dafür zu meiner bescheidenen Monatsgage noch ganze 15.–M »Überspielhonorar« extra!)

Wie aufgeregt und gleichzeitig etwas stolz war ich doch, als ich in das Kostüm des großen Kollegen schlüpfte! Viel Bart und Kunst des Maskenbildners Alfred Schulz waren nötig, um aus mir einen alten Griechen zu machen. Die Stimme allerdings konnte ich nicht alt machen, da entstand sicher ein Widerspruch. Aber Würde und Reife muß ja nicht unbedingt alt und knorrig klingen, man kann sie auch durch die musikalische Kantilene und stimmlichen Ausdruck dokumentieren.

Der große Monolog des Penaios erfordert einen großen stimmlichen Bogen, sein seherisches Pathos verlangt eine kultische Erhabenheit in der Darstellung. Sein großer Weihespruch gilt der Eröffnung eines Festes zu Ehren des Dyonisos. Obwohl er äußerlich ein Fischer ist, muß man doch in der Darstellung zum Ausdruck bringen, daß er sich gottähnlich fühlt. Ein gewisses Pathos, in den meisten Opernpartien fehl am Platz, ist hier schon ein berechtigtes Ausdrucksmittel. Denn in dieser Szene zeigt sich wieder einmal deutlich, wie Strauss, obwohl fest im romantischen Denken und Fühlen verankert, von der Kraft der Antike angezogen war. Im Gegensatz zu seinen frühen Erfolgen, wie SALOME oder ELEKTRA aus der Sturm- und Drangzeit, ist aber deren jugendlicher Klangrausch einer betont lyrischen Klangprägung mit gelösten melodischen Bögen der Spätreife in DAPHNE gewichen. Gewiß, es ist kein Zugstück für das breite Publikum, dazu ist es sicher mythologisch zu sehr belastet. Aber immerhin empfand auch ein Romain Rolland dieses Alterswerk als »melodiöseste Schöpfung des greisen Meisters«.

Nach mehreren Jahren sollte mir der Penaios noch einmal begegnen, als ich ihn in einer Premiere der Deutschen Staatsoper Berlin 1969 unter der Leitung Otmar Suitners und in der Regie Erich Wittes sang. Auch auf einer Schallplatte spielte ich die Szene des Penaios mit der Dresdner Staatskapelle ein. Daß der seherische Alte eigentlich für mich als ein ganz gutes Omen einer Laufbahn auch als Strauss-Sänger stand, ist rückblickend ein schöner Zufall!

Nachdem ich im Jahr 1950, wie schon erwähnt, in eine Vorstellung des ROSENKAVALIER als Polizeikommissar einsprang, gab es noch eine kleine Zwischenstufe bis zur nächsten großen Strauss-Rolle in einem späteren Werk des Meisters, in der LIEBE DER DANAE. Darin hatte ich einen der vier Könige der Inseln darzustellen. Meine stimmliche Aufgabe erschöpfte sich dabei im reinen Ensemblegesang. Darstellerisch kamen wir Könige hauptsächlich durch unsere schönen Frauen Alkmene, Semele, Europa und Leda zur Wirkung. Die Dresdner Premiere fand wenige Monate nach der Salzburger Uraufführung statt, brachte es aber nur zu wenigen Wiederholungen. Es liegt sicher an seinen dramaturgischen Schwächen, daß diesem mythologisch überfrachteten Werk bisher nur wenige Inszenierungen beschieden waren. Es hat Längen, ist vom Inhalt her nicht leicht zu erfassen. Mit gutem Grund ist es wohl das am wenigsten bekannte Werk des Garmischer Meisters. Der vierte König darin hat bei mir absolut keine Spuren hinterlassen, er ist mir schnell aus dem Gedächtnis entschwunden.

Ochs auf Lerchenau

Eine begehrte und ergiebige Strauss-Rolle ist natürlich der berühmte Ochs auf Lerchenau aus dem ROSENKAVALIER, eine pralle Bühnenfigur voller Saft und Kraft. Diesen Eindruck hatte ich jedenfalls immer, wenn ich meinen berühmten Landsmann Kurt Böhme in dieser Rolle auf der Dresdner Opernbühne sah. Ich konnte mir diesen Landjunker gar nicht mehr anders vorstellen. Und als ich diese Rolle schließlich selbst einstudierte, war es nur natürlich, daß viele Elemente seiner Gestaltung auch in meine Ochs-Darstellung einflossen. Ich bekenne mich dazu, weil ich es völlig in Ordnung finde, wenn man etwas als gut und richtig bei anderen erkannt hat, dies in seine eigene Arbeitsweise einfließen zu lassen.

Das Angebot, den Ochs zu singen, bekam ich im Jahre 1961 anläßlich einer Festpremiere zur fünfzigjährigen Wiederkehr der Uraufführung des ROSENKAVALIER in Dresden. Mit der Länge der Partie und ihrer musikalischen Bewältigung stand da ein gewaltiger Brocken vor mir. Der umfangreiche, komplizierte Text erschien mir wie ein unentwirrbares Puzzlespiel. Aber je weiter ich während der musikalischen und szenischen Proben in den Charakter dieser Glanzpartie eindrang, je mehr hatte es mir dieser Charmeur von empörender Skrupellosigkeit angetan. Der grenzenlose Optimismus, der schon bei seinem ersten Auftritt (»Selbstverständlich empfängt mich Ihro Gnaden ...«)

zum Ausdruck kommt, macht dieses von der Marschallin zwar als »schlechten Kerl« titulierte Mannsbild doch sympathisch. Er fühlt sich immer gleich als »Hahn im Korbe«. Es reizt ungeheuer, diese Mischung aus Dreistigkeit, Eitelkeit, Kraft und Optimismus stimmlich und darstellerisch auszudrücken. Hofmannsthals Forderung gilt dabei uneingeschränkt: »Die Titelrolle (Ochs) braucht einen schauspielerisch wirklich begabten Sänger!« Und Strauss selbst hat sich in seinen Briefen zum ROSENKAVALIER immer am ausgiebigsten mit dem Ochs beschäftigt. Er meinte, daß von Ochs der Erfolg der Oper abhängt; und die Geschichte des Werkes hat es vollauf bestätigt. Ja, er war sogar entschlossen, der Oper den Titel OCHS AUF LERCHENAU zu geben – gegen den ROSENKAVALIER hat er sich lange Zeit gesträubt. Köstlich, wenn man in seinen Briefen liest: »Mir gefällt der Rosenkavalier gar nicht, mir gefällt der Ochs. Aber, was will man machen? Hofmannsthal liebt das Zarte, Ätherische, meine Frau befiehlt: ROSENKAVALIER. Also – der Teufel hol ihn!«

Meine Frau befiehlt – so einfach ist das manchmal bei den Großen der Weltgeschichte, denen wir oft tiefschürfende Überlegungen in ihren Äußerungen und Werken zugrunde legen. Aber auch Genies haben ihren Alltag! Die zwischenmenschlichen Beziehungen eines Wagner, Goethe oder erst recht eines Mozart geben uns dafür profane Zeugnisse! Rücken sie uns nicht gerade dadurch aus ihrem Himmel etwas näher?

Dem Opernfreund von heute ist der Ochs auf Lerchenau ja eine so vertraute Figur, ein Begriff, daß man meint, es müßte ihn wie andere historische Operngestalten tatsächlich einmal gegeben haben. Man kann sich gar nicht vorstellen, daß er eigentlich eine – allerdings genial – erfundene Figur ist. Es gibt aber nordwestlich von Kornneuburg, also nicht weit von Wien entfernt, ein kleines Dorf Lerchenau, in dem es auch einen verlotterten Gutshof gab, auf dem der saftige Landjunker wohl hätte hausen können. Hofmannsthal hat hier Wirklichkeit und Phantasie so verschmolzen, daß ein völlig neuer, noch nie dagewesener Mannstyp auf der Opernbühne erscheinen konnte. Gewiß kann man Züge des Falstaff oder des Don Juan erkennen; er ist aber bei weitem kein Abklatsch dieser großartigen Figuren, sondern eine völlige Neuschöpfung, eben der Ochs!

Für den Sänger ist diese einmalige Erscheinung der Opernbühne mit allerhand stimmlichen Anforderungen und Schwierigkeiten gespickt. Da ist mozartisches Parlando vonnöten, wagnersche Durchschlagskraft, profunde Tiefe, die bis zum tiefen C hinabsteigt, aber auch baritonale Höhen sind gefordert. Wenn Ochs ständig prahlt, was er sich alles leisten kann, so muß der Sänger weiß Gott auch zeigen, was er stimmlich zu leisten vermag. Wenn man heute selbst den Ochs singt, ist es geradezu ein Alptraum, nachzulesen, daß der Ochs der Dresdner Uraufführung, Carl Perron, diese schwere Rolle vollkommen indisponiert singen mußte. Welche Tiefen des Sängerdaseins muß da der arme Kerl vor und während der Premiere durchschritten und durchlitten haben?! Es sei z. B. nur auf eine Schwierigkeit hingewiesen, die uns die Autoren sozusagen vom Schreibtisch aus »zugeschoben« haben: In der großen Erzählung im ersten Akt prahlt Ochs von seinen amourösen ländlichen Abenteuern. Als Höhepunkt seiner Potenzen singt er davon, daß »halt a Heu in der Nähe dabei sein« muß. Strauss hatte als musikalische Krönung dieses »Heu« auf einen langen Ton in der Baßgrenzlage im Fortissimo komponiert. Daß dies so grob gesungen werden sollte (hier dokumentierte sich wieder einmal Straussens bajuwarisches Temperament!), gab dem Ästheten Hofmannsthal einen gewaltigen Stich, und er bat dringend, das zu ändern. Es sollte doch, bittschön, ganz deklamatorisch nuanciert werden. In gewisser Intimität zur Standsperson der Marschallin sollte das »Heu« vertraulich, plump, pfiffig geflüstert werden. Strauss machte es sich einfach und ersetzte kurzerhand das »ff« (also Fortissimo) durch ein »pp«! Herrn Hofmannsthal haben wir armen Sänger es zu verdanken, daß wir uns mit dieser Stelle in der für Bassisten nun wirklich schwierigen Lage herumplagen müssen!

Denn ich glaube, keinem meiner geschätzten Kollegen fällt das leicht – mir jedenfalls nicht! Ich muß aber zugeben, daß es natürlich viel pfiffiger wirkt, wenn diese Stelle leise gesungen wird.

Für den Komödianten in uns bedeutet der Ochs natürlich eine gefährliche Versuchung, weil er ja leicht zur buffonesken Übertreibung verleiten kann. Tatsächlich wird er auch oft viel zu grob und polternd, augenrollend und brüllend an den Rand der Klamotte gedrückt. Manche Kollegen stellen ihn nur als schlechten Kerl voller rücksichtsloser Gemeinheiten dar. Denen sei Straussens Warnung ins Stammbuch geschrieben: »Die Figur ist vom Dichter kräftig genug gezeichnet, so daß der Darsteller eher mildern und verschönern soll, statt das Derbe und Unsympathische noch zu unterstreichen!« Wer ihn aber andererseits nur als Spaßmacher sieht, geht meines Erachtens auch haarscharf an der Figur vorbei. Der Humor darf nicht vordergründig ausgespielt werden, er ergibt sich ja von selbst aus den Situationen, in welche der eitle und skrupellose Charmeur gerät.

Ich halte mich da lieber an Strauss' eigene Ansicht über seinen geliebten Schürzenjäger. Aus seinen eigenen Worten finde ich da wohl den besten Zugang zur Rolle, wenn er sagt: »Die meisten Bassisten haben bis jetzt ein scheußliches, ordinäres Ungeheuer mit gräßlicher Maske auf die Bühne gestellt ... Das ist durchaus falsch: Ochs muß eine ländliche Don-Juan-Schönheit von etwa 35 Jahren sein, immerhin Edelmann ..., der sich im Salon der Marschallin soweit anständig benehmen kann, daß sie ihn nicht nach fünf Minuten von ihren Bediensteten herausschmeißen läßt ... Besonders die erste Szene im Schlafzimmer muß mit äußerster Delikatesse und Discretion gespielt werden … Komödie, nicht – Berliner Posse!«

Diese Überzeichnung, vor der der Komponist hier warnt, hat natürlich ihre Ursache auch in der gespannten Anfangsnervosität des ersten Auftritts. Aus eigener Erfahrung kann ich sagen, daß man versucht ist, gleich zu zeigen, welch toller Kerl man da ist, man ist noch etwas nervös, will die vielen, vielen Worte und die musikalischen Schwierigkeiten in den Griff bekommen und loswerden. Da besteht natürlich die Gefahr, stimmlich und darstellerisch gleich aufzutrumpfen und damit des Guten einfach zu viel zu tun. Dabei ist nun einmal die erwähnte Schlafzimmerszene der Schlüssel für die ganze Anlage der Rolle. Trotz aller Geschwätzigkeit, trotz aller Anzüglichkeiten muß Ochs doch immerhin so viel Optimismus und ländlichen Charme ausstrahlen, daß die Marschallin ihn nicht widerlich findet, sondern sich über ihn amüsiert. Denn laut Hofmannsthal stehen Ochs und Marschallin zwar *gegen*einander, gehören aber letztlich doch *zu*einander, der Knabe Octavian steht zwischen ihnen und verbindet sie gleichzeitig. Und wenn wir genau auf die Musik hören, spüren wir auch, daß dieses Faunsgesicht (Hofmannsthal) der Marschallin keineswegs abscheulich ist. Wenn sie ihm am Schluß die Chance gibt, »sein dignite« zu wahren, wird deutlich, daß sich diese beiden Standspersonen die Bälle zuspielen und Ochs gegenüber der Marschallin »kein Spielverderber« sein will. Und beide eint schließlich die Erkenntnis, daß Jugend zu Jugend gehört und Liebe sich nicht erkaufen oder erzwingen läßt. Der großartige musikalische Abgang, den der Komponist dem Ochs geschrieben hat, läßt erkennen, daß er uns mit Sympathie von dem »schlechten Kerl« Abschied nehmen lassen will. Die schöne »Verfremdung« Musik bringt es tatsächlich zustande, daß wir dem Schwerenöter nicht böse sein können.

Orest

Es währte nur ein Jahr, als nach meinem Debüt als Ochs auf Lerchenau eine völlig anders geartete Strauss-Rolle auf mich zukam. In einer konzertanten Aufführung der ELEKTRA sang ich in Dresden zum ersten Mal den Orest. Das ist eine nicht sehr umfangreiche, aber eine der wenigen männlichen Hauptrollen des Werkes und dramaturgisch doch sehr wichtig. In der konzertanten Aufführung konnte ich mich zunächst auf die stimmliche Bewältigung der Rolle konzentrieren, die in dieser Beziehung nicht allzu viele Ansprüche stellt. Was natürlich nicht bedeutet, daß man die Aufgabe leicht nehmen sollte! Schließlich ist Orest eine Schlüsselfigur, verlangt viel Ausstrahlung und wird daher auch immer nur mit ersten Sängern besetzt. Neben dem herrlichen Strauss-Orchester, der Dresdner Staatskapelle unter Leitung von Otmar Suitner, triumphierte damals in der Dresdner Aufführung zum letzten Mal die unvergessene Christel Goltz an ihrem langjährigen Wirkungsort. Szenisch trat ich als Orest das erste Mal in Genf in Erscheinung. Bei späteren Aufführungen in Berlin, Hamburg, München und Wien waren die großen Elektra-Darstellerinnen Birgit Nilsson, Inge Borkh, Ingrid Bjoner, Astrid Varnay und Gwyneth Jones meine Partnerinnen. Jede von ihnen, in Nuancen unterschiedlich, identifizierte sich in großartiger stimmlicher Verfassung mit der rachsüchtigen Atridentochter. Wie sie alle die mörderische Partie durchhielten und bewältigten, nötigte mir die größte Hochachtung ab. Es war mir nach jeder Vorstellung fast peinlich, mich mit meiner »kleinen« Rolle neben ihnen, die ja von Anfang bis Ende des Werkes ununterbrochen auf der Bühne standen und die stimmlich schwierigsten Passagen singen mußten, zu verbeugen. Ich hatte immer das Gefühl, ich sei doch schon längst vergessen.

Trotzdem spürte ich nach meinem konzertanten Orest, daß ich auf der Bühne als Bruder der Elektra viel mehr sein muß als ein Stichwortgeber. Gewiß, gegenüber den Hauptträgern der Handlung erscheint Orest mehr oder weniger nur als ein Tatwerkzeug. Aber gerade die vergleichsweise wenigen stimmlichen Passagen erfordern eine große persönliche Ausstrahlung und Größe. Mit der Feierlichkeit der Auftrittsakkorde in den Posaunen muß er wie ein Schicksal in die Handlung eintreten. Und das Schicksal darf sich nicht in hohlen Gesten und dünnstimmig, sondern mit prägnanter stimmlicher Ausdrucksstärke dokumentieren. Hier muß der Zuschauer sogleich ahnen, daß Ungeheuerliches geschehen wird. Mit der Ruhe vor dem Sturm kündigt sich ein Höhepunkt an. Schon die ersten Töne müssen ausgeglichen angestimmt werden, und man muß sich als Sänger auch bewußt sein, daß man als einzige tiefe Stimme einen Gegenpol zu den hohen Frauenstimmen darzustellen hat. In den ruhigen Gesangsphrasen des Orest muß man durch sängerische Disziplin dokumentieren, daß der Bruder nicht die seelischen Belastungen erfährt, die seine geschundene Schwester Elektra erleben muß. Gegen Elektras Unruhe und Gereiztheit steht, musikalisch ausgedrückt, sein starker Wille. Um so größer muß dann die Erschütterung ausgespielt werden, die ihn ergreift, wenn die Schwester über ihr bisheriges trauriges Los berichtet. Ich muß gestehen, daß ich eine persönliche Betroffenheit nie ganz verbergen konnte und wollte, wenn meine großen Partnerinnen den seelischen Erschütterungen Elektras in der großartigen Erkennungsszene stimmlich den höchsten Ausdruck gaben. In solchen Momenten spürt man auch als stummer Partner die Einmaligkeit einer großen Szene des Musiktheaters.

Oft wird der Orest als kaltblütiger Rächer angesehen und auch so dargestellt. Ich kann mir diese Deutung nicht zu eigen machen. Ich bin der Auffassung, daß der entscheidende Schritt, der Mord an seiner Mutter Klythämnestra, dem Atridensohn nicht ganz leicht fällt. Diese Deutung entnehme ich seinem Satz: »Die diese Tat mir auferlegt, die Götter werden da sein, mir zu helfen!« Daß dieser schicksalhafte Auftrag trotz allem, was er gerade von Elektra erfahren hat, ihm auch zu schaffen macht, versuche ich durch einen schweren, fast schleppenden Gang in den Palast auszudrücken. Ein bedeutungsvoller Blickwechsel mit Elektra beim Ertönen des Agamemnon-Themas gibt mir als Orest vielleicht den letzten Anstoß, die Untaten von Ägisth und Klytämnestra zu sühnen. Als Regisseur würde ich Orest sogar von Elektra in den Palast schieben lassen!

Mit guten Kritiken bei solchen Rollenanalysen aufzuwarten, sollte man immer sparsam umgehen, weil einem ja leicht auch das Gegenteil präsentiert werden kann. Trotzdem möchte ich hier ausnahmsweise einen Bericht über eine umjubelte ELEKTRA-Aufführung in Hamburg im Jahre 1971 wiedergeben, der die Überschrift »Wunder einer Elektra« trug. Drei Primadonnen der Opernbühne gaben sich in dieser Aufführung einen unglaublichen Wettstreit: Birgit Nilsson als Elektra, Leonie Rysanek als Chrysothemis und Regina Resnik als Klytämnestra. Der Kritiker stellte in seiner Rezension etwas fest, das genau die Absicht meiner Interpretation des Orest wiedergab, und ich freute mich, daß meine Auffassung von der Rolle so deutlich über die Rampe gekommen war: »... er artikulierte am besten und zeichnete die Gestalt des Orest genau aus knappster Geste und gewann durch den Wechsel von ergreifendem wortlosen Erstarren und zornigem Ausbruch höchste stimmliche und darstellerische Intensität.« Es kommt also nicht auf die Länge und Größe einer Rolle an, will man eine große Aussage und Wirkung erreichen. Das sei besonders jungen und angehenden Künstlern ins Stammbuch geschrieben. Ich muß es immer wieder betonen: Auch die kleinste Rolle kann schon über eine wahrhafte Künstlerschaft Auskunft geben. Zum Beweis führe ich in Gesprächen mit der jungen Generation immer den »Fall« Peter Schreier an, der als einen seiner ersten Schritte auf der Opernbühne den 1. Gefangenen im FIDELIO in Dresden sang. Ich stand als Rocco auf der Seite der Bühne und hörte plötzlich während des Gefangenenchores eine wunderschöne Gesangsphrase von einer jungen, klaren und schönen Tenorstimme gesungen. Das war nicht nur eine Aneinanderreihung von Tönen, das war Trost und Zuversicht musikalisch ergreifend ausgedrückt. Als ich diese kleine Episode hörte, wußte ich: hier wächst ein großer Künstler heran. Er hat inzwischen in aller Welt bewiesen, daß mein Ohr sich damals nicht getäuscht hatte.

Barak

Es gibt Opernrollen, die ihre Größe durch heldische Attitüde, durch Aura und Faszination dokumentieren, wie z. B. der Wotan Richard Wagners. Es gibt aber auch die zutiefst menschlich anrührenden Figuren im Musiktheater, deren Gütesiegel die stille Größe darstellt. Zu ihnen gehört in erster Linie eine der berühmtesten tiefen Strauss-Rollen, der Barak, in der FRAU OHNE SCHATTEN. Eine Figur voller Männlichkeit und menschlicher Wärme, die sich mir relativ spät und da auch erst nach längerem Anlauf erschlossen hat. Obwohl die FRAU OHNE SCHATTEN eines der bedeutendsten Ergebnisse der künstlerischen Partnerschaft zwischen Richard Strauss und Hugo von Hofmannsthal geworden ist, bedeutet sie doch für den normalen Zuschauer eine recht schwere Opernkost. Sie zu verdauen, bedarf es schon großer Konzentration und Mühe. Ohne Vorbereitung ist wohl für jeden, Zuschauer wie Künstler, der szenische und librettistische Ballast, den Hofmannsthal da hineingepackt hat, schwer zu verkraften.

Es gibt eine hübsche Anekdote vom langjährigen Direktor der Metropolitan Opera New York, Sir Rudolf Bing, die das Inhaltsproblem der FRAU OHNE SCHATTEN recht drastisch beleuchtet: Ein Botschafterehepaar in der Direktionsloge des Hauses hatte sich vergebens bemüht, den Inhalt der Oper aus dem Programmheft zu enträtseln, und wandte sich an Sir Rudolf, was denn eigentlich in der Oper vorginge. Er erwiderte lachend: »Ganz genau kenne ich mich auch nicht aus, aber irgendwie hat es mit Geburtenkontrolle zu tun.« Also in der Tat keine leichte Opernkost. Eine phantastische Märchenwelt mit einer Vielzahl an symbolischen Erscheinungen, Verwandlungen und Prüfungen entsteht vor uns und kann uns schon verwirren, wenn wir nicht Inhalt und Vorgeschichte genau studiert haben. Die dichterische Fantasie quoll hier förmlich über und hemmt damit teilweise den dramatischen Ablauf.

Aber die genialen musikalischen Einfälle von Strauss – man hat einmal von seinem »munteren Drafloskomponieren« gesprochen – haben dieses Werk zu einem Koloß gemacht, das mir immer wie eine grandiose symphonische Dichtung mit Gesang erscheint. Es fiel mir anfangs nicht leicht, die verschiedenen Rollen als Handlungsträger zu überblicken und sie der Fabel richtig einzuordnen. Jetzt, nach vielen Vorstellungen erkenne ich aber, daß Barak als menschliche Zentralfigur des Werkes noch am besten zu erfassen ist. Man darf ihn aber bei der Darstellung nicht nur als Einzelperson sehen. Vielmehr ist er ein wesentlicher Teil einer schicksalhaften und triebhaften Verbindung eines Paares mit seinen menschlichen Haltungen und Schwächen auf sozial sehr tiefer Stufe. Obwohl menschlich der wertvollere Teil, ist er an den Konflikten seiner Ehe nicht ganz unschuldig, da er die Liebe der Färberin und ihren Anspruch auf Selbstverwirklichung nicht versteht. Aber sein Wesen ist gut im Unterbewußten, und er bleibt bei allen Verletzungen, die ihm die Frau zufügt, »freudigen Herzens«.

Das ist zunächst nicht gleich zu erkennen, wenn man die Rolle studiert, die Worte singt und liest und die Figur noch ohne Partner für sich allein »einpaukt«. Beim Lernen gab es da bei mir innere Widerstände, und vorschnell beurteilte ich die Figur als »Trottel«. Opernfreunde werden darüber vielleicht entsetzt sein. Ich will damit nur aufzeigen, daß sich dem Interpreten eine erfolgreiche Opernrolle nicht immer gleich von Anfang an erschließt. Der innere Zugang zu einer Bühnenfigur ist oft mühsamer als das noch so schwere Erlernen der Töne und Worte!

Barak ist ein Mann aus dem Volke. Strauss hat das auch musikalisch klar ausgedrückt, indem er ihm schlichte Weisen und einen gewissen volksliedhaften Ton unterlegt hat. Es sind verständliche Gesangslinien und wunderbare Kantilenen, die diesen erdverbundenen Mann weit über seine existentielle Armseligkeit hinwegtragen. Als Darsteller steht da vor mir eine große Aufgabe, wenn ich die tiefe Wandlung glaubhaft machen will, die aus dem gütigen, aber doch etwas dumpfen Mannsbild einen Helden voll humaner und auch gläubiger Kraft schafft, an der die Frauengestalten ihre große Läuterung erfahren sollen. Die Kaiserin spricht es ja aus: »... er zeigt mir, was ein Mensch ist! ...« Dies kommt für mich am stärksten in der Schlüsselszene meiner Rolle zum Ausdruck, wenn Barak seine Brüder und die armen Kinder speist. Diese Speisung hat etwas von biblischer Größe in sich, denn das Geben ist ein wesentlicher Teil seines Menschseins.

Es konnte daher gar nicht anders kommen, als daß ich das Wort vom – von mir so verkannten – »Trottel« bald ad acta legen mußte. Es ging mir also fast wie Barak selbst; denn auch ich habe in vielen schönen Aufführungen des »Frosch« – wie Strauss selbst seine Oper abkürzte, und das wir am Theater als Kurzbezeichnung übernommen haben – eine Läuterung erfahren können. Es hat sich mir eine Rolle erschlossen, deren anfängliche Einfalt und liebenswerte Beschränktheit und ihre Wandlung zu hohem Menschentum immer eine große und dankbare Aufgabe sein wird.

Es gibt den berühmten Bergman-Film »Szenen einer Ehe«. Die Frau ohne Schatten könnte man auch »Szenen einer Partnerschaft« nennen. Und große Partner, Sängerdarsteller, verlangt jene Rolle dieser Riesenoper in der Tat. Wie den MEISTERSINGERN, so haftet auch diesem Werk die Aura des Außergewöhnlichen an; es ist keine Repertoireoper, die man en suite spielen kann. Das wird sich auch immer in der Besetzung zeigen müssen. In der interessanten Kupfer-Werz-Inszenierung an der Berliner Staatsoper waren Ludmila Dvořáková, Enriquetta Tarres, Ute Trekel-Burckhardt und Reiner Goldberg meine Partner, an der Bayrischen Staatsoper München sangen mit mir u. a. Ingrid Bjoner, Astrid Varnay, Sabine Hass und James King. Am Pult stand dabei in jeder Vorstellung Wolfgang Sawallisch, der für sein Haus immer präsente Münchner Generalmusikdirektor. Ein Theaterplakat erinnert im Trinkstüberl meines Dresdner Heims an die denkwürdige Aufführung in der Wiener Staatsoper von 1981. Da waren Birgit Nilsson meine Färberin, Leonie Rysanek die Kaiserin, James King der Kaiser und Ruth Hesse die Amme, Horst Stein dirigierte. Irgendwie mußten wir alle das Besondere dieser Vorstellung gespürt haben, denn wir ließen uns alle gegenseitig wie Fans die Autogramme auf die Plakate schreiben. Der Schlußbeifall dauerte an diesem Abend ganze 45 Minuten, den Dimensionen des Werkes also durchaus angemessen! Es gibt immer Opernfans, die solche Sternstunden im Theater heimlich auf Tonband aufnehmen. Man muß ihnen heute dankbar sein, daß sie so etwas – illegal natürlich – tun. Nicht selten erscheint dann irgendwo in der Welt so eine »Schwarzaufnahme«, die solche Ereignisse dokumentarisch festhält und man sich selbst später in Erinnerung daran erfreuen kann.

Die ausgiebige Beschäftigung mit der Rolle des Barak, ihre Verwirklichung in den verschiedensten Inszenierungen, die Auseinandersetzungen mit diesem symbolträchtigen Werk FRAU OHNE SCHATTEN haben mir auf diesem langen Weg zu dieser Partie neue Einblicke in eine Oper eröffnet, die ich in meinem Repertoire nicht mehr missen möchte.

La Roche

Der heute im Zeitalter der internationalen Reisestars so oft vernachlässigte, mißbrauchte, daher immer wieder geforderte Ensemblegeist auf der Opernbühne hat wohl in keinem Werk des Musiktheaters so sehr seine Berechtigung wie im Konversationsstück für Musik CAPRICCIO von Richard Strauss. Schon die ungewöhnliche Benennung einer Oper zeigt uns Interpreten bereits eine genaue Fixierung auf Art und Stil der Wiedergabe. Lange Diskussionen und eine geistreiche Dialogführung sind musikalisch verständlich zu machen. Das Stück hat einen sehr eigenen Charme, der sich vielleicht nicht jedem Opernkulinariker gleich erschließt. Strauss sagt dazu selbst: »Ein Leckerbissen für kulturelle Feinschmecker«. Und tatsächlich kann sich hier der Zuschauer nicht nur im Sessel zurücklehnen und Musik genießen. Er erlebt das Entstehen einer Oper quasi selbst mit. Die alte Streitfrage der Operngeschichte, was den Vorrang haben soll, das Wort oder die Musik, wird auf der Bühne abgehandelt. Damit dieses Thema aber nicht zu einer trockenen, theoretischen Diskussion erstarrt, konkretisierten die Autoren Strauss und Clemens Krauss das Wort-Ton-Problem, indem sie es durch Personen vertreten ließen. Dichter (Bariton) und Musiker (Tenor) verteidigen leidenschaftlich ihre Kunst, mit der sie zugleich einer schönen jungen Frau, der Gräfin Madeleine, huldigen. In Duetten und Ensembles geraten sie dabei aneinander, es wird diskutiert und gestritten, daß manchmal die Fetzen fliegen, bis einer der Gesellschaft alle wieder auf den Boden der nüchternen Tatsachen zurückführt: der Praktiker mit langer künstlerischer Erfahrung, der Theaterdirektor La Roche. Schon hatten die erhitzten Gemüter im großen Streitensemble ein wenig die Etikette des Salons verlassen, da wirkt seine große Gesangsszene wie ein reinigendes Gewitter. Dabei ist die berühmte, gesanglich sehr anspruchsvolle Ansprache weit mehr als der beleidigte Ausbruch eines Theaterdirektors alter Schule. Hier spricht sicher auch der Kunstanspruch des Komponisten Strauss zu uns; es fällt nicht schwer, autobiographische Züge in diesem Bekenntnis zum lebendigen Theater und seinem »edlen Anstand« zu finden. Einigen Zeiterscheinungen und Zeitgenossen wollte der Meister natürlich mit dieser Ansprache auch einen Denkzettel verpassen. Um Mißstände auf dem Theater anzuprangern, war er dabei wahrlich nicht zimperlich. In einem Brief bezüglich besagter Ansprache beschwor er geradezu seinen Textdichter Krauss: »... bitte nicht zu vornehm sein in meinem Namen. Bedenken Sie ... der Bajuware schlägt gerne etwas mit dem Dreschflegel zu. Ein paar Ohrfeigen auszuteilen an Lumpen und Schädlinge der Kunst, würde ich nie unter meiner Würde halten!« Nun, er wurde prompt bedient. La Roche läßt in seiner Rede schon einige Gewitter auf Ignoranten niedersausen.

Die Identifizierung mit besagter Ansprache des La Roche ist für mich insofern leicht zu finden, als ich mit über dreißigjähriger Bühnenerfahrung natürlich voll und ganz hinter diesem Credo dieses blutvollen Theatermannes stehe. Dazu kommt auch der Spaß an der Erarbeitung des Skurrilen dieser Figur. Ich singe diesen La Roche immer sehr gern, weil man sich bei aller solistischen Profilierung gleichzeitig in eine Gemeinschaft von Sängern, ins Ensemble, richtig eingebettet fühlen kann. Der ständige Dialog, das Sichzuspielen von Stichworten erfordert dabei in der Vorstellung große Konzentration und Wachsamkeit. Kann man bei großen Arien oder Monologen einen »Schmiß« vielleicht selbst wieder auffangen und ausgleichen, so bringt man in CAPRICCIO mit seinen vielen Dialogen und Stichworten durch einen Fehler auch immer die Partner in Gefahr. Dessen muß man sich im Repertoirealltag stets bewußt sein und sich jeweils entsprechend gut vorbereiten.

Wenn ich den La Roche auf der Bühne singe, versuche ich immer aufzuzeigen, daß durch ihn der theoretische

Streit zwischen Wort und Ton auch seine menschlichen Züge behält. Er ist als Mann der Praxis auch der Vermittler, den er als Grandseigneur des Theaters auch mit gewisser Eitelkeit und Selbstgefälligkeit spielt. Wortgewaltig trägt er daher auch Selbstverständliches mit Emphase vor. Als Darsteller muß ich mich dabei aber hüten, aus ihm vordergründig eine komische Figur zu machen. Er darf nicht zum Lachen verleiten, nur zum Schmunzeln anregen. Er hält wohl an alten Formen des Theaters fest, ihn deswegen aber als Schmierendirektor à la Striese hinzustellen wäre eine glatte Fehlinterpretation. Die komische Wirkung kommt schon allein aus seinen altmodischen Ansichten, die er dazu noch mit teilweise bombastischem Schwulst vorträgt. Aber im Grunde gelten hier die gleichen Interpretationsprobleme wie bei der Rolle des »Lerchenauer«: Man muß sich vor komödiantischen Übertreibungen hüten und die Ratschläge des Komponisten beherzigen. Denn sowenig Ochs ein Bauerntölpel ist, so wenig ist La Roche nur ein Schmierenkomödiant, dem die Gräfin schwerlich die Ausrichtung ihrer Geburtstagsfeier übertragen würde. Es empfiehlt sich daher, statt nur auf wirkungsvolle Pointen hinzuspielen, die eigene Leidenschaft für das Theater spüren zu lassen.

Wie schon erwähnt, hatte ich als Kruzianer 1944 das Glück –, und ich fand es damals schon ein wenig so, heute rückblickend bin ich überzeugt, daß es ein Glück für mich war –, die Dresdner Erstaufführung des CAPRICCIO in der berühmten alten Semper-Oper zu besuchen, die nun, von aller Welt bewundert, in herrlicher Pracht wiedererstanden ist. Die Aufführung erlebte ich im nunmehr verschwundenen Stehparkett, der Programmzettel von damals befindet sich noch in meiner Hand. So wecken noch heute illustre Namen der damaligen Operngrößen wie Margarethe Teschemacher, Christel Goltz, Mathieu Ahlersmeyer, Lorenz Fehenberger, Kurt Böhme u. a. verklärte Erinnerungen an einen großen Theaterabend. Gewiß konnte ich damals die karge Handlung auf der Bühne nicht immer verfolgen, von den Disputen verstand man herzlich wenig an Text. Vielleicht hatte der Dirigent die speziellen Ratschläge des Komponisten im Vorwort zur Oper, deren Inhalt ja auch La Roche auf der Bühne zum Ausdruck bringt (»... auf die Sänger nimm Rücksicht, nicht zu laut das Orchester!«), im Eifer des Musizierens vergessen.

Ein besonderer Eindruck dieses Abends ist mir aber heute noch in Erinnerung. Als Kurt Böhme die Ansprache des Theaterdirektors stimmgewaltig vortrug und die Mißstände des Theaters mit Emphase anprangerte, hatte ich das Gefühl, dort oben spricht ein Berufener zu uns allen und nicht nur zu seinen Partnern auf der Bühne. Dieses Erlebnis von damals scheint in meinem Innern unbewußt nachzuwirken, denn auch ich richte als La Roche jene erzieherischen Worte in der Ansprache nicht nur an meine jungen Gegenspieler (»Was wißt ihr Knaben von meinen Sorgen?«), sondern versuche, auch das Publikum einzubeziehen. Ich glaube, das entspricht auch der Absicht der Autoren des CAPRICCIO, wenn sich der erzieherische Wert dieser Ansprache über die Bühnenrampe hinausweitet. Clemens Krauss an Richard Strauss: »... außerdem ist sie (die Rede) in dem von uns besprochenen Sinn auch programmatisch«. Ich empfinde dies immer wieder als einen jener beglückenden Momente meines Berufes, wenn ich durch die Auffassung einer Rolle in die Lage versetzt werde, den Graben zwischen Bühne und Publikum auf so wunderbare Weise aufheben zu können. Dann wird die Bühne zum Tribunal und der Zuschauer zum Mitspieler und Mitgestalter, Spiel und Wirklichkeit verschmelzen zum Ereignis, zum Leben. Und wenn Arthur Schnitzler einmal gesagt hat: »Wir spielen immer, wer es weiß, ist klug!«, so wage ich diese Worte doch für Momente in Zweifel zu ziehen, wenn ich La Roches programmatische Ansprache singe, von Hans Sachsens leidenschaftlichem Plädoyer für die Kunst auf der MEISTERSINGER-Festwiese ganz zu schweigen!

Sir Morosus

Wie einst beim ROSENKAVALIER wollte Strauss auch einer Oper aus seinen späteren Jahren den Namen der darin enthaltenen Baßrolle verleihen. Man kann das jedenfalls mit Recht vermuten; denn er verlangte von seinem anderen großen Dichterlibrettisten Stefan Zweig immer wieder den SIR MOROSUS. Daraus ist aber schließlich doch wieder eine weibliche Titelfigur geworden, die SCHWEIGSAME FRAU.

Der schrullige Weiberfeind Morosus mußte letztlich auch beim Titel der Oper dem schönen Geschlecht weichen. So ist auch diese Titeldame ein Zeugnis für das Verhältnis des Meisters Strauss zum Ewigweiblichen, das uns ja nach Goethe bekanntlich hinanzieht! Zu diesem alten liebestollen Seebären, den ich in Dresden in einer Kupfer-Inszenierung mit hoffnungsvollen jungen Partnern, wie Eberhard Büchner, Ursula Reinhard-Kiss, Rolf Haunstein, Jürgen Hartfiel u.a. gesungen habe und mit dem sein Neffe und andere schon ein ziemlich schauriges und böses Spiel treiben, habe ich eigentlich im Rückblick ein etwas zwiespältiges Verhältnis. Natürlich kann man auch bei dieser Rolle stimmlich und darstellerisch aus dem vollen schöpfen; ein Komödiant voll Saft und Kraft findet hier sicher sein theatralisches »Fressen«. Aber in dieser Rolle muß man auch ganz schön poltern und mitunter stimmlich fest »draufhauen«. Das verleitet natürlich oft zu unkontrolliertem Singen, das mich, wenn auch keine Ablehnung, so aber doch eine gewisse Distanz zu dieser Rolle einnehmen läßt.

Natürlich kann man auch bei diesem Sonderling gewisse menschliche Züge hör- und sichtbar machen. Zumal in der Begegnung mit Aminta, der jungen »schweigsamen« Frau, muß man versuchen, die Wandlung des alternden Mannes zu einer neuen Weltsicht zu verdeutlichen. Hier darf man auch schöne Kantilenen singen und alle Register seiner Gesangskunst ziehen. Aber bald setzt wieder stimmmordende Wut und Verzweiflung ein, und erst im dritten Akt schlägt sie um in einsichtiges Lachen; und dieser Hagestolz hat endlich die falsche Betrachtung seiner Umwelt revidiert. Im liedhaften, schlichten Schlußgesang kann der Sänger dann endlich sich und das Publikum mit dem Charakter des alten Geldprotzes Morosus wieder versöhnen. In abgeklärter Behaglichkeit leistet er Verzicht und bekommt dadurch wieder echten menschlichen Kontakt zu den Menschen seiner Umwelt, was durch schöne Kantilenen ausgedrückt wird. Der alte Seebär schwimmt wieder im richtigen Fahrwasser. Dieser Verzicht läßt sogar ein paar – allerdings schwache – Parallelen mit Hans Sachs zu. Die Bedenken des alternden Mannes gegenüber einer Bindung mit einer jungen, aufblühenden Generation bekommen auch hier entscheidende Bedeutung. Diese Gefahr der Resignation gibt es ja auch bei Hans Sachs. Nur hat sie ganz andere Wurzeln als bei diesem Sonderling Morosus. Gewiß hat dessen merkwürdiges Gebaren auch einen ganz bestimmten Grund. Seine Geräuschempfindlichkeit ist keine »Schrulle«, sie stammt von einem Ohrenleiden, das er sich im Seekrieg zugezogen hat. Aber gerade das verleitet ihn, selbst den größten Lärm in seinem Haus zu schlagen und seine Umgebung damit zu tyrannisieren. Wir wissen ja, daß der Schwerhörige sich schnell von seiner Umgebung ausgeschlossen fühlt, daher mißtrauisch und sonderlich werden kann, was leicht Fehlschlüsse auf seinen Charakter heraufbeschwört.

Diese typische Strauss-Rolle des Morosus ist im übrigen nicht leicht zu erlernen; sie ist musikalisch recht schwer; der umfangreiche, zuweilen sehr redselige Text von Stefan Zweig erfordert viel Gedächtnistraining. An Karl Böhm, der die Uraufführung 1935 in Dresden dirigierte, bekannte Meister Strauss selbst auf recht bajuwarische Art: »Freut mich, daß Ihnen der ›Rossini‹ gefällt. Aber schwer ist der Schmarrn, glaube ich.« (Er berief sich wohl scherzhaft auf einen früheren Brief Böhms, in dem dieser darauf hinwies, daß sich das SALOME-Thema bereits in Rossinis BARBIER finden läßt!) Ob diese Äußerung nicht auch ein gewisses Eingeständnis ist, daß in dem umfangreichen Werk auch mancher kompositorische Leerlauf, der berühmte »musikalische Zwirn« enthalten ist? Nicht umsonst wird das Werk überall nur mit kräftigen Kürzungen aufgeführt. Darum war die Schallplatteneinspielung der SCHWEIGSAMEN FRAU in Dresden unter Marek Janowski historisch zu nennen, weil sie das Werk der Weltöffentlichkeit zum ersten Mal strichlos, also authentisch, vorstellte. Als ich in dieser Aufnahme den »ungekürzten« Sir Morosus sang, wurde mir erst bewußt, was Strauss mit dieser Rolle einem Bassisten eigentlich zumutete. Manchmal fühlte ich mich dabei wie eine männliche Zerbinetta, die ja auch – wie wir so schön am Theater sagen – keine Rolle, sondern ein »Zustand« ist!

Es ist ja eine bittere Ironie des Schicksals, daß die SCHWEIGSAME FRAU tatsächlich nach ihrer Geburt im Dresdner Opernhaus selbst zum Schweigen verurteilt wurde. Der jüdische Dichter Stefan Zweig sollte so von den Nazis totgeschwiegen werden. Die Schwierigkeiten, die dadurch auch die »persona grata« Richard Strauss bekam, sind ja jedem Opernfreund bekannt. Es war 1945 eine der ersten Ehrenpflichten der Staatsoper Dresden, dem unterdrückten Werk durch eine großartige Aufführung unter Joseph Keilberth wieder zur Geltung zu verhelfen. Strauss bedankte sich danach in einem Brief an Keilberth u. a. mit folgenden Worten: »Es ist nun, nach 10 Jahren, der ehrenwerte Sir Morosus aus dem Konzentrationslager der Reichstheaterkammer befreit worden und in seinen Geburtsort zurückgekehrt, wo ich vor 12 Jahren schon viel Mühe hatte, den Namen des Textdichters auf den Theaterzettel zu bringen.«

Es gibt Rollen, die einem nicht unbedingt auf den Leib geschrieben sein müssen. Zu diesen gehört in meinem Repertoire leider der »ehrenwerte« Sir Morosus. Diese Vorbehalte sind natürlich sehr subjektiv, wahrscheinlich entspricht dieser Poltergeist und Misanthrop nicht ganz meinem Naturell. Das hat im übrigen nichts mit stimmlicher Kraft zu tun. Wenn sie gebändigt und konzentriert eingesetzt werden muß, wie z. B. beim Wotan oder Hans Sachs, macht mir das nichts aus. (Womit nicht gesagt sein soll, daß mir diese Rollen leicht fallen.) Ich war jedenfalls nach dem Morosus oftmals mehr »geschafft« als nach mancher großen Wagner-Partie. Zu sagen, ich hätte diese Strauss-Rolle nicht gern gesungen, wäre allerdings auch falsch. Zumal es schon seinen Reiz hatte, in der Nachfolge großer Sänger, wie Friedrich Plaschke und Kurt Böhme, in der 3. Inszenierung der SCHWEIGSAMEN FRAU in Dresden diese große Bassistenrolle zu singen. Es gab unter Harry Kupfer eine sehr intensive und angenehme Probenzeit mit jungen, spielbegabten Kollegen, unter denen ich rollengerecht der älteste Akteur war. Mir ging es also ähnlich wie dem bereits schon 61jährigen Friedrich Plaschke bei der Uraufführung im Jahre 1935, von dem Strauss begeistert schrieb: »... er ist *der* Morosus, braucht sich nur selber zu spielen ...!« Daß man wirklich eines Tages innerhalb eines jungen Ensembles der Älteste ist, mit dem auch noch ganz schön Schabernack getrieben wird, daran muß sich wohl auch der »geborenste« Komödiant erst allmählich gewöhnen!

Diese Arbeit erfreute mich aber auch durch ein persönliches Anliegen, da mein Schwiegersohn Jürgen Hartfiel als pfiffiger Barbier Schneidebart mein Partner auf der Bühne war. Für meinen damals noch einzigen Enkel Florian (inzwischen sind es sechs geworden) war es in der Generalprobe ein herrliches Vergnügen, wenn sein Papi da oben den Opi an der Nase herumführte und ihn auch noch im Lehnstuhl richtig einseifte! Dazu noch eine kleine Geschichte am Rande, die zeigt, wie ungerecht mitunter auch der Theateralltag sein kann: In einer der folgenden Repertoirevorstellungen war ich an einigen Stellen musikalisch etwas unsicher, auf gut Theaterdeutsch hatte ich ein paarmal »geschmissen«. Ich war gerade wieder einmal von einem Gastspiel heimgekehrt und vielleicht nicht ganz so gut vorbereitet, was eben bei dieser heiklen Rolle tödlich sein kann. Als gestandener Sänger überspielt man dann solche Pannen mit besonders intensivem Ausdruck. Mein Schwiegersohn, der bekannt für musikalische Sicherheit ist, rettete mich ein paarmal aus gefährlichen Situationen. Kurz und gut, ich bedankte mich nach der Vorstellung dafür bei ihm. Da trat der Regisseur Harry Kupfer an mich heran und lobte die Vorstellung und besonders meinen Ausdruck und mein Engagement an diesem Abend. Darauf wandte er sich an meinen Schwiegersohn mit den Worten: »Na, Hartfiel, in anderen Vorstellungen warst du auch schon sicherer?!! Was war denn heute los?« Das verdutzte Gesicht von Jürgen werde ich nie vergessen. Der da so Gelobte aber schlich sich leise und unauffällig am Schwiegersohn vorbei in seine Garderobe! So ungerecht kann es manchmal am Theater auch zugehen!

Es kamen immer wieder einmal Angebote von anderen Theatern, den Sir Morosus zu singen, so z. B. von Wien und München, einmal auch aus Hamburg, wo eine Inszenierung mit Felsenstein geplant war. Ich habe sie alle immer mit allen möglichen Ausreden, Terminproblemen etc. abgelehnt. Vielleicht habe ich damit selbst eingestanden, daß ich in anderen Rollen meine Fähigkeiten besser und rollengerechter zur Wirkung bringen kann?

Jochanaan

Die nächste Strauss-Rolle, die auf mich zukam, lag meiner stimmlichen Veranlagung und wohl auch meinem Naturell auf jeden Fall näher als der ehrenwerte Sir Morosus aus der SCHWEIGSAMEN FRAU. Vom polternden alten Seebären, vom eigenwilligen Lebemann zum asketischen, christlichen

Propheten Jochanaan war es schon ein gewaltiger und auch gewagter Sprung. In Stimme und Darstellung liegen schließlich Welten zwischen diesen beiden Opernfiguren. Wie es dazu kam, weiß ich selbst nicht mehr – die Rolle stand plötzlich vor mir, sozusagen im Raum, und vervollständigte eigentlich ziemlich spät mein Richard Strauss-Œuvre. Eine Neuinszenierung der SALOME war für 1979 in Berlin auf dem Opernplan vorgesehen, Harry Kupfer inszenierte, und mir wurde diese neue Rolle angetragen. Um die Aufzählung aller meiner Strauss-Partien abzurunden, muß ich noch erwähnen, daß ich bisher in der SALOME den 1. Nazarener gesungen hatte, eine Baßrolle und ein sogenannter »Edelwurzen«. Der Jochanaan blieb eigentlich immer den Baritonen vorbehalten.

Zunächst glaubte ich, daß ich mich mit dieser Figur fast nur musikalisch zu befassen hätte. Denn alles, was ich bisher von dieser Rolle erfahren und gesehen hatte, machte mir den Eindruck, daß ich es hier mit einer reinen Stehpartie ohne darstellerische Probleme zu tun haben würde. Die Stimme schön strömen lassen, Kantilenen singen, ansonsten ruhig und würdevoll dastehen: so sah es zunächst aus. Und wenn man sich Bilder von älteren Aufführungen der SALOME ansieht, bestätigt sich ja auch dieser Eindruck (der sich aber bald als falsch erwies). Da sieht man Jochanaan fast immer als eine Art Heiligen auf erhöhtem Podest stehen und verzückt in die Ferne schauen, und unten zu seinen Füßen hockt trotzig oder mit lockender Geste eine vollschlanke Salome. Nun geben uns diese alten Fotos sicher ein falsches Bild von der tatsächlichen Ausdrucksstärke unserer berühmten Vorgänger. Wenn man bedenkt, unter welchen Bedingungen der damaligen Fototechnik diese Bilder entstanden sind, sollte man mit einem Urteil vorsichtiger sein. Die Darsteller mußten ja bei einer Aufnahme mit einem Blitz aus Magnesiumpulver oft lange in einer bestimmten Ausdruckshaltung ausharren, wodurch begreiflicherweise eine gewisse Starrheit in Haltung und

Gesichtsausdruck eingetreten war und der Eindruck der theatralischen Pose entstand. Wir haben es da heute bei einem Elektronenblitz viel leichter, auf einem Szenenfoto engagierter und natürlicher zu wirken.

Mein Studium der Rolle und vor allem die szenische Arbeit mit Harry Kupfer sollte mich bald vom Gedanken der aktionslosen Stehpartie abbringen. Wir merkten bald, daß mit Salome und Jochanaan zwei außerordentliche, extreme Persönlichkeiten aufeinanderstoßen, denen aber keine Kommunikation möglich ist. Für Salome unterscheidet sich dieser Prophet durch seine Außerordentlichkeit total von ihrer sonstigen Umgebung. In ihm bietet sich ihr eine Alternative, und sie sucht ganz ehrlich und auf ihre naive, wenn auch verderbte Art eine Beziehung zu diesem Mann, der so ganz anders spricht als das, was sie bisher aus Männermund gehört hat. Aber Jochanaan verweigert ihr diese Beziehung in fast blindem Eifer. Er erkennt außer Gott niemand an, ja er will sie nicht einmal »anhören« und macht die Tochter für die Taten ihrer Mutter mitverantwortlich. Mitleidslos, eigentlich unchristlich, geht er über die innere Not eines Menschen, der seine Hilfe sucht – »sag mir, was ich tun soll« –, hinweg. Ich sehe darin das Versagen des Propheten gegenüber Salome. Seine Tragik ist es, daß er in der Ferne das Gelobte Land sieht und dabei die Realität unmittelbar vor sich übersieht. Dadurch macht er sich an seinem eigenen Schicksal mitschuldig oder zumindest mitverantwortlich. Es ist nur natürlich, daß die Erhabenheit und der Abscheu, mit dem er diesem Kindweib begegnet, die Begehrlichkeit und Phantastereien desselben immer extremer werden lassen. Dabei glaube ich, daß die Attacken Salomes den Propheten, der ja auch ein Mensch, dazu noch ein Mann ist, nicht unberührt lassen können. Bei aller Kraft und Reinheit, mit der dieser Asket das Urchristentum verkörpert, muß er wohl auch die Möglichkeit der eigenen »Sünde« einschließen. Er singt schließlich nicht von ungefähr »Ich will dich nicht ansehen ...«, und er spürt ganz genau die Gefahr, die von »ihren Goldaugen unter den gleißenden Lidern ...«, die er sehr wohl bemerkt hat, ausgeht.

Daher versuche ich, die Statik der Figur immer dann aufzulösen, wenn die Versuchungen Salomes die innere Haltung Jochanaans aufzuweichen drohen. Dann sinke ich auf die Knie, weiche ihr aus oder krieche mich wie ein verwundetes Tier zusammen. Um so mehr wirken dann sicher die stimmlichen Ausbrüche, mit denen sich der Prophet auch körperlich wieder aufbaut. Meine Erfahrungen mit dieser Rolle bestätigen mir, daß es falsch ist, den Jochanaan als abstrakte Figur, als Heiligen mit ariosem Schönklang darzustellen. Er ist in dieser schicksalsschweren Begegnung mit der judäischen Prinzessin durchaus kein Heiliger. Ich sehe ihn da sehr lebendig und diesseitig. Es gibt Momente, wo ich mich als Prophet von der Intensität der Begierde Salomes fast überwunden glaube; ich empfinde in diesen Beziehungen ein ständiges Wechselspiel von Anziehung und Abstoßen.

Diese Frau war doch bisher vergeblich auf der Suche nach menschlicher Kommunikation, daher ersehnt sie sich durch ihn, der ihr in seiner Furchtlosigkeit imponiert, eine Änderung ihres Lebens. Er aber will sie nur geistig bekehren und lehnt sie als Mensch ab; er redet nur, er handelt nicht. Als Prophet ist er wohl unbeugsam, als Mensch aber hilflos. Er nützt seine Chance nicht, einem Menschen beim Neuansatz seiner Lebensform zu helfen. Christus, sein Vorbild, *hat* Sünderinnen vergeben! Jochanaan will eine neue Zeit verkünden, verpaßt dabei aber seine eigene und wird so ein Opfer der alten Zeit. Wenn Salome am Ende der Oper sein abgeschlagenes Haupt an sich drückt, sagt sie in ihrer Wahnsinnsnaivität einen Satz, der wie ein Schuldspruch auf Jochanaan anmutet: »Du hast Deinen Gott gesehen, Jochanaan, mich aber hast du nie gesehen!«

Natürlich verführen die teilweise banalen Kantilenen dieser Rolle zu reinem baritonalen Schöngesang ohne allzuviel darstellerisches Engagement. Aber dann bleibt eben der Gesang eine schöne Oberfläche, kann zu Sentimentalität verleiten und übertüncht damit lediglich das menschliche Versagen des sonst so aufrechten Mannes. Sentimentalität aber ist nun wahrlich keine der Charaktereigenschaften des eifernden Propheten! Ich beziehe mich da auf Richard Strauss selbst, der hier keine schwärmerische Belkantolyrik, sondern gerade die Visionen »mit zornigem Pathos und Trotz« vorgetragen haben wollte.

Ein großes Problem dieser Rolle sind für uns Sänger natürlich die Gesänge des Jochanaan aus der Zisterne. Hier sind wir von unterschiedlichen akustischen Bedingungen abhängig. Sehr oft singt man diese Passagen irgendwo hinter der Szene in ein Mikrofon und ist damit dem jeweiligen Tonmeister und seiner geschickten Steuerung ausgeliefert. Am besten ist es natürlich, wenn die Zisterne am günstigen Ort gebaut ist und die akustischen Verhältnisse so ideal sind, wie z.B. in der Wiener Staatsoper, wo ich direkt, ohne elektronische Verstärkung, aus dem finsteren Loch heraussingen kann. Ich glaube auch nicht, daß man nun jedes Wort des Propheten von da unten verstehen muß. Strauss wollte gewiß nur aufzeigen, daß dieser immer gegenwärtig sein soll und mit Kraft und Furchtlosigkeit seinen christlichen Glauben unbeugsam in seine verderbte Umgebung, die Welt des Herodes, hinausschreit.

Wenn man sich über die Gestaltung dieser Rolle ernsthafte Gedanken macht und dann liest, welche Meinung Strauss selbst über den Propheten Jochanaan geäußert hat, kann man leicht über die richtige künstlerische Dimension dieser Gesangspartie ins Schwanken kommen. Denn was er noch drei Jahrzehnte nach der Uraufführung an Stefan Zweig schrieb, kann einen beim Studium der Rolle schon leicht verwirren: »Ich wollte in SALOME den braven Jochanaan mehr oder minder als Hanswursten komponieren. Für mich hat so ein Prediger in der Wüste, der sich noch dazu von Heuschrecken nährt, etwas unbeschreiblich Komisches. Und nur weil ich die fünf Juden schon persifliert und auch Vater Herodes reichlich karikiert habe, mußte ich mich nach den Geboten des Gegensatzes bei Jochanaan auf den 4-Hörner-Schulmeister-Philisterton beschränken ...«

Dieses etwas merkwürdige Eingeständnis bestätigt allerdings voll das Urteil eines anderen Briefschreibers und profilierten Strauss-Kenners. In bewundernswerter Aufrichtigkeit schrieb Romain Rolland dem Meister ins »Stammbuch«: »... Als Beispiel Jochanaan. Ich habe den ganz deutlichen Eindruck, daß Sie den Glauben dieses wilden Vorläufers in *keiner Weise* richtig mitempfunden haben. Sie haben ihn aber dennoch in starker und richtiger Weise dargestellt – jedoch ein wenig abstrakt ...«

Dieses Abstrakte, das der eingangs erwähnten Stehpartie zum Vorwurf gemacht werden kann, sängerisch und darstellerisch aufzubrechen und den »Heiligen« auch von seiner menschlichen Seite zu durchdringen, halte ich für eine interessante künstlerische Herausforderung.

Die Rolle des Jochanaan bescherte mir auch ein Erlebnis, das man als Sänger sicher nicht oft erfährt. Beim Gesamtgastspiel der Wiener Staatsoper 1979 in Washington sang ich in einer SALOME-Vorstellung zum ersten Mal in einer anderen Inszenierung meinen im gleichen Jahr an der Deutschen Staatsoper erarbeiteten Jochanaan. Die Titelrolle sang Leonie Rysanek, Hans Beirer war der Herodes, und am Pult der Wiener Philharmoniker stand Zubin Mehta. Meine Auffassung, sich loszulösen von der sonst üblichen Statik des »Heiligen«, wurde von meiner Partnerin sofort aufgenommen und entsprechend reflektiert, so daß sich eine ungeheure dramatische Verdichtung der zentralen Szene dieser Oper ergab. Das löste bei meinen Kollegen auf und hinter der Szene, beim amerikanischen Publikum und bei der Presse eine allgemeine, jedoch zustimmende Überraschung aus, was mich natürlich sehr erfreute. Dieser Vorstellung wohnte auch der damalige Präsident der Vereinigten Staaten, Jimmy Carter, mit seiner

Frau bei, der uns nach der Vorstellung auf der Bühne einen Besuch abstattete. Als er mir die Hand drückte und sich bedankte, nannte er mich scherzhaft »You are the other baptist ...«, auf sein eigenes Engagement als Baptist anspielend. Die amerikanische Presse berichtete über diese Szene auf ihre Weise: »... Präsident Carter kam eigens aus ›Camp David‹, um später auf der Bühne vor den Fernsehkameras als berühmtester lebender Baptist dem noch berühmteren ersten, Jochanaan Theo Adam (dem man es nicht anmerkte, daß er am Tag zuvor brillant den Pizarro gesungen hatte), die Hand zu schütteln.« Diese Begegnung macht mir als Ergänzung der künstlerischen Qualität dieser Aufführung diesen Abend zusätzlich unvergeßlich. Unvergeßlich allerdings auch der »Auftritt« Leonard Bernsteins bei dieser Gratulationskur, der dem Abend als Zuschauer beigewohnt hatte. Er kam auf mich zugestürzt und rief in seiner emphatischen Art: »Theo, du hast die schönste Beine von die Welt«. (Ich muß dazu sagen, daß ich diese Rolle im geschlitzten Gewand natürlich immer barfuß spiele.) Nach allgemeinem Gelächter fragte ich ihn trocken: »Und wie hat Ihnen mein Gesang gefallen?« Daraufhin nahm er mich beim Kopf und verteilte eines seiner berühmten Küßchen! So geschah es vielleicht erstmals, daß Jochanaan doch noch zu einem Kuß kam, allerdings nicht von Salome!

Ein Musiklehrer

Während des erwähnten Gastspiels der Wiener Staatsoper in den USA besuchte ich an einem freien Abend mit meiner Frau eine Vorstellung der Ariadne auf Naxos. Wieder einmal waren wir von diesem zauberhaften Werk, das die Commedia dell'arte und die Opera seria auf so einzigartige Weise vereint, vollkommen gefangen, zumal es in einer glänzenden Besetzung über die Bühne ging, aus der u. a. der Komponist der Agnes Baltsa, die Zerbinetta der phänomenalen Edita Gruberová, diese mit minutenlangem Szenenbeifall bedacht, und die Ariadne der Gundula Janowitz herausragten. Dazu stand Altmeister Karl Böhm am Pult der Wiener Philharmoniker und dirigierte, sichtlich inspiriert und beinahe gerührt, seine erklärte Lieblingsoper, die er in seinen frühen Münchner Jahren als erste Strauss-Oper seines Lebens als Einspringer dirigieren durfte. Was er an Brillanz, Durchsichtigkeit und klanglicher Fülle aus dem nur 36 Mann starken Orchester herausholte, rief wieder einmal mehr unsere Bewunderung hervor. Daß der Wiener Operndirektor der zwanziger Jahre, Franz Schalk, Dirigent der Uraufführung der zweiten Fassung der ARIADNE, dieses Werk als die am schwersten zu dirigierende Oper bezeichnet haben soll, kam uns bei Böhms souveräner Leitung an diesem Abend nie in den Sinn. Als wir am nächsten Tag bei einem morgendlichen Spaziergang im herrlichen Indian-summer das Ehepaar Böhm vor dem berühmt-berüchtigten Watergate-Hotel, in dem das gesamte Wiener Ensemble untergebracht war, trafen und Karl Böhm unsere Freude über den ARIADNE-Opernabend mitteilten, sagte er zu mir in seinem unverkennbaren österreichischen Dialekt: »Mei lieba Freind, der Musiklehrer ist auch etwas für Sie, des müssen's mal singen!« Da steckte mir der erste Stachel für diese Rolle gewissermaßen schon im Fleisch. Ähnliche Gedanken hatten ja schon während der Aufführung an mir genagt!

Es ist ganz natürlich, daß für mich bei einem Opernbesuch immer die Rollen am interessantesten sind, die im Baßschlüssel stehen und auch für mich in Frage kommen könnten. So gesehen, bin ich leider kein ganz objektiver Besucher, kann mich nie ganz unbeschwert im Theatersessel zurücklehnen (außer beim Schauspiel). Aber ich glaube, das geht wohl jedem Künstler, Schauspieler, Musiker oder Sänger so, daß er sein »Fach« da oben auf der Bühne besonders aufmerksam und kritisch verfolgt.

An diesem Abend war es also für mich die Rolle des

Musiklehrers im Vorspiel der Oper. Ich hatte diese nicht sehr umfangreiche Rolle schon einmal in Dresden unter Rudolf Kempe auf Schallplatten eingespielt, ansonsten aber wieder aus den Augen verloren. Mein Kollege Walter Berry, langjähriger bewährter Vertreter dieser Partie in Wien und bei den Salzburger Festspielen, gab mir an diesem Abend eigentlich den Impuls, sich dieser liebenswerten Charakterstudie einer Theaterfigur etwas näher anzunehmen. Und als Wolfgang Sawallisch sie mir kurz darauf für die Münchner Festspiele 1980 anbot – Zufall oder Bestimmung? –, sagte ich freudig zu, und so wurde der Musiklehrer die 99. Rolle, die ich meinem bisherigen Repertoire an großen und kleinen Opernpartien in 31 Jahren einverleibte.

Wenn man heute dieses kleine Juwel unter den Strauss-Opern, die ARIADNE, in der heitere Anmut und ernstes Opernpathos eine so glückliche Synthese eingegangen sind, auf sich wirken läßt und dem facettenreichen Charme dieser Oper erliegt, dann aber den Briefwechsel zwischen Strauss und Hofmannsthal über ihre Entstehung studiert, muß man eigentlich Hans Mayer zustimmen, wenn er feststellt, daß ARIADNE im Grunde »aus profunden Mißverständnissen« entstanden ist. Lange Diskussionen, Kämpfe und schließlich auch Niederlagen mußten von den beiden großen Männern durchgestanden werden, ehe schließlich 1916 mit der Neufassung der Oper, welche die Koppelung mit Molières »Bürger als Edelmann« durch ein Vorspiel im »Hause des reichsten Mannes von Wien« ersetzte, das Werk seine heutige endgültige Form annahm.

Zentralgestalt dieses Vorspiels wurde ein junger Komponist, der schwärmerisch die Ideale seiner Kunst vertretend, doch unerfahren und lebensfremd, an der amusischen Wirklichkeit eben dieses Hauses fast zerbricht. Ein vom Leben gezeichneter, erfahrener Musiklehrer begleitet ihn als treuer Mentor und versucht, seinen Schüler vor unüberlegten Handlungen zu bewahren. Als alter Taktiker spielt er dabei mit diplomatischem Geschick seine Erfahrungen aus, führt den Jüngeren damit über alle heiklen Klippen sicher hinweg.

Diese Rolle besteht hauptsächlich aus mehreren kurzen Passagen und Dialogen mit den Partnern, so daß beim ersten Überlesen auch hier der Eindruck eines bloßen Stichwortgebers entstehen kann. Sie ist in dem ohnehin nicht sehr langen Vorspiel relativ kurz geraten. Sie deswegen auf die leichte Schulter zu nehmen wäre aber ein verhängnisvoller Irrtum. Hier muß im Gegenteil sängerische und darstellerische Erfahrung ihre Früchte tragen. Ähnlich wie der Sprecher in der ZAUBERFLÖTE, wird sie daher immer mit ersten Sängern besetzt, die auch der kleinsten Rolle aufgrund ihres sängerischen Ranges ein Profil geben können. Mit sicheren Strichen muß in kurzem Auftritt ein Charakter gezeichnet werden, der hier quasi das Gewissen und den ruhenden Pol im Milieu einer hektischen Künstlerwelt darstellt. In erregter Konversation, vorgetragen in flüssigem Parlandogesang, muß dieser Musiklehrer bereits beim Aufgehen des Vorhanges die gesamte Situation der Künstlerschar interpretieren. Dieser erste Dialog mit dem arroganten Haushofmeister, dem Strauss als amusischen Banausen im ganzen Werk das Singen als Einzigem verwehrt hat, erfordert von Anfang an in dieser Episodenrolle höchste Konzentration. Nach verständlicher Erregung über die Vergeblichkeit seines Protestes gegen die rigorose Abänderung des vorgesehenen künstlerischen Programms, die ihn innerlich fast vernichtet, bewährt sich dieser ehrbare Künstlervater als beschwichtigendes Verbindungselement zwischen den buffonesken Komödianten um Zerbinetta und der Belcantowelt der folgenden Seria-Oper. Daher sind in dieser Gesangspartie rezitativische und ariose Passagen in ständigem Wechsel verschmolzen. Seine Betulichkeit und das Lehrerhafte müssen dabei ihren entsprechenden stimmlichen Ausdruck bekommen. Auch diese Episodenrolle finde ich eine interessante Aufgabe, wenn man versucht, aus den knappen Texteinwürfen die Gefühlskurve, das »Hintergründige« herauszufinden und zu erarbeiten und damit eine in sich abgeschlossene Gestalt zu erschaffen. Dichter und Komponist haben uns hier mit knappen Strichen eine Vorlage gegeben, die wir aufnehmen müssen. Wenn wir dazu nur ein Kostüm anziehen und uns einen Bart ankleben, gelingt es uns noch nicht, die Gestalt zum Leben zu erwecken, wenn wir nicht bereit sind, die Figur von innen her zu erleben und zu gestalten. Nur so erschließen wir dem Zuschauer das Wesen und die Bedeutung einer Bühnengestalt, ganz gleich ob sie Hauptrolle oder nur Episode ist.

Mit der Oper Ariadne auf Naxos verbindet mich nun nicht nur der menschlich sympathische Musiklehrer, den ich immer wieder gern singe, sondern es gibt da noch ein kleines privates Moment der Zuneigung zu diesem Werk: In meinem Musikzimmer hängt unter Glas neben einem Schreiben von Cosima Wagner auch ein Originalbrief von Richard Strauss, der an den Dresdner Opernkapellmeister Herrmann Kutzschbach gerichtet ist. Ich habe ihn vor Jahren von der Tochter des Adressaten, Senta Kutzschbach, erhalten. Er gibt interessante Gedanken des Meisters zu seiner Ariadne wieder und stellt einmal mehr ein beredtes Zeugnis der Selbsteinschätzung des Meister Strauss dar. Ich freue mich, daß ich am Abschluß meiner Erläuterungen über einige Strauss-Rollen diesen Brief der Öffentlichkeit das erste Mal bekanntmachen kann. Das Schreiben, in der bekannten kleinen Kursivschrift des Komponisten geschrieben, stammt vom 10.11.1915. Nach Terminvorschlägen, u.a. einer Salome mit Eva von der Osten, heißt es da sehr aufschlußreich:

»... Könnten Sie inzwischen vielleicht ein paar Mal Ariadne geben? Bitte dieses Werk nicht liegen lassen: ich dirigierte es unlängst wieder in Berlin, dabei hat sie mir wieder sehr gefallen. Das ganze Werk stellt doch, wie ich auch gestern an Blech (Leo Blech, Dirigent der Staatsoper

Berlin, Th. A.) schrieb, ein Kulturniveau dar, das wir mit einigem deutschen Stolz etwas festhalten müssen, auch wenn sich noch nicht allzu viele Leute finden, die es heute schon erklettern können. Aber das Heranbilden des Publikumgeschmackes für solche Leckerbissen kann uns vor den voraussichtlichen traurigen Folgen dieses Krieges, der Herrschaft der Philister und Pfaffen retten …

Ihr stets aufrichtig ergebener
Dr. Richard Strauss«

Wer ist der Gral?

»Wer ist der Gral?« fragt Parsifal, bevor er die Schwelle zum Tempel überschreitet. Der weise Gralsritter Gurnemanz antwortet ihm vieldeutig: »Das sagt sich nicht; doch, bist Du selbst zu ihm erkoren, bleibt Dir die Kunde unverloren.« Rätselhaft und schwer zu deuten erscheint trotz aller Werkanalysen auch nach 100 Jahren dem Publikum die letzte große Schöpfung Richard Wagners. Aber auch für jene, die sich ständig mit PARSIFAL auseinanderzusetzen haben: für die Sänger, Regisseure und Dirigenten ist das Werk ein harter Brocken. Von außen her ist ihm schwer beizukommen. Selbst eine schlichte Nacherzählung der Handlung ist nicht einfach. Die stärkste Aussage bekommt das Werk durch seine Musik, die wiederum eine Verklärung vermittelt, die mannigfaltig ausdeutbar ist. So haben es die Dirigenten damit wohl noch am leichtesten; denn die Musik des PARSIFAL enthält ja alle die Geheimnisse und Mysterien, die mit abwägendem Verstande so schwer zu deuten und zu erfassen sind. Des großen Otto Klemperers Wort könnte speziell für dieses Werk gesprochen sein: »Die Musik ist die metaphysischste aller Künste. Was sie ausdrückt, können wir nicht in Begriffe fassen. Wir können es nicht mit Worten benennen, denn das Element der Musik setzt eben da ein, wo das Wort aufhört, wo der Begriff nicht mehr hingelangt ...« Diese ästhetischen Forderungen, die auch Wagner für seine Kunst aufgestellt hat, nämlich, daß die Musik ein Mittel sei, das Unaussprechliche auszudrücken, werden hier in jenem Werk, das den krönenden Abschluß seines unablässigen Ringens um das Musikdrama darstellt, von ihm selbst in höchster Vollendung erfüllt. Seinen musikalischen Rang hat dieses »Bühnenweihfestspiel« in Hunderten von Aufführungen in der ganzen Welt nachhaltig bewiesen.

Wir Interpreten haben es hier in der Tat mit einem Ausnahmewerk zu tun. Mit dem traditionellen Begriff Oper ist ihm nicht so ohne weiteres beizukommen. Zu vielschichtig sind die Probleme, zu rätselhaft erscheint bisweilen die Handlung, mysteriös wirkt auf den ersten Blick hin vieles an diesem Stoff. Wir bedürfen bei den Proben, der Zuschauer vor und nach der Aufführung, mancher klärenden Gespräche über die Kriterien dieser mitunter fremdartig erscheinenden Bühnenwelt des »Leidens und Mitleidens«. Die Schwierigkeiten im Umgang mit PARSIFAL werden besonders evident durch die Tatsache, daß kaum ein anderes Werk der Opernbühne mit solch einem gewaltigen Ballast von Konventionen und mystifizierenden Auslegungen überfrachtet worden ist wie dieses.

Sich heute nach hundertjähriger Werkgeschichte damit auseinanderzusetzen macht notwendig, sich unbefangen und vorurteilsfrei den Inhaltsfragen dieses »Weihespiels« zu nähern. In einem fiktiven Gespräch dreier Protagonisten einer PARSIFAL-Aufführung möchte ich einmal versuchen, eine Diskussion über Interpretationsfragen dieser Ausnahmeoper aufzuzeigen. Solche Gespräche gibt es ja oft während der Einstudierung einer Oper, sei es während der Proben, in Pausen, in den Kantinen, Konversationszimmern, Garderoben oder in öffentlichen Werkstattgesprächen. Sie dienen dazu, bei allen Beteiligten Klarheit über Aufbau, Struktur und Aussage eines Opernwerkes zu gewinnen. Ein ähnliches Gespräch, wie das von mir hier erfundene, hat, wenn auch nicht so ausführlich, tatsächlich stattgefunden, und zwar anläßlich einer konzertanten Aufführung des PARSIFAL 1981 in Barcelona. (Teilnehmer waren meine Kollegen Dunja Vejzovic aus Jugoslawien, welche die Kundry sang, ihre Erfolgspartie seit Bayreuth, der Kanadier Jon Vickers als Parsifal dieser Aufführung und ich, der den Gurnemanz sang.) Dabei fand ich die Erfahrung bestätigt, daß man gerade bei konzertanten Aufführungen durch die Konzentration auf das Musikalische mitunter völlig neue Einblicke in das Werk und die Absichten des Komponisten gewinnt. Es lenkt keine Szene, manchmal vielleicht unverständlich arrangiert oder durch modernistische Spielereien eher verwirrend als klärend, von der Musik ab; jeder Hörer kann seine eigene Phantasie spielen lassen und sich eigene Bilder dabei machen. Natürlich kann man der konzertanten Aufführung einer Oper nicht den Vorrang vor dem eigentlichen Theatererlebnis geben. Musik und Szene geben erst dem Musiktheater Sinn und Vollendung. Ich habe aber viele solcher konzertanten Opernaufführungen mitgestalten können, die manche verschlampte und mittelmäßige Repertoirevorstellung im Theater in jeder Beziehung in den Schatten stellten.

Es sei mir daher gestattet, abschweifend vom gestellten Thema PARSIFAL kurz darauf einzugehen, warum eine gut vorbereitete, musikalisch ausgefeilte konzertante Aufführung z. B. einer Wagner-Oper ein unvergeßliches Erlebnis werden kann. Erster Vorteil: die Sänger stehen *vor* dem Orchester, werden also von diesem nicht »zugedeckt« und daher sehr gut verstanden. Diese Selbstverständlichkeit kann man im Opernhaus leider nur zu selten erleben! Zum zweiten kann der Zuhörer durch die Konzentration auf das Musikalische die Motive, die ja gerade bei Wagner eine besondere Stellung im Gesamtkunstwerk haben (man denke nur an den RING DES NIBELUNGEN) viel besser wahrnehmen und verarbeiten. Nervositäten durch bühnentechnische Probleme, z. B. weite Entfernungen von einem Bühnenfelsen bis zum Dirigentenpult, ein unsichtbares Orchester im »Graben«, also Faktoren, die manchmal beim Sänger Unsicherheiten, »Schmisse« oder »Schwimmfeste« hervorrufen können, sind weitgehend ausgeschlossen oder wenigstens reduziert. Schließlich täuscht mich wohl der Eindruck nicht, daß unsere Kollegen vom Orchester, die ja auch mit auf dem Präsentierteller des Konzertpodiums sitzen, durch ein besonderes Engagement ihre sonstige »Begleitfunktion« in der Oper vergessen machen wollen!

Natürlich ergeben sich für den Sänger, von dem auf der Bühne verlangt wird, nicht nur seine Stimme, sondern seine ganze Person einzusetzen, bei einer konzertanten Aufführung wieder andere, neue Probleme, die mancher gar nicht so leicht bewältigen kann: ohne Kostüm, ohne Maske, ohne Szene und Geste, hinter der man sich ja auch manchmal verstecken kann, heißt es, alle Ausdruckskraft der Darstellung in die musikalische Aussage zu investieren. Obwohl man die Rolle schon -zigmal auswendig gesungen hat, kommt man sich plötzlich ohne die Bühnenwelt und ohne den »Strohhalm« Souffleur recht verlassen oder beinahe wie ein Hochseilartist ohne Netz vor. Ein anderes Problem ist die Frage, wie weit man im Abendkleid oder Frack die auf der Szene so entscheidende Partnerbeziehung ausspielen oder andeuten kann und soll. Hier muß man sich auf den Geschmack des einzelnen Künstlers verlassen können. Man kann da mitunter auch peinliche Übertreibungen erleben. Natürlich muß sich auch beim konzertanten Vortrag zwischen Beteiligten etwas abspielen, die Frage ist nur, wie weit man da gehen darf. In einer konzertanten WALKÜRE-Aufführung wäre es z. B. absolut verfehlt, wenn Sieglinde und Siegmund aneinander vorbei, ohne sichtbare Beziehung, ihre große Szene singen würden. Andererseits grenzt es geradezu an Kitsch, wenn im Konzert der Kundry-Kuß im PARSIFAL ausgeführt würde. Ein solches Ansinnen eines übereifrigen Sängers habe ich selbst einmal erleben können, das aber geschickt von der besonnenen Partnerin verhindert wurde!

Es ist interessant, zu beobachten, wie häufig in der Welt Opern konzertant geboten werden. Es scheint alle Dirigenten immer wieder zu reizen, ausgesprochene Bühnenwerke, wie die Opern Wagners, Webers, Beethovens und Verdis – auch viele vergessene Opern – in sorgfältiger musikalischer Erarbeitung dem Publikum zu erschließen. Oft wird so eine Aufführung als Ergebnis einer Schallplattenproduktion präsentiert. Nicht zuletzt ist dabei auch ausschlaggebend, daß man alles in der Original-Orchesterbesetzung (Wagner!) ausführen lassen kann. Dies scheitert ja oft an den mitunter beengten Verhältnissen in manchem Orchestergraben kleinerer Häuser. Wann kann man – außer in Bayreuth – schon einmal sechs Harfen im RHEINGOLD oder SIEGFRIED hören und spielen »sehen«? Wie interessant fand es das Dresdner Publikum in einer RHEINGOLD-Konzertaufführung (1980 in exquisiter Schallplattenbesetzung) zu beobachten, wie viele »eisenklopfende« Musiker notwendig waren, um den Effekt von schmiedehämmernden Nibelungen hervorzurufen! Wer bemerkt schon in einer Theateraufführung, daß in der GÖTTERDÄMMERUNG z. B. außer dem üblichen Hornquartett noch Tenor- und Baßtuben, auch Stierhörner gebraucht werden? Wenn man nicht nur hört, sondern auch sieht, welchen Klang dieses oder jenes Instrument erzeugt, welches Thema sichtbar herausgehoben wird, prägt sich alles viel nachhaltiger ein. In einer denkwürdigen Konzertaufführung des WOZZECK in Leipzig 1973 unter Herbert Kegel kam die strenge musikalische Formsprache Alban Bergs viel plastischer zur Geltung als jemals in einer Opernvorstellung. Es war ein musikerzieherisches Erlebnis für das Publikum, in dem das Verständnis für die Musik unseres Jahrhunderts in beinahe unterhaltender Form gefördert wurde. Aufgrund ihrer Geschlossenheit und musikalischen Perfektion war es möglich, diese Leipziger Aufführung ohne Nachschnitte auf einer Schallplatte festzuhalten. Sie ist ein noch heute überzeugender Beweis für die künstlerische Berechtigung solcher konzertanter Opernwiedergaben!

An ähnliche Ereignisse, bei denen der Opern- und Konzertsänger gleichermaßen in mir gefordert wurde, kann ich mich gut erinnern. Die italienische Rundfunkgesellschaft RAI machte es sich direkt zum Programm, Opern konzertant aufzuführen. Unter Leitung von Wolfgang Sawallisch habe ich dort im Ring des Nibelungen den Wotan gesungen. Zum ersten Mal sang dabei Jean Cox den Siegfried, der später in Bayreuth und allen großen Opernbühnen der Welt seine Lebensrolle werden sollte. Tagelang studierte Sawallisch mit ihm die Rolle am Klavier ein, und ich fand Jean sehr beneidenswert, weil er sich damit den »besten Korrepetitor der Welt« leisten konnte. Der Intendant der Bayrischen Staatsoper, Günther Rennert, fand damals in dieser Konzertaufführung seinen zukünftigen Siegfried für den geplanten Münchner Ring. In Rom habe ich eigentlich oft als Opernsänger im Frack auf der Bühne gestanden, u. a. im Parsifal (als Amfortas), im Fidelio und in den Meistersingern. Letztere fanden in einem großen römischen Kino statt, da der Funksaal von RAI baupolizeilich gesperrt war. Da zwei Scheinwerfer defekt waren, fing's während der Aufführung kurz an zu brennen. Auch hier war also manches überholungsbedürftig! Wenn ich mich recht erinnere, sang an diesem Abend Peter Schreier seinen ersten David. So hat es in konzertanten Aufführungen schon manches musikalische Rollendebüt gegeben. Auch in große internationale Reiseprogramme führender Opernhäuser werden oft konzertante Operndarbietungen aufgenommen. So war Leonard Bernsteins konzertanter Fidelio beim Gastspiel der Wiener Staatsoper 1980 in New York, bei welchem ich den Pizarro sang, ein ungewöhnliches und aufregendes Konzerterlebnis.

Auch die Salzburger Festspiele haben in den letzten Jahren konzertante Opernaufführungen in ihr Programm aufgenommen. Bei Werken unseres Jahrhunderts, wie Ernst Kreneks Karl V., Otmar Schoecks Penthesilea und Dantons Tod von Gottfried von Einem, bei denen ich in Hauptpartien mitwirkte, war es erstaunlich festzustellen, wie aufgeschlossen das Publikum mitging. Auch die internationale Presse betrachtete diese konzertanten Operndarbietungen als große Bereicherung und inhaltliche Akzente des ja zeitweilig als recht konservativ geltenden Festspielprogramms.

Bei solchen Aufführungen kann man die Erfahrung machen, daß der Zuhörer mitunter zu weit aktiverer Mitarbeit und Aufnahme gefordert wird als im Theater. Er bekommt ja visuell nichts »geschenkt«, er muß sich selbst seine »Szene« machen. Brechts berühmt-berüchtigtes Zitat: »Glotzt nicht so romantisch!« verbietet sich im Konzertsaal von selbst. Aber auch für uns Interpreten verschieben sich die Akzente unserer Darstellung auf der Opernbühne. Wie kann ich meine sonstige persönliche oder gar körperliche Identifizierung mit der Rolle nun in der musikalisch-geistigen Aussage glaubhaft machen? Einfacher ausgedrückt: Wie kann ich das Abendkleid, sei es noch so schön, und den Frack vergessen machen? Das alles erfordert schon ein Nachdenken und Hinterfragen der dramatischen Aussage eines Werkes und seiner Figuren.

Bei einem so schwierigen Werk wie dem PARSIFAL muß natürlich eine solche Werkanalyse in gegenseitigem Gespräch problematischer ausfallen als bei einer normalen Oper. Gab es selbst von berühmten Gestalten der Geschichte widersprüchliche Meinungen zu Wagners Alterswerk, man denke nur an das Für und Wider eines Eduard Hanslick, Claude Debussy, Friedrich Nietzsche, Hugo Wolf, Thomas Mann, Hanns Eisler, Alban Berg u. a., wie sollte es bei denen anders sein, die dieses Werk und seine Figuren durch ihre Interpretation erst zum Leben bringen?

In der nachfolgenden Unterhaltung versuchen nun drei Interpreten des Werkes, der Sänger des Parsifal, eine Kundry und der Gurnemanz (jeweils abgekürzt durch den Anfangsbuchstaben der Rolle) ihre Gedanken zum Werk und zu den von ihnen verkörperten Partien zu formulieren und so ein wenig zur Klärung der vielen offenen Fragen dieses »Opernmysteriums PARSIFAL« beizutragen:

G.: Würdet ihr behaupten, daß der Parsifal ein religiöses Werk ist?

P.: Diese absolute Bezeichnung möchte ich verneinen. Ein religiöses Werk ist es sicher nicht, aber einen religiösen Charakter hat es meiner Meinung nach schon. Man denke nur an die verschiedenen christlichen Symbole und an die dem christlichen Mythos entlehnten Handlungen. Aber viel bedeutendere Leute als ich sind da anderer Meinung, wie z. B. William Durant, der Verfasser einer mehrbändigen »Kulturgeschichte der Menschheit«. Er verurteilt das Werk grundsätzlich und behauptet, daß es durch und durch Gotteslästerung sei. Friedrich Nietzsche gar ...

G.: ... ohne den eine Auseinandersetzung um PARSIFAL scheinbar gar nicht mehr zu denken ist ...

P.: Ja, Nietzsche also unterstellte nach seinem berühmten »Abfall« von Wagner, dieser sei im Alter morsch und dekadent geworden und »plötzlich vor dem christlichen Kreuz niedergesunken.« Im großen Meister sei eine Apostasie (Abfall – welch Freudsche Wendung, wenn man seinen eigenen »Fall« bedenkt –) und Umkehr zu christlich-krankhaften und obskurantischen Idealen geschehen.

K.: Kann man das aber noch ernst nehmen? Er sagte auch, der PARSIFAL sei ein Operettenstoff par excellence. Er ereiferte sich über »dies weihrauchedüftelnde Sinne-Reizen« und über »falsch verzücktes Himmel-Überhimmeln«. Ein Jahr später fiel er schließlich in geistige Umnachtung.

G.: Trotzdem wird man Nietzsche nicht ganz außer acht lassen können, wenn man sich dieser »Gralsoper« kritisch-ästhetisch nähern will.

P.: Nun gut! Ich glaube, daß Wagner auch hier, wie in der Mehrzahl seiner Werke, mit Grundprinzipien – also vorgegebenen Stoffen – arbeitet, die er seiner eigenen Optik anpaßt. Hier geht es also um den Grundgedanken des Christentums. Das verarbeitet er aber auf eigene Weise für seine Absichten. Er bezieht dabei eine große Zahl von Legenden aus anderen Kulturkreisen ein. Da werden z. B. arabische Bedeutungen mit christlich-mythischem Gedankengut vermischt, keltische und altindische Mythologien, in denen lebenspendende Gefäße und heilige Lanzen eine wichtige Rolle spielen, in die Handlung eingewoben. Das Ergebnis dieser uns mitunter merkwürdig erscheinenden »Mischung« ist jene Wagnersche Auffassung von Religion, die wir nun als »Bühnenweihfestspiel« zu interpretieren haben.

K.: Also doch ein religiöses Werk?

P.: Nein – zumindest nicht in christlich-kirchlichem Sinne. Denn eine »Andacht« findet ja nicht statt. Alles, was da auf der Bühne und im Orchester stattfindet, ist eher so ein bißchen Wagnersche Privatmythologie.

G.: Das »Mysterium Parsifal« ist eigentlich erst in den Jahren *nach* Wagners Tod entstanden, als seine Witwe Cosima einen bisher unerreichten Kult um den Schöpfer und sein Werk schuf. Nach ihrem Willen sollte der PARSIFAL das Andenken an den toten Meister ewig bewahren. War die erste Aufführung im Jahr nach seinem Tod noch als eine Art »Requiem für Wagner« berechtigt, so mystifizierte sie in den folgenden Aufführungen das theatralische Kunstwerk von Anfang an zu einem heiligen Ritus. So mußte um dieses Werk eine Aura der pseudoreligiösen Feierlichkeit entstehen, die sein Schöpfer eigentlich gar nicht wollte. Nach Wagners eigenen Worten handelte es sich ja in erster Linie um eine Kunstschöpfung und nicht um einen Glaubensvorgang auf der Bühne.

P.: Nun muß man aber mit Wagners eigenen Worten auch sehr abwägend und prüfend umgehen. Seine manchmal recht gegensätzlichen Äußerungen in den verschiedenen Lebensabschnitten machen ihn ja in unseren Augen eben zu jener schimmernden Persönlichkeit, deren Gedankenwelt – im Gegensatz zu seiner uns faszinierenden Musik – wir nicht immer folgen können. Viel Widersprüchliches hat er zu seinen eigenen künstlerischen Absichten gesagt, von den Ungereimtheiten und Widersprüchen seines Lebens ganz abgesehen. Wir brauchen nur seine Äußerungen zum PARSIFAL zu betrachten. Da gibt es rein taktische und diplomatische Erwägungen gegenüber seinem königlichen Gönner Ludwig II. v. Bayern, der trotz großer menschlicher Enttäuschungen dem Werk Wagners immer die Treue hielt, und andererseits für orthodoxe »Gralshüter« manch desillusionierende Äußerung ihres Meisters in den Tagebüchern Cosimas, die uns ja erst seit ein paar Jahren manch interessantes Detail aus dem Munde Wagners zum PARSIFAL enthüllen.

K.: Diese Behauptung mußt du uns aber näher erläutern und belegen!

P.: Aber bitte sehr: An seinen königlichen Freund schrieb er vom PARSIFAL als »letzte(m) und heiligste(m) meiner Werke« und sprach von seiner Handlung als den »erhabendsten Mysterien des christlichen Glaubens, offen in Szene gesetzt ...«. In Cosimas Tagebuch heißt es dagegen: »R. (Richard) arbeitet; er meint abends, der PARSIFAL sei reiner Unsinn inmitten der Interessen unserer Tage!« Auch der berühmte Karfreitagszauber-»Einfall« erweist sich nach Cosimas Tagebuchlektüre als eine – gelinde gesagt – liebevoll fabulierte Legende, die scheinbar nur erfunden wurde für jene uns heute homoerotisch anmutende Briefwechselbeziehung mit Ludwig II. Nach einer religiös-euphorischen Einleitung berichtet er ihm von der »heiligen Stimmung« eines »warmen, sonnigen Charfreitags«, der ihm »den Parzival eingab«. Noch ausführlicher schreibt er in seiner viel später zu Papier gebrachten Autobiographie, wie er, von ländlicher Stille erfüllt, vom »Parzivalgedicht« überwältigt wurde – »von dem Karfreitags-Gedanken aus konzipierte ich schnell ein ganzes Drama ...« und wie er es »mit wenigen Zügen flüchtig skizzierte«.

Dieser Karfreitags-Einfall wird laut Cosima im April 1879 von Wagner selbst entmystifiziert, indem er »lachend« gesteht: »eigentlich alles bei den Haaren herbeigezogen ..., ... denn es war kein Karfreitag, nichts, nur eine hübsche Stimmung in der Natur ...«

G.: Das Ganze demnach eine mystische Inspiration,

vom »schöpferischen Genie« souverän stilisiert, um nicht zu sagen: frei erfunden!

P.: So scheint es – und von kirchlichen Vergleichen hielt der Meister, im Gegensatz zur Cosima-Zeit nach ihm, gar nichts. Daß sein Parsifal von seinen Schülern und Nachfahren der Christusgestalt, d. h. dem Erlöser der Menschheit, gleichgesetzt wurde, mag zwar auch an seinen nebulos-mythischen Briefen an den Bayernkönig gelegen haben. Beispiel: »Mein Teurer, kann ich in so tiefsinnigen Materien anders als im Gleichnis ... sprechen: Adam–Eva: Christus. Wie wäre es, wenn wir zu ihnen stellten: Amfortas–Kundry: Parzival?« In diesem Vergleich stellt also Wagner selbst die These auf, daß die Erlösungstat dem Parsifal christusähnliche Züge gibt. Als aber Hans v. Wolzogen in einem Aufsatz in den von ihm redigierten »Bayreuther Blättern« Parsifal mit der Christus-Gestalt gleichsetzt, gibt sich Wagner verwundert und sagt: »Ich habe an den Heiland dabei gar nicht gedacht.«

K.: Der Meister selbst ist also nicht ganz unschuldig, wenn jede Auslegung und Erklärung des Parsifal irgendwo im Widerspruch endet.

P.: Vom Standpunkt des sein Werk verteidigenden Autors sind seine öffentlichen Äußerungen und Dekrete gewiß verständlich und taktisch auch vertretbar. Sie unterscheiden sich aber scheinbar von seinen privaten Ansichten und Aussagen. Gerade die Öffnung der Tagebücher Cosimas im Jahre 1974 haben da eine Revision überlieferter Ansichten über geheiligte Wagner-Worte notwendig gemacht, die manchem engagierten »Wagnerianer« wie Denkmalsschändung vorkommen müssen. So erscheint auch Wagners berühmtes Dekret, wonach der Parsifal nirgends anders aufzuführen ist als in Bayreuth (inzwischen von der Zeit längst überholt), in ganz anderem Licht, wenn nicht gar im Zwielicht.

G.: Du meinst jenen Brief an Ludwig II., in dem steht: »Dort (in Bayreuth) darf der Parsifal in aller Zukunft einzig und allein aufgeführt werden: nie soll der Parsifal auf irgend einem anderen Theater dem Publikum zum Amusement dargeboten werden ...!«

P.: Dieses Gebot ist ja auch Jahrzehnte von der Familie in Bayreuth als heiliges Vermächtnis mit allem Gralshütereifer streng beachtet worden. Und nun im krassen Gegensatz dazu Cosimas Tagebucheintragung: »Er (Richard) will nach Amerika ziehen (Minnesota), dort Theater-Schule und Haus gründen gegen eine Subscription von einer Million Dollars. Den Parsifal wollte er ihnen widmen und aufführen, er hielt es in der Lage in Deutschland nicht mehr aus ... Seinen ganzen Plan arbeitet er aus, während wir im Düstren seiner Augen wegen sind.«

G.: Das ist ja ein bemerkenswertes Zeitdokument, nicht nur in Hinblick auf Wagners Werk! Daß man im Hause Wagner den Plan diskutierte, sich in den USA niederzulassen, wird wohl in der Tat manches konservative Wagner-Bild ins Wanken bringen!

K.: Das »Mysterium Parsifal«, ohnehin schon mit überlieferten Vorurteilen belastet, erscheint uns nach solcher Lektüre natürlich noch rätselhafter!

P.: Trotzdem wird dadurch die Größe und Einmaligkeit dieses Alterskunstwerkes – man denke nur an seine musikalische Aussage – keinesfalls geschmälert.

G.: Natürlich nicht – wir sehen aber daraus, daß Wagners Äußerungen zu seinem Stück, ob wahr, halbwahr oder nur manipuliert, uns Interpreten des Stückes nur wenig helfen. Für uns, die wir uns in die handelnden Figuren verwandeln müssen, gibt es nur eine Wahrheit: das Werk selbst. Und da muß meines Erachtens gelten, was Wieland Wagner mit bühnenpraktischer Erfahrung und analytischer Schärfe ganz lapidar feststellte: Parsifal ist ein Theaterstück und kein kirchlicher Gottesdienst! Und ich empfinde das genauso: der Gedanke der Erlösung der Welt durch Mitleid ist zwar dem christlichen Gedankengut entnommen, aber dies ist doch nur der ethische Hintergrund des Stückes. Es werden zwar christliche Symbole wie Kelch, Lanze und das Abendmahlritual vorgeführt, aber alles geschieht doch innerhalb einer Handlung auf dem Theater. Es darf bei alledem keine weihevolle Erstarrung eintreten. Im Grunde geht es doch um viel mehr als um Mitleid, die Selbstüberwindung ist es, die dem »Reinen« die Kraft zur Erlösung verleiht.

P.: Ich sprach schon davon, daß Wagner viele Dinge im Parsifal vermengt hat, aber ich glaube, er tat es mit gezielter Absicht. Schließlich wollte er am Ende seines Lebens noch etwas Neues schaffen, ein »Bühnenweihfestspiel« für sein Festspielhaus. Wie stets bildet auch hier ein Reformgedanke den Hintergrund Wagnerscher Philosophie: das Alte muß erneuert werden. Hier ist es eine Welt des Leidens, unfähig geworden, ihre eigentliche humane Aufgabe zu erfüllen, die durch Nächstenliebe, durch das Mitleid, wie es ja auch das Christentum fordert, schließlich erlöst wird. Im Grunde findet auch hier eine Reform der Gralswelt statt, indem der Ritterschaft ein neues Ethos verliehen wird zum Wirken nicht nur für sich, für einen eingeweihten Kreis, sondern auch für die übrige Menschheit, was z. B. in der Aufnahme der Kundry in die reine Männergesellschaft dokumentiert wird. Die Enthüllung des Grals am Schluß ist also eine andere als die des zweiten Bildes, sie muß folgerichtig eine neue Qualität haben.

K.: Das kann man ja in vielen Wagnerschen Werken erleben. Was hier für die neue, von Parsifal durch Mitleid erlangte Reinheit entsteht, ist z.B. in den Meistersingern die neue Qualität in der Kunst Stoltzings.

P.: Nur, Stoltzing lebt und profiliert sich durch die Hilfe seines väterlichen Freundes Hans Sachs als Meister in einer realen Welt. Ihn darzustellen, seinen künstlerischen Reifeprozeß glaubhaft zu machen, bedarf es nur einer normalen theatralischen Aktion. Der Titelgestalt in unserem »Bühnenweihfestspiel« kann ich aber mit Logik allein wohl schwerlich beikommen. Jener »reine Tor« hat ja etwas Utopisches an sich, was sich einer rein dramatischen Darstellung eher entzieht.

K.: Aber gilt das nicht im Grunde für alle Gestalten in diesem Werk? Ihnen allen haftet eher etwas Symbolisches an: das Individuelle der Figur tritt zurück, Gurnemanz vielleicht ausgenommen, was natürlich die Darstellung auf der Bühne kompliziert. Wieland Wagner drückte es so aus: »Die sichtbaren Vorgänge dieses Mysteriums sind Gleichnisse.«

P.: Dieses »Symbolische« und auch »Utopische« der Titelgestalt möchte ich mit meiner Darstellung aufzeigen. Ich meine, der Autor wollte hier der Menschheit den Typ Menschen vorschlagen, der zum kommenden Leitbild werden kann. In diesem Sinne nehmen die uns oft so mysteriös erscheinenden (und wohl auch gemeinten) Worte »durch Mitleid wissend« auf die Weisheit und Erkenntnis Bezug, die jener benötigt, der diese Gemeinschaft zu führen im Stande ist. Um dieses Wissen aber zu erlangen, muß Parsifal einige Irrwege gehen in einer »grundbösen Welt«, wie es Wagner einmal selbst formulierte. Er ist also eine Kontrasterscheinung und dokumentiert sich damit als symbolische Figur.

G.: Wie kannst Du das in Deiner Darstellung nun aber sichtbar machen?

P.: Es kommt mir nicht darauf an, den »Toren« als naiven Knaben oder gar als Dummkopf zu spielen, was ja ein absolutes Mißverständnis wäre. Das Positive in der Gestalt ist doch vielmehr die Reinheit des Unerfahrenen, der im Verlauf der Handlung immer mehr Erkenntnisse sammeln kann. Nach dem Töten des Schwans zerbricht er seinen Bogen, den er nach Gurnemanz' Belehrung als Mordinstrument erkennt. Er lernt schließlich, gut und böse zu unterscheiden. Dieses anfängliche Nichtwissen, die Reinheit des Toren, der nicht weiß, wer er ist und wie er heißt, versuche ich, in mich aufzunehmen. Amfortas erweckt wohl mein Mitleid, aber ich kann es als reiner Tor noch nicht erfassen, da dieser ja die Welt und damit das Böse noch nicht kennt. Erst später, in der Begegnung mit Kundry erkenne ich, daß die Wunde, die sich in Amfortas nicht schließen will, auch in meinem Herzen blutet. Es ist Parsifals eigenes sündiges Verlangen. Im Kuß Kundrys dokumentiert sich ihm die Erkenntnis über das Leid Amfortas'. Sein Mitleid mit jenem kommt aus dem Bewußtsein (»wissend«), daß er der gleichen Gefahr ausgesetzt war wie der Gralskönig. Mit einem Schlag wird er aus seiner Unbefangenheit gerissen, den Toren in sich abwerfend, wird er zum Mann, und sein Leben wird von nun an verändert sein.

K.: Würdest Du damit sagen wollen, daß sich Parsifal in diesem Augenblick mit Amfortas identifiziert?

P.: Ja, aber nur so weit, als er seine Mission erkennt, die Wunde Amfortas' zu heilen und aus der anonymen Gralsritterschaft wieder normale Menschen zu machen.

G.: Gehst Du nicht zu hart mit den Gralsrittern um, wenn Du sagst, daß sie keine normalen Menschen mehr sind? Schließlich leuchtet ihnen der Gral, an dessen Heilkraft sie glauben, seit langem nicht mehr, also müssen sie doch demoralisiert sein?

P.: Ich finde, diese Gralswelt führt ein isoliertes Dasein ohne Sinn und Zweck, sie zehrt nur von vergangener Größe. Sie kämpfte einst für unschuldig in Bedrängnis geratene Menschen; jetzt, wo Parsifal ihr gegenübertritt, ist sie nicht mehr fähig, ihre selbst gestellte humane Aufgabe zu erfüllen. Sie ist isoliert, die Gebete dieser Männer sind zum Ritus erstarrt, alles ist nur noch äußere Form, es findet sehr wohl eine Demoralisierung statt. Diese elitäre Männerherrschaft befindet sich sowohl in ihrem Glauben als auch im zwischenmenschlichen Bereich in totaler Auflösung. Alle bemitleiden nur sich selbst. Keiner rührt sich, wenn da einer – noch dazu der Gralskönig – »Erbarmen« schreit. Nur der im Mitleiden wissend Gewordene kann dieser paralysierten Gralsgesellschaft aus ihrer Erstarrung den Weg für ein neues, sinnerfülltes Wirken für die Menschheit aufzeigen.

G.: Und mitten in dieser Männerwelt, oder besser zwischen ihnen, stehst nun du, Kundry, als eine gespaltene Persönlichkeit: »rastlos scheue Magd« – Dienende und Verführerin zugleich. Ich glaube, deine Rolle bringt wohl die meisten Probleme mit sich.

K.: Man kann sagen, keine Gestalt Wagners oder der Opernbühne überhaupt erscheint so rätselhaft und geheimnisvoll wie sie. Sie ist in der Tat schwer in das »christliche Drama«, wie die Wagner-Nachkommen den PARSIFAL verstanden, einzupassen. Ich sehe sie zunächst einmal als einen Menschen bzw. als ein Wesen, das, ihres Menschseins von der Gesellschaft beraubt, nicht zu sich selbst finden kann. Sie ist von Wagner so vielgestaltig konzipiert, wie die Vorstellungen von der Rolle der Frau eben nur aus der Sicht der Männergesellschaft sein können. Von allen – ob Gralsritter oder Klingsor – wird sie mißbraucht. Dabei ist die Skala ihrer emotionalen Möglichkeiten unbegrenzt.

P.: Mir kommt diese Verführerin doch oft schizophren vor. Sie versichert »nie tue ich Gutes« oder »ich helfe nie«, dabei dient sie gleichzeitig, besorgt Balsam für den dahinsiechenden Amfortas, labt den zusammenbrechenden Parsifal. Sie tut also doch Gutes und dient aber auch der Macht des Bösen, ihrem Herrn Klingsor.

K.: Diese Persönlichkeitsspaltung ist hervorgerufen durch ein großes Schuldgefühl. Es wuchert in ihr – und hier vermengt Wagner wieder christliche Legende mit der Theatergestalt einer Verführerin – seit sie Christus auf seinem schweren Weg nach Golgatha verlachte. Ein Vertreter der ihr so fremden Männerwelt – ein »König« noch dazu – war unter der schweren Last des Kreuzes zusammengebrochen. Auf ihr Hohngelächter mußte sie einen haßerfüllten Blick von seiten des Gedemütigten erwarten können. Doch da »traf mich sein Blick«, jedoch so ganz anders, als sie ihn erwartet hatte: Ein Blick voller Wehmut und mitleidsvoller Liebe, die bereit ist zu vergeben. Von da an fühlte sie sich schuldig.

So sehe ich Kundry als eine von Lebensqual Gezeichnete, die in einer Art Trance als Verfluchte todessüchtig einhertaumelt. Mein Vorbild ist dabei die große Astrid Varnay, die das im Bayreuth der sechziger Jahre so beispielhaft gestaltet hat. Sie verstand es, die seelischen Tiefen dieses geheimnisvollen Wesens so auszuloten, daß eine Gestalt von eindringlichster Suggestionskraft entstand.

Ich glaube auch nicht, daß man mit landläufigen Begriffen wie »Sünderin« oder, wie du eben behauptest, »Verführerin« dieser Frauengestalt im »Bühnenweihfestspiel« gerecht werden kann. Ich sehe sie eigentlich nicht als strahlende Verführerin, sondern als eine verzweifelt um ihre Erlösung kämpfende Verdammte. Sie ist vielleicht mit der »Ratio« überhaupt nicht faßbar. Ich möchte mich nicht darauf beschränken, nur das Extreme der Rolle, eben die Zerrissenheit der Figur – hier Büßerin, dort Verführerin – zum Ausdruck zu bringen, sondern auch versuchen, die Übergangszustände, die sich oft in ihrer Erstarrung (gegenüber der Männerwelt) zeigen, herauszuarbeiten.

P.: Die Kompliziertheit dieser Frauengestalt darstellerisch bloßzulegen, ohne den großen Bogen außer acht zu lassen, stelle ich mir nicht einfach vor. Darf ich daher noch etwas in die Tiefe gehen: Wie könnte man die Verführungen der Venus im TANNHÄUSER und der Kundry im PARSIFAL vergleichen?

K.: Überhaupt nicht! Das sind wohl zwei verschiedene Dinge. Denn die Verführungen geschehen jeweils aus anderen Aspekten: Venus ist nur die Verkörperung des Eros. Die rein körperliche Liebe und Sinnenlust ist es, die Tannhäuser anzieht – nein, er sucht sie sogar, zumindest in seiner Phantasie. Kundry aber zieht Parsifal primär durch Mutterliebe an. Ich glaube, daß im Mütterlichen ein wesentlich stärkerer Schwerpunkt in der Interpretation der Rolle liegen muß als im nur Verführerischen. Das läßt sich auch musikalisch untermauern: im TANNHÄUSER haben wir die Erotik der Venus in der Musik selbst, die in ungeheurer Sinnlichkeit schwelgt. Im PARSIFAL dagegen kann sich die Musik auch in der sogenannten Verführungsszene niemals von den metaphysischen oder, meinetwegen, auch mythischen Aspekten lösen. Der Knabe, der seine Mutter verließ, findet in einem unbewußten Schuldgefühl – inmitten einer Verführungsszene – in Kundry der Mutter Ebenbild. Man könnte hierin allenfalls eine christliche Variante der Venus sehen.

P.: Wieder ein Beispiel der Wagnerschen Privatmythologie, von der ich anfangs sprach!

K.: Meiner Ansicht nach kommt Parsifal zur Überzeugung seiner Mission gerade deshalb, weil zwischen beiden – anders als bei Venus und Tannhäuser – wahre Liebe besteht. Aus dieser Liebe heraus breitet ja Kundry vor ihm ihr ganzes unseliges Schicksal aus. Keiner der anderen Männer, die Kundry verführte – Amfortas an der Spitze – konnte zum Erlöser der Gralswelt werden, weil sich diese Verführungen in Klingsors Auftrag im rein Geschlechtlichen erschöpften ...

P.: ... wenn ich kurz unterbrechen darf? Mir fällt dabei wieder einmal auf und vielleicht ist das tiefenpsychologisch interessant, daß Wagners Gestalten sich oft von den ihnen erteilten Aufträgen aufgrund innerer Erkenntnisse und Erlebnisse lösen und selbständig handeln. Ich denke hier an Brünnhilde, die sich Wotans Befehl aus besserer Einsicht und wahrer Liebe zu Siegmund (und dem Vater) widersetzt. Und wie es mit Markes Auftrag an Tristan endet, wissen wir nur zu gut!

K.: Und Kundry schließlich vergißt Klingsors Auftrag vollends durch die wahre Liebe, in diesem Falle durch die Mutterbindung und -erinnerung gefördert. Und durch diese muß es zur Erlösung kommen, wenn Parsifal im Kuß der Kundry das Leid des Amfortas und vor allem die Gefahr, der er in diesem Moment genau wie jener ausgesetzt war, rechtzeitig erkennt – was du, lieber Gurnemanz, vorhin schon erwähntest.

Aus dem Gesagten ergibt sich wohl von selbst, daß die Verführungskunst der Venus im TANNHÄUSER etwas völlig anderes ist. Als Gestalt existiert sie eigentlich gar nicht, denn sie entbehrt der Persönlichkeit, der persönlichen Gefühle und hat keine Entwicklung wie etwa Kundry.

G.: Sie ist ein Symbol ...

K.: ... genau. Sie ist nur ein Spiegel Tannhäusers. Sie ist nur da, um zu zeigen, was Tannhäusers wahre Gefühle sind. Sie ist eigentlich keine Person ... ja richtig ... sie ist ein Symbol!

G.: So sah es ja auch Wieland Wagner, als er 1955 die Venus unbeweglich wie eine thronende Königin weit vorn auf der Bühne plazierte. Alles andere drehte sich – wörtlich genommen – nur um sie (herum). Zum ersten Male ließ er diese Rolle von einer schwarzen Sängerin, Grace Bumbry, singen, was natürlich viele Altwagnerianer am »heiligen« Festspielhügel in Bayreuth schockierte ...

P.: ... Cosimas Schatten waren eben sehr lang ...

G.: ... Das war aber nicht irgendeine Sensationslust Wielands, sondern tiefenpsychologisch wohl begründet. Der langjährige Stuttgarter Intendant, Freund und – man kann wohl sagen – Mentor des genialen Wagner-Enkels, Walter Erich Schäfer, formulierte das so: »Aus der Erkenntnis, daß das Erotische den urtümlichen Bereichen des einzelnen Menschen wie der Menschheit im ganzen entstammt, entwickelte Wieland Wagner folgerichtig die Inkarnation der »Venus vulgivaga«, der schwarzen, durch das Pantherfell bezeichneten, die Blutrituale regierenden Astarte-Göttin.«

K.: Venus ist tatsächlich eine Göttin, Kundry aber ist ein menschliches, wenn auch gespaltenes Wesen.

All das beweist, daß man Venus und Kundry letzten Endes doch nicht vergleichen kann. Venus ist ein Teil der Künstlerseele des Tannhäuser, bei ihr kommen dionysische

Aspekte ins Spiel, die aber bei Kundry meines Erachtens völlig ausgeschlossen sind.

G.: Es gibt aber noch andere Frauengestalten, die uns in Kundry enthalten zu sein scheinen. Bevor Wagner den PARSIFAL komponierte, dachte er an ein Drama über die Passion Christi, welches »Jesus von Nazareth« heißen sollte.

Dieser Dramenentwurf war weniger als tiefreligiöse Passion gedacht, sondern vielmehr durch die Ideen des Revolutionsphilosophen Ludwig Feuerbach bestimmt. Wagner stand ja in seinen Dresdner Jahren sehr unter dem Einfluß des dortigen Musikdirektors August Röckel. Von dessen linksradikalen politischen Anschauungen angezogen, wollte er in jenem Drama die Symbolgestalt des Heilands als einen Empörer aus Liebe verkörpert wissen. Glaubst du, daß Kundry ein Abbild dessen ist, was Maria Magdalena in jenem Werk geworden wäre?

K.: Daraus entsprang sicher die Idee zur Gestalt, das halte ich für möglich. Andererseits wissen wir aber von Maria Magdalena recht wenig – sie ist für uns kaum mehr als eine Legende.

P.: Ideen und Legenden im PARSIFAL vermischt – der Fußwaschung der Sünderin Maria Magdalena entspricht die rituelle Salbung Parsifals im dritten Akt durch Kundry. Viel mutet uns hier Wagner zu. Alles zu klären und zu deuten, scheint aussichtslos angesichts der vielen Überschneidungen: Schopenhauers Welterlösungsideen, wonach Leben untrennbar mit Leiden verbunden ist, Kundry als Sünderin Maria Magdalena, christlicher Abendmahlsritus und schließlich Klingsors schwarze Magie, die an Nietzsches Haß- und Askeseanwandlungen denken läßt. Wer kann das schon erschöpfend auslegen?

K.: ... und als Publikum – unvoreingenommen und vielleicht auch unvorbereitet – rezeptieren?

G.: Wagner hat in der Tat viele Dinge in seinem letzten Werk vermengt, aber er tat es mit Absicht. »Wenn ich diese Dichtung noch einmal zu Stande bringe, müßte ich etwas sehr Originelles liefern«, schrieb er an Mathilde Wesendonck. Und das ist ihm in der Tat gelungen! Dabei geschieht auch im PARSIFAL, was letztlich Inhalt aller seiner Werke ist: Reform der bestehenden Zustände, Erneuerung der Gesellschaft und ihrer herkömmlichen Normen. Am Ende entsteht, wie schon erwähnt, immer eine neue Qualität, nicht nur in der Handlung selbst, sondern auch im Erlebnis des rezeptierenden Publikums. Allerdings wurde diese Erkenntnis in seinen frühen Werken mit großen Opfern erkauft: Erlösung z. B. wurde immer an den Tod, d. h. an die Verneinung des Willens zum Leben, geknüpft (TANNHÄUSER, LOHENGRIN, HOLLÄNDER, im übertragenen Sinne auch TRISTAN und RING). Und das ist wohl das Neue und Große im PARSIFAL: der wissend gewordene »reine Tor« ist zur Leitgestalt einer sterilen Gesellschaft geworden und führt die Reform durch. Auch im PARSIFAL ist viel vom Sterben, Todessehnen die Rede. Er aber lebt weiter, nicht nur als Erlöser einer sündhaft gewordenen Welt, sondern als Begründer einer neuen reineren Welt, was man wohl als eine Wagnersche Überwindung des Schopenhauerschen Pessimismus bezeichnen kann.

P.: Wieder müssen wir feststellen, daß eine Realisierung und Erklärung nach dem alleinigen Gesetz der Logik bei diesem komplizierten Stoff gar nicht möglich ist.

K.: Das ist ja auch gar nicht nötig. Will das Werk überhaupt »begriffen« sein? Will es nicht vielmehr erlebt sein in seiner Musik? Im Ganzen gesehen ist doch die Handlung, also die Geschichte, die erzählt wird, sehr »mager«.

G.: Nun, die Geschichte des Gurnemanz, meine Erzählung im ersten Akt, ist mir eigentlich lang genug! Bei einer Vortragsweise, die sich nur im Stimmlichen erschöpft, also ausdruckslos monoton dahertönt, was leider bei manchen »Stimmbesitzern« der Fall ist, kann sie dem Publikum dabei nicht nur lang, sondern vor allem langweilig erscheinen.

K.: Das ist natürlich dein Gestaltungsproblem, mit dem du fertig werden mußt. Was ich meine, ist, daß sich der dramatische Handlungsverlauf doch nur auf wenige Brennpunkte beschränkt. Das musikalische Geschehen gleicht ja mehr einer sinfonischen Dichtung mit Gesang ...

P.: ... und den umfangreichsten Gesangspart in ihr stellt eine Rolle dar, über die wir noch gar nicht gesprochen haben ...

G.: ... nun, meine Partie ist wohl die längste, wenngleich ich nicht wagen möchte, den Gurnemanz als die bedeutendste Figur im PARSIFAL zu nennen. Die wichtigsten Pole sind ja doch Amfortas, Kundry und die Titelrolle.

K.: Aber ist nicht die Gurnemanz-Figur gewissermaßen die Seele des ganzen Werkes?

G.: Es ist auf jeden Fall eine schöne und dankbare Rolle, da sie als Erzähler durch die Handlung führt und gleichzeitig die Gemeinschaft vertritt. Einerseits ist der weise Gralsritter eine Art Evangelist, berichtend und betrachtend, andererseits aber auch direkt in die Handlung einbezogen und eingreifend, was die Führung Parsifals betrifft. Auch er erwartet ja Hilfe durch jenen, der »durch Mitleid wissend« zum Erlöser des ihn umgebenden Elends werden soll.

P.: Könnte aber nicht er selbst auch derjenige sein? Denn echtes Mitleiden und Wissen um die Probleme der Gralswelt kann man doch gerade ihm nicht absprechen. Man denke z. B. nur an die provozierende Frage des 2. Gralsritters: »Das wähnest Du, der doch alles weiß?« Oder an sein echtes Mitleid mit der Kreatur, als Parsifal den Schwan getötet hat.

G.: Gewiß verfügt Gurnemanz über viel Wissen, siehe seine lange Erzählung – aber Wissen allein nützt wenig. Die Weisheit der Gralswelt ist – jedenfalls im gegenwärtigen Zustand – sehr unzulänglich. Hans Mayer formuliert das sehr treffend: »Das Wissen Gurnemanz' gehört zu Wotans gleichfalls hoffnungslosem und ohnmächtigem Weltwissen«. Das bedeutet doch nichts anderes, daß beide zwar um den traurigen Zustand ihrer Welt, dort der Götterwelt, hier der Gralswelt, wissen, sie aber selbst nichts daran ändern können. Nur der reine Tor allein, der Mensch ohne Arg, ohne Belastung durch die herkömmliche Norm (im RING der freie Held), ist im Stande, das Erlösungs- bzw. Erneuerungswerk zu vollziehen. Dieser steht ja anfangs, genau wie übrigens Kundry, der erstarrten Gralswelt als Außenseiter gegenüber: der Tor und die »Törin«. Nicht ohne Grund stellt Gurnemanz beide in einem Vergleich nachdenkend auf eine Stufe: »So dumm wie den, erfand bisher ich Kundry nur.«

P.: Der Außenseiter, der die bestehende Ordnung ablöst oder reformiert, ist das dominierende Thema der Werke Wagners, der selbst jahrelang ein Außenseiter war.

G.: Aber zurück zu meiner Rolle. Sie verlangt eine ökonomische Ein- und Aufteilung. Denn sie ist ja, um in unserer Bühnensprache zu sprechen, ein rechter »Bandwurm«. Die große Erzählung im ersten Akt erinnert mich immer an den Wotan-Monolog im zweiten Akt der WALKÜRE. Im Ausdruck verlangt sie dabei fast mehr Farben als die Wotan-Beichte. So muß ich auf lange Strecken die objektive Distanz des Berichtenden wahren, zugleich aber auch die innere Teilnahme und Betroffenheit des Gralsritters ausdrücken. Wieland Wagner wollte z. B. die Wotan-Erzählung immer wie eine spannende Kriminalgeschichte, leise geheimnisvoll beginnend und mit berechnend aufgebauten Steigerungen vorgetragen haben. Der gleiche stimmlich abgestufte, abwechslungsreiche Ausdruck ist auch beim Gurnemanz am Platze.

P.: Mir erscheint es charakteristisch, daß du die Rolle des Gurnemanz in ihren Darstellungskriterien mit dem Wotan, deiner jahrelangen Erfolgspartie, assoziierst.

G.: Ja – ein ähnlicher Vergleich in den Rollen wurde auch dem großen Wotan der 50er Jahre, Hans Hotter, nachgesagt. Man behauptete, daß in seinem Gurnemanz stets auch ein wenig Wotan enthalten sei. Er antwortete darauf sinngemäß, daß dieser Vergleich wohl andeute, daß sich in der Entwicklung einer Figur auch die Verwandtschaft anderer Figuren, die man darstellt, auswirkt. Es gibt auch bei Gurnemanz autoritäre Züge und cholerische Ausbrüche wie beim Göttervater. Allerdings ist er innerlich viel gefestigter. Auch Gurnemanz läßt sich – wie der Göttervater – manches Detail von seinen Partnern schwer abringen.

K.: Meinst du damit die mehrmaligen Fragen der Knappen nach Klingsor?

G.: Ja, denn diese Fragen erzeugen bei ihm sowohl die Erinnerung an glücklichere Tage der Gralsgemeinschaft als auch an den »Sündenfall« des Gralskönigs Amfortas. Da es ihm nicht leicht fällt, dies vor den Jungen so ausführlich auszubreiten, ist er um so überraschter, als diese seine Botschaft »durch Mitleid wissend der reine Tor« beeindruckt aufnehmen und in reinsten Tönen wiederholen. Von großer Güte und im verfallenen Gralsgebiet ein noch nicht verkümmerter, sondern einzig normal gebliebener Mensch, ist er eine Brücke zwischen der alten und der ersehnten neuen Gralswelt und wird schließlich zum geistigen Führer und väterlich-männlichen Prinzip für den Knaben Parsifal, das dieser ja nie empfunden oder erlebt hat. Gurnemanz ist es ja, der eine plötzlich aufkommende Ahnung hat, »... mich dünkt, daß ich Dich recht erkannt«. Dieses grüblerische Ahnen weist ihn auch als einen realistischen Beobachter aus, dem eine von Herzen kommende Würde eigen ist. Diesen inneren Adel, meine ich, muß man spüren lassen, wenn Gurnemanz sich auf der Karfreitagsaue als »Knecht« des neuen Gralskönigs bezeichnet.

K.: Wenn ich bedenke, daß alle Protagonisten des PARSIFAL der Erlösung harren und vor allem bedürfen, so ist der weise Gralsritter eigentlich die reinste Figur ...

G.: ... was mit uninteressant oder glatt verwechselt werden könnte. Natürlich sind die brüchigen und problematischen Figuren immer die interessantesten Rollen für uns. Aber wer sich als Darsteller in die Gedankenwelt des Gralsritters vertieft, wird erfahren, daß dieser nur am Rande ein Evangelist, ein Berichtender sein kann. Bei aller Güte und Väterlichkeit ist er auch ein sehr impulsiver Mensch, der auch humorig und sarkastisch werden kann. Und an emotionalen Ausbrüchen mangelt es der Rolle wahrlich nicht. »Oh, wunden-wundervoller, heiliger Speer ...« ist ein Klageausbruch von gewaltiger Kraft und Anteilnahme; er gibt dem Interpreten Gelegenheit, erste sängerische Höhepunkte seiner Rolle zu setzen.

Es ist schwer, auszudrücken, welches Gefühl mich jedes Mal überkommt, wenn ich im dritten Akt den Parsifal mit den Worten segne: »So ward es uns verhießen ...«. Es ist jene Stelle, an der sich Hans Knappertsbusch am Pult im Bayreuther Orchesterraum, dem berühmten »mystischen Abgrund«, zu seiner ganzen Größe (und er war ein Riese!) erhob und mit dem herrlichen Festspielorchester ein wahres musikalisches Universum aufbaute. Es trifft sicher nur ungenau die Situation, wenn man hier das Wort Höhepunkt der Rolle erwähnt. Bei dieser Stelle habe ich seitdem immer das Gefühl eines Emporgehoben-Seins – ich kann mir nicht helfen – ich wähne mich dabei immer in einer anderen, besseren Welt, die sich wahrscheinlich bloß der Künstler in seinen Emotionen schaffen kann! Und sehr oft entdecke ich in den Augen der dem Parsifal zu Füßen liegenden Kundry Tränen der Rührung, die eigentlich in diesem Moment noch nicht zur Rolle gehören.

K.: ... wenn man mit dem Herzen seinen Beruf als Künstler ausführt, kann das wohl nicht ausbleiben.

P.: An solchen Höhepunkten, die mehr innere als äußere Dramatik darstellen, ist ja das »Bühnenweihfestspiel« besonders reich. Ich denke da auch an meine Amfortas-Rufe als Parsifal im zweiten Akt nach Kundrys Kuß. Die kann man auch nicht nur singen oder rufen, die muß man »erleben und erleiden«. Ich glaube, daß bei echt

Erinnerungsfoto nach der ELEKTRA in Wien 1971 mit Leonie Rysanek, Regina Resnik und Birgit Nilsson (v. l. n. r.).
Wien 1972: FIDELIO – Probenpause mit Leonard Bernstein, Lucia Popp, Otto Schenk und Gwyneth Jones (v. l. n. r.)

Berühmte Dresdner Künstler unter sich: mit Rudolf Kempe in der Arena von Orange (Frankreich)

Mit Karl Böhm in Washington während des Gastspiels
der Wiener Staatsoper (hier vor dem Watergate-Hotel), 1979

Mit Ehefrau Eleonore

Mit dem Komponisten Friedrich Cerha, Wien 1982 (oben).
In der Fernsehgala »Theo Adam lädt ein« mit Jessye Norman als prominentem Gast

Theo Adam in seiner Sendung mit jüngsten Kollegen, dem Kraus-Quartett der Staatskapelle Dresden.
Mit Prof. Peter Schreier und Prof. Dr. Hans Pischner beim Podiumsgespräch in der Akademie der Künste der DDR

Auf dem Weg zur Festspielprobe in Salzburg

erlebter Gestaltung der Wille des Interpreten beinahe ausgeschaltet ist, denn hier zwingt die musikalische Situation einfach zum sängerischen Handeln, zur vokalen Äußerung eines inneren Zustandes.

G.: Ihr stimmt mir sicher zu, wenn ich behaupte, daß in solchen Momenten alle theoretischen Erörterungen und Analysen des Werkes gegenstandslos werden. Wie sagt doch Theodor W. Adorno? Wer das Werk begreifen will, muß die Kunst des Nachhörens, des Lauschens, erlernen. Denn im PARSIFAL sind nicht bloß die »musikalischen Gedanken« dargestellt, sondern auch deren »Aura« mitkomponiert. Adorno weiter: »Nur der kann der Intention folgen, der mehr noch dem Echo der Musik sich überläßt als dieser selbst.« Und dieses Echo der Musik, ihren Nachhall, können wir nur dann in unserer Darstellung sichtbar machen, wenn der musikalische Gedanke durch den Filter unseres eigenen inneren Erlebens gegangen ist.

P.: Das könnte ein Schlüssel zur Rezeption des schwierigen Werkes sein. Wagners Mahnung an Malvida von Meysenbug kommt mir da in den Sinn: »Sehen Sie nicht so viel hin, hören Sie lieber zu!«

G.: Die Größe und Schönheit dieser Musik ist es wohl auch – mehr als der stoffliche Inhalt –, die den PARSIFAL noch hundert Jahre nach seiner Entstehung zur Feiertagsoper erhebt. Daher ist die eingangs gestellte Frage, ob wir ein religiöses Werk vor uns haben, eigentlich unwichtig. In allererster Linie haben wir es mit einem Musikdrama zu tun, dessen Religiosität lediglich ein Aspekt unter vielen ist. Ich bin überzeugt, auch der Atheist wird sich von diesem Ausnahmewerk beeindrucken lassen können. Denn die Vorgänge auf der Bühne werden von der Musik produziert, das Geschehen ergibt sich aus dem Musikalischen. Und Musik ist immer lebendig. Daher ist die weihevolle Erstarrung, am PARSIFAL jahrelang gralshüterartig geübt, eine Verfälschung des Autorwillens.

K.: Trotzdem wird man dem Publikum nicht absprechen können, daß es beeindruckt und ergriffen ist. Vom Inhalt her ist der PARSIFAL nun doch keine Alltags- oder Repertoireoper. Ich glaube, er fordert schon ein besonderes Rezeptionsverhalten, man ist in einer »gehobeneren« Bereitschaft als z. B. beim WILDSCHÜTZ.

G.: Natürlich gehe ich nicht in den PARSIFAL, um mich nur zu »unterhalten«. Aber das trifft doch in gleichem Maße auch auf TRISTAN, WALKÜRE, Verdis OTHELLO oder auf Pfitzners PALESTRINA zu.

P.: Es ist jedenfalls nicht zu leugnen, daß das Werk, von dem wir hier sprechen, von einer gewissen Aura umgeben ist. Den Grund dazu muß man auch in der Stätte suchen, wo es jahrzehntelang einzig und allein gespielt worden ist. Wer jemals den PARSIFAL in Bayreuth, wofür er ja komponiert worden ist, erlebt hat, wird auch diese Erfahrung gemacht haben, daß dort durch das verdeckte Orchester ein Verschmelzen von Bühne und Zuschauer bewirkt und damit eine Atmosphäre ausgelöst wird, die tatsächlich einem Mysterium nahekommt. Diese Stimmung stellt sich möglicherweise in keinem anderen Theater der Welt ein, hat sich aber durch den Ausnahmecharakter der jahrelangen ortsgebundenen Einmaligkeit auf das Werk selbst übertragen.

G.: Zugegeben –, obwohl mir das auch mit anderen Werken Wagners dort so geht. Bayreuth ist in dieser Beziehung wirklich einmalig. Aber die uns bewegende Frage im PARSIFAL – ob religiöses Werk oder nicht – berührt das nicht. Warum soll ich z. B. eine Oper von erhabener Feierlichkeit nur an bestimmten kirchlichen Feiertagen genießen können, wie das in der Vergangenheit geschah und teilweise auch heute noch praktiziert wird? Wenn PARSIFAL nur um Ostern herum (in überwiegend katholischen Gebieten allenfalls noch an »Allerheiligen« im November) gespielt werden darf, wie sieht es dann mit dem FAUST aus? Dann sollte man MEISTERSINGER wohl nur im Juni (Johannisnacht) oder gar BOHÈME nur zu Weihnachten, ARABELLA und LA TRAVIATA nur zum Fasching spielen?!

P.: Das ist – wenn auch nicht falsch – aber doch sehr vereinfacht gesagt. Ich möchte den PARSIFAL schon eine Feiertagsoper nennen, aber ich würde sie auch nicht an bestimmte Feste binden. Was sie aber ganz gewiß nicht ist: ein Gottesdienstersatz für verzückte Sektierer, die in Wagner den Schöpfer einer nebulosen Religion des Mitleids sehen wollen.

K.: Du sprachst von der einzigartigen Atmosphäre in Bayreuth. Wir alle haben sie erleben können, und sie ist wirklich jedes Mal von neuem überwältigend, auch für den Sänger auf der Bühne. Man wähnt sich dort tatsächlich wie in einem Tempel. Das Festspielhaus mit seiner großen Tradition, seiner einzigartigen Akustik, die innere Bereitschaft all der Wagnerianer ...

G.: ... ein gefährliches Wort, das neue Publikum sehr belastend und wohl auch falsch einschätzend ...

K.: ... nun gut, sagen wir besser des Wagner-begeisterten Publikums erzeugen schon eine gewisse Feiertagsstimmung und Weihe, die jeder Aufführung den Rang des Außerordentlichen verleihen können. War und ist es da verwunderlich, daß nach den PARSIFAL-Klängen aus dem »mystischen« Abgrund das Publikum, vom Bühnengeschehen beeindruckt und ergriffen, zuweilen auch verstört, sich den Beifall versagt?

G.: Natürlich kann Stille und stumme Ergriffenheit oft mehr bedeuten als prasselnder Beifall. Wir wissen das ja aus eigener Erfahrung auch in anderen Opernvorstellungen. Aber dieses Nichtapplaudieren nach dem PARSIFAL hat ja seinen Grund in einer sehr anfechtbaren Tradition, die durch Cosima und ihre ganze »Aera« zu einem Sakrileg umfunktioniert wurde. Da wurden Zuschauer, die zutiefst beeindruckt waren und ehrlich ihren Dank und ihre Bewunderung durch Beifall ausdrücken wollten, von übereifrigen »Wagnerianern« (hier möchte ich das Wort schon gelten lassen) erbarmungslos niedergezischt. Da erhebt sich die Frage, was stimmungszerstörender und ungehöriger ist: Beifall oder Zischen?! Die Akklamation bedeutet doch auch ein Sichlösen und -befreien aus einer aufgestauten Spannung. Und das muß einem Publikum nach fünfstündiger, konzentrierter Aufmerksamkeit schließlich gestattet sein. Wagner hat sich im übrigen selbst zu der (Un)-Sitte des Nicht-Applauses eindeutig geäußert. Er hatte bei der ersten Aufführung das Publikum gebeten, Beifallskundgebungen bei »offener Szene« zu unterlassen (um die Sänger nicht zu stören). Das Publikum hat diese Ansprache aber mißverstanden, und bei der zweiten Aufführung herrschte nun ehrfurchtsvolle Stille. Also richtete Wagner in der dritten Aufführung wieder das Wort an sein Publikum: Selbstverständlich wolle er »den Dank an die Künstler *nach dem Schließen* des Vorhanges diesen nicht entzogen wissen.« So hat es uns Angelo Neumann über die PARSIFAL-Uraufführung im Jahre 1882 berichtet.

K.: Trotzdem gibt es auch heute noch in unseren Tagen bei fast jeder PARSIFAL-Vorstellung die Unsicherheit im Publikum, ob man Beifall spenden darf – besonders natürlich nach dem ersten Akt – oder nicht.

G.: Es ist halt schwer, Bräuche, die auf Legenden beruhen, zu korrigieren. Als in Wagners Todesjahr 1883 der PARSIFAL als Gedenkaufführung stattfand, verbot sich der Beifall natürlich aus Gründen der Pietät. Dies war für Cosima Grund genug, auch in den kommenden Jahren den Beifall zu unterbinden. Sie sah es als einen ihr gegebenen Auftrag an, das Werk und Erbe des Meisters für die Nachwelt zu retten, und machte aus Bayreuth eine Kultstätte. So verwandelte sie in ihrem religiös-fanatischen Übereifer ausgerechnet das letzte Vermächtnis des genialen Komponisten, sein »theatralischstes« Werk, wie Thomas Mann es nannte, zu einer musealen Mumifizierung.

P.: Sie verstand eben ihre Mission als ein Bewahren und nicht als ein Weiterführen. Von den Interpreten verlangte sie und auch ihr Sohn Siegfried Wagner, der trotz zaghafter Versuche für neue Ansätze immer wieder konservativen

Kräften unterlag, die unbedingte Befolgung der Tradition des Meisters. Von den festgelegten Gängen und Gesten, von musikalischen Vorschriften des Meisters durfte sich niemand entfernen. Wie die Gralswelt auf der Bühne, so waren auch ihre Interpreten zum Ritus erstarrt.

G.: Aus dieser Erstarrung erlösten erst die Wagner-Enkel, Wieland und Wolfgang, beim Neubeginn 1951 das Werk ihres Großvaters, das besonders im PARSIFAL mit dem Geruch mißverstandener Werktreue behaftet war. An Stelle von Weihe trat die Wachheit einer neuen Generation, die geistigen Spannungen wurden verständlich gemacht.

K.: Diese Erneuerung formte nun auch aus uns neue Wagner-Sänger, die nicht weniger ehrfürchtig vor der Größe und Erhabenheit eines Kunstwerkes wie dem PARSIFAL stehen; die sich – mit Verzicht auf Altgewohntes und mit kritischer Distanz – jedoch mit gleicher künstlerischer Begeisterung wie unsere Vorgänger dieses »Bühnenweihfestspiel« zu eigen machen.

G.: Die Frage nach dem Gralskult: Wer ist der Gral? kann man abschließend vielleicht am besten mit Thomas Mann beantworten, der in dem sowohl für ihn als auch für Bayreuth so makabren Schicksalsjahr 1933 feststellte: »Ich glaube, daß die heimliche Sehnsucht, der letzte Ehrgeiz allen Theaters der Ritus ist, aus dem es bei Heiden und Christen hervorgegangen … (ist).« Diese »heimliche Sehnsucht« hat sich Wagner am Ende seines an Höhepunkten, Tiefen und Widersprüchen so reichen Lebens mit seinem erhabensten, widersprüchlichsten Alterswerk erfüllt und uns Sängern damit verlockende und dankbare Opernrollen geschenkt.

K.: Was uns aber nicht hindern soll, über das, was wir da auf der Bühne interpretieren sollen, im Gespräch gelegentlich gründlich und auch kritisch nachzudenken.

Kritik der Kritik

Im Verlauf eines Sängerlebens muß man nicht wenige Interviews geben, und fast jedes Mal taucht dabei die Gretchen-Frage für einen Künstler auf: Lesen Sie eigentlich Kritiken? Sie wird dann meist mit einem mehr oder weniger süffisanten Lächeln gestellt, dessen Hintersinn unsere Eitelkeit zu testen scheint, mit der unausgesprochenen Frage: Sind Sie auch verwundbar? Nach einem Seufzer ringe ich mich dann immer zu einem eindeutigen Ja durch, denn ich lese tatsächlich Kritiken, sogar mit einer gewissen Leidenschaft. Wenn ich lange von zu Hause abwesend war, türmt sich immer ein ziemlich stattlicher Haufen von Zeitungen auf, den ich nachträglich so allmählich »aufbereite«. Dabei interessiert mich natürlich in erster Linie die Kulturseite, wobei ich nicht nur nach Rezensionen suche, die mich persönlich betreffen. Vielmehr möchte ich wirklich informiert sein über unser Kulturleben, das nun einmal für mich als Künstler den Lebensinhalt darstellt. Und wenn ich als solcher seit über 30 Jahren meine Leistungen öffentlich zur Diskussion stelle, möchte ich natürlich auch wissen, wie ich »draußen« ankomme. Man erfährt ja nicht nur vom abendlichen Publikum, sondern vor allem auch – mehr oder weniger deutlich – von der Kritik in der Presse, welche Resonanz man gefunden hat. Und diese hat ja in unserem Beruf einen ganz bestimmten Stellenwert, nach dem sich die Veranstalter, Theater, Agenturen u. a. leider viel mehr richten, als man gemeinhin annimmt.

Wenn ich auf Gastspielen eine Zeitung zur Hand nehme, um über Aktuelles auf dem laufenden zu sein, ertappe ich mich immer wieder dabei, daß ich zunächst den Feuilletonteil aufschlage, auch wenn die politischen Nachrichten auf der ersten Seite noch so sensationell erscheinen oder – wie so oft – nur »aufgemacht« sind. Ich habe natürlich mit der Zeit herausfinden können, welche Zeitung in ihrem Kulturteil ein besonderes Niveau aufweist, wo sich also eine fundierte Sachkenntnis von kulturellen Belangen mit einem guten Sprachstil verbindet und so das Lesen von Kritiken, abgesehen von der Information, zum kleinen literarischen Genuß werden kann. Andererseits weiß man natürlich, was einen erwartet, wenn man eine der in der westlichen Welt leider oft so dominierenden Boulevardzeitungen in die Hand nimmt. Erstaunlich zwar die stets verblüffende Aktualität – am Abend gesungen, am nächsten Morgen schon kritisiert –, erschütternd aber oft für den Dabeigewesenen die Oberflächlichkeit der Berichterstattung und die mitunter taktlose Art der Wortwahl. Da kann es dann passieren, daß, wie z. B. vor einigen Jahren in München geschehen, über eine in meiner Erinnerung wirklich faszinierende Walküre-Aufführung in hervorragender Besetzung am nächsten Tag eine 15-Zeilen-Kritik erscheint mit der Überschrift: »Sie keucht noch immer!«

Man glaubte zunächst, eine Besprechung über irgendeine Disco-Veranstaltung zu lesen, denn man hatte ja den Feuilletonteil des »Blattes« aufgeschlagen. Aber es war tatsächlich die am Abend vorher so bejubelte Aufführung in der Oper damit gemeint. Aus dem textlichen Kauderwelsch konnte man dann erfahren, daß der – oder die? – Rezensent(in) mit der geschmacklosen Überschrift wohl Bezug auf die emotionsgeladene Darstellung der Sieglinde dieser Aufführung genommen hatte. Der Sprachstil dieses sich Kunstkritik nennenden kurzen Machwerkes setzte sich dann in ähnlichen Banalitäten fort, die einer Beleidigung von Ausführenden und Publikum gleichkamen. Der Leser bekam hier ein völlig verdrehtes Bild von der Qualität einer Aufführung. Als Beteiligter dieses Opernabends wußte ich doch aus eigenem Erleben, was zumindest meine eigenen Kollegen auf der Bühne und der Dirigent an Großem geleistet haben. Eine solche Kritik voller persönlicher Diffamierungen, die nichts an wertendem Urteil oder objektiver Information enthält, ist für alle ärgerlich und bereits nach den ersten Sätzen nur noch reif für den Papierkorb.

Nur bevor dies geschieht, haben jedoch Tausende das gelesen und sich ein völlig falsches Bild von einem kulturellen Ereignis gemacht. Durch solche sorglose oder auch provokatorische Wortwahl mit entsprechend bewußt beigefügten Adjektiven kommt es ja in den erwähnten Boulevardkritiken nicht selten sogar zum künstlerischen Rufmord. Man braucht sich dann nicht zu wundern, wenn Künstler gegen die Kollegen von der schreibenden Zunft mit Recht aufgebracht sind.

Es stellt sich daher ernsthaft die Frage nach der öffentlichen Verantwortung des Kritikers. Genau wie der ausübende Künstler hat doch auch er einen öffentlichen Auftrag. Und der ist womöglich noch größer als jener, denn sein Publikum ist allemal zahlreicher als das eines Künstlers am Abend auf dem Podium. Es geht ja in die Hunderttausende! Daher sind seine Möglichkeiten, Einfluß und Resonanz zu finden, viel größer. Dabei kann er über die reine Orientierung hinaus Erkenntnisse fördern, kann die Menschen durch sein Urteil, durch seine »Meinung«, zum Kunstgenuß aktivieren. Er sollte aber nicht vergessen, daß seine private Ansicht für viele Leser zum »Maßstab« werden kann. Er vermag nämlich genauso gut (oder schlecht!) den Leser mit falscher Wortwahl, Nörgelei oder »Verriß« verschrecken und damit das Publikum vom Kunsterlebnis fernhalten.

Das Ziel einer ernst zu nehmenden Kunstkritik sollte es vielmehr sein, die aktive Partnerschaft des Publikums zum Interpreten und zum interpretierten Werk zu fördern und nicht zu hemmen. Durch allzu ausführliche musikwissenschaftliche Analyse – in Fachzeitschriften berechtigt und nötig – kann in einer noch so gut gemeinten Tageskritik diese Partnerschaft auch erheblich gefährdet werden. Der Leser langweilt sich nur zu oft bei solchen Analysen und liest schließlich die ganze Rezension oberflächlich, wobei ihm dann wichtige Informationen über das Stattgefundene womöglich noch entgehen. Natürlich soll eine Kunstkritik theoretisch und sachlich fundiert sein, aber sie muß vor allem allgemein verständlich geschrieben werden.

Zur Ehre der weltweit »schreibenden Zunft« soll auch gesagt sein, daß es viele ernsthafte Kritiker gibt, die sich durch ein verantwortungsbewußtes, objektiv bemühtes Urteil einen auch bei den Interpreten geachteten Namen im Kulturleben geschaffen haben. Aus ihren Beiträgen spricht die Liebe und Verbundenheit zur Kunst und ihren Interpreten. Ihre Rezensionen aus fundiertem Wissen, mit gutem Sprachstil und innerem Takt geschrieben, zu lesen, bereitet oft ein literarisches Vergnügen.

In meiner Laufbahn habe ich auch oft die Erfahrung machen müssen – und sie ist nicht etwa neu –, daß die Meinungen der Kritiker und die des Publikums sehr auseinandergehen können. Das geht manchmal so weit, daß ein Besucher, der eine Rezension über ein künstlerisches Ereignis liest, dem er selbst beigewohnt hat, glauben muß, er habe einer ganz anderen Veranstaltung beigewohnt. Sein eigenes Urteil gerät durch die »kompetente« Meinung des Kritikers dabei arg ins Wanken. Er ist verstört, und im krassen Fall kann es dazu kommen, daß man nun »nachlesen kann, ob es einem gefallen hat«!

Man erinnert sich an einen homogenen Orchesterklang, fand alles so wunder- und stimmungsvoll und erfährt jetzt durch die Zeitung, daß man sich ganz gewaltig geirrt hat. Man hat falsche Ohren gehabt, denn die Flöten waren »hart und penetrant« und die »Streicher hatten einen ganz unsauberen Tag«. Der Dirigent schließlich stand überhaupt nicht über der Sache. Nanu, dabei hatte der ausgerechnet so ein hohes Podium und machte doch einen hervorragenden Eindruck? Nun gut, natürlich darf und muß eine Fachkritik mehr ins Detail gehen, hat sicher auch mehr Vergleichsmöglichkeiten mit anderen, oft gehörten Darbietungen und darf sich nicht nur auf den Publikumsgeschmack verlassen oder beziehen. Andererseits kann der Rezensent künstlerischen Geschmack nicht nur für sich allein in Anspruch nehmen. Daß dieser ja immer sehr subjektiv ist, kann man nur allzu gut erfahren, wenn man mehrere Kritiken über ein und dasselbe Ereignis liest. Da amüsiert man sich oft köstlich, wie sich die Fachleute widersprechen. Was hier »faszinierend« und schlechthin »vollendet« war, ist dort »langweilig sich hinschleppend, am Rande einer Katastrophe« gewesen. Für uns Künstler ist es dann immer tröstend, wenn wir in der Zeitung A verrissen worden sind, in der Zeitung B aber lesen, daß wir mit unserer Leistung »dem Abend den entscheidenden künstlerischen Akzent« gegeben haben.

Wie grundverschieden Urteile von Kritikern sein können, kann ich auch in eigener Sache belegen: In Köln sang ich im Jahre 1982 den Hans Sachs. In einer mir nachgeschickten (sehr freundlichen) Kritik konnte ich u. a. lesen: »... Die Stimme klingt mitunter *geradezu tenoral, fast weiß* ...« Kurz darauf sang ich in der Wiener Eröffnungspremiere der Ära Lorin Maazel im TANNHÄUSER den Landgraf. Auch hier schmeichelte mir u. a. eine Kritik sehr und stellte fest: »... da stimmte die klare Diktion, das *volle dunkle Material* ...« usw. Meine stimmliche Verfassung schien also beträchtlich hin und her zu schwanken. Hier »fast weiß«, dort »volldunkel« – jetzt weiß ich selbst nicht mehr, was ich eigentlich für eine Stimme habe. So verschieden hören also nur zwei Menschen – unser Publikum besteht aber aus vielen Tausenden. Und nicht wenige unter ihnen betrachten sich als Fachleute und potentielle Kritiker!

Ein besonderes Kapitel muß ich da auch der Wiener Kunstkritik widmen. Diese spielt im gesamten Kunstgeschehen der Stadt und darüber hinaus im ganzen österreichischen Lande eine dominierende Rolle. Das weiß jeder Künstler, der zum ersten Mal nach Wien kommt, und er hat oft allen Grund, sie schon im voraus zu fürchten. Das musikalische Geschehen, und speziell natürlich die Oper, stehen hier aber auch im Mittelpunkt wie nirgendwo in der Welt. Die Kunst hat in der Geschichte der Stadt, nicht zuletzt durch die musikalischen Klassiker, eine Blüte erreichen können, die sich bis in unsere Zeit zu einer geradezu heroischen Selbstdarstellung entfaltet hat. Eine einzigartige Überbewertung künstlerischer Ereignisse hat durch eine jahrhundertelange Tradition ein überragendes Niveau auf allen kulturellen Gebieten gezeitigt. Man ist hier mit Recht stolz auf diese Tradition, welche die professionelle Kritik natürlich immer wieder zum überstrengen Maßstab ihres Urteils heranziehen zu müssen glaubt, sich dabei aber gleichzeitig der Gefahr aussetzt, in jener Tradition befangen zu sein.

So kann man als Sänger sicher sein, wenn man z. B. vor einer großen Opernpremiere steht, daß man wenige Tage vorher in der Zeitung lesen kann, welche großen Sänger die entsprechende Rolle vor einem selbst hier in »unvergeßlicher Weise« mit ihrer herrlichen Stimme interpretiert haben. Bei manchem sensiblen Kollegen bedarf es dann einiger Standhaftigkeit, diese Art von »Vorkritik« zu überstehen. Man hängt halt in Wien so ein »bißchen« am Alten und erwartet den »Neuen« ein wenig mit Skepsis. Ich gebe natürlich zu: da Wien schon immer als »Hauptstadt der Musik« galt und hier die Größten aus dem Reich der Kunst Triumphe gefeiert haben – mitunter aber auch den größten Ärger und Schmach ihres Lebens erlitten –, mögen skeptische Neugier und hohe Ansprüche angebracht sein. Nur wird oft übersehen, daß sich der Interpretationsstil immer weiter entwickeln und der sich ständig wandelnden Zeit anpassen muß. Und hier ziehen wohl die Wiener, Publikum wie Presse, traditionsbelastet, wie sie nun einmal beide sind, wohl etwas langsamer mit als anderswo.

Das Besondere der Wiener Kritik liegt wohl auch darin,

daß sie oft mehr an den »Nebengeräuschen als an der Musik selbst interessiert« ist (Joseph Wechsberg). Nicht selten geschieht es, daß Affären von Opernstars, Rivalitäten von Künstlern, Zweifel an Entscheidungen von neuen Operndirektoren die Politik von der ersten Seite der Tagespresse vertreiben. Schon Stefan Zweig wußte in seiner »Welt von Gestern« zu berichten, daß »der erste Blick eines Wiener Durchschnittsbürgers in die Zeitung allmorgendlich nicht den Diskussionen im Parlament oder den Weltgeschehnissen galt, sondern dem Repertoire des Theaters, das eine für andere Städte kaum begreifliche Wichtigkeit im öffentlichen Leben einnahm«. – Und das ist heute kaum anders als zur Zeit des Dichters.

Und da in Wien über künstlerische Leistungen eher emotionell als analytisch geschrieben wird, ist hier die Kritik, so überschwenglich und voll des Lobes sie oft sein kann, im Falle einer Ablehnung auch weit verletzender als anderswo. Mancher weltberühmte Interpret hat darauf schon empfindlich reagiert und Wien verärgert den Rükken gekehrt. Trotzdem meine ich nach über 18jähriger Wien-Erfahrung, daß die österreichische Kunstmetropole sowohl des wunderbaren, leicht konservativen Publikums als auch seiner gefürchteten Kritik wegen eine ständige Herausforderung für den Künstler ist. Ich habe mich ihr stellen können und damit bei Publikum und Presse zwar unterschiedliche, jedoch meist positive Erfahrungen gemacht. Natürlich habe ich mich auch über manches Kritikerwort hier und da geärgert; aber wenn ich dann in einer anderen Zeitung – siehe oben – das genaue Gegenteil lesen konnte, war ich eigentlich schnell wieder mit den Wiener »Verhältnissen« versöhnt.

Zu Ehren der Wiener Presse sei auch gesagt, daß der Künstler in keiner anderen Stadt der Welt (meine Heimatstadt Dresden einmal egoistisch ausgenommen) so aufmerksam registriert, aufgenommen und beurteilt wird wie in Wien. Und wo man als Künstler (vom Publikum) geschätzt und (von der Presse wenigstens) beachtet wird, da fühlt man sich immer am wohlsten. Und ein solches Gefühl gibt einem dann auch zusätzliche Kraft, sich um künstlerische Höchstleistungen zu bemühen. Gewiß, man wird in Wien künstlerisch »mitleidlos überwacht« (Stefan Zweig); aber wer dieser Überwachung standhält und es »schafft«, kann sich eines beinahe künstlerischen Personenkultes erfreuen, den letzten Endes auch eine noch so kritische Presse nicht demontieren kann. Denn wer hier vom Publikum anerkannt und angenommen wird, kann sich dessen Loyalität sehr lange erfreuen. Ist es nicht ein angenehmes Gefühl, zum Frühstück im Wiener Kaffeehaus (Betonung bitte auf ee!) zu sitzen und aus einem Berg von Zeitungen zu erfahren, wie gut oder schlecht die gestrigen Konzerte oder Opernvorstellungen waren? Und kommt dann wirklich einmal »Ärger« über den eigenen »Verriß« auf, so wird er bald mit einem »großen Braunen« samt delikatem Apfelstrudel wieder hinuntergespült. Und wie interessiert man hier allenthalben an der Kunst ist, zeigt einem schon der Kellner. An seinem Morgengruß kann man bereits ablesen, ob man sich freuen darf oder ärgern muß. Wenn er beim Servieren ein: »Na, gestern soll's ja wieder herrlich gewesen sein ..., Glückwunsch, Herr Kammersänger ...« fallen läßt, dann erwarten einen wohl ganz gute Kritiken. Wenn er aber außer einem überfreundlichen »Grüß Gott« nichts sagt und sich beflissen abwendet, ja dann – laß die Zeitungen besser ungelesen, lieber Kammersänger!

Nun sind ja Kritiker auch nur Menschen, die von ihrer Tagesform genauso abhängen wie wir Interpreten. Wir sollten sie deshalb auch nicht »verteufeln«. Sie lieben ja die Kunst ebenso wie wir, sie stehen nur auf der anderen Seite; sie sind ein Teil unserer so nötigen Resonanz. Und wären wir nicht sehr deprimiert, wenn man über unsere Arbeit nicht berichtete und wir – aus welchen Gründen auch immer – übergangen würden? Das heißt doch: wir brauchen einander.

Es ist eine der typischen Eigenschaften des Menschen,

immer nur das Lob, aber nicht den Tadel für richtig zu halten. Das beginnt ja schon im Kindesalter, wenn wir nicht einsehen wollen, etwas falsch oder schlecht gemacht zu haben. Dieses subjektive, nur von der eigenen Warte aus Sehen ist doch ein Problem, das uns das ganze Leben begleitet: Wir sehen immer nur die anderen und nicht uns selbst. Und wenn wir in den Spiegel sehen, nehmen wir uns auch wieder nur mit den eigenen Augen wahr, noch dazu seitenverkehrt. Aber von einem Sich-selbst-Erkennen kann da wohl keine Rede sein. Der Mensch tut sich halt schwer mit der Selbstkritik. Wir Künstler sind darüber hinaus leicht und schnell verwundbar, sind leicht zu treffen, auch wenn wir es nicht wahrhaben wollen. Wer sich so subjektiv geben muß, wer sich durch Selbstverwirklichung zur Persönlichkeit entwickeln will, um schließlich zur anerkannten »eigenen Aussage« zu kommen, der muß auf jede Form von Resonanz, sei sie in Worten oder Schrift ausgedrückt, sensibel reagieren. Diese Empfindsamkeit, von der man sich in der künstlerischen Arbeit berühren lassen muß und die, je mehr man davon in die Leistung investiert, leicht zur Empfindlichkeit werden kann, können wir auf dem Podium nicht einfach ablegen wie ein Kleidungsstück, wenn wir uns der Beurteilung durch die Öffentlichkeit stellen. Es kann einer auch die größten Höhen der Kunst erklimmen, er wird gegen diese Gefahr künstlerischer Sensibilität nicht gefeit sein. Einer der größten Dirigenten dieses Jahrhunderts, Wilhelm Furtwängler, z. B. konnte wegen einer nörgelnden Provinzrezension mitunter völlig die Nerven verlieren, obwohl man meinen könnte, daß dies den großen Mann gar nicht tangierte. Wie sollte es da dem Tenor am Stadttheater B. anders ergehen?

Jeder Künstler ist bemüht, am Abend immer sein Bestes zu geben. Die Frage stellt sich aber, ob der andere, also das Publikum und die »Kritik«, es auch als Bestes annimmt. Mit unterschiedlichen Reaktionen müssen wir da rechnen: Sind sie gut, dann freuen wir uns und unsere Welt ist in

Ordnung. Sind sie weniger gut oder gar schlecht, dann kommt es immer noch darauf an, wie und in welcher Verpackung sie uns erreichen. Hier stellt sich die Frage des Taktes. Berechtigte Kritik und subjektive Meinung kann man auch in Worte kleiden, die den Künstler nicht »verreißen« oder ihn gar vernichtend treffen, sondern ihm weiterhelfen, Worte also, die ihn wohl auf seine Fehler aufmerksam machen, ohne ihn gleich zu beleidigen. Es gibt Gott sei Dank auch solche ernst zu nehmenden Rezensenten, und ich möchte einen stellvertretend für sie alle hier mit Namen erwähnen, denn er beweist, daß es auch »anders« geht: Joachim Kaiser. Er mokierte sich am 9. 10. 1982 darüber, daß die Sopranistin in einer Mahler-Sinfonie zu spät einsetzte. In Klammern setzte er wörtlich hinzu: »Falls ich mich geirrt und falsch gehört hätte, bitte ich um Korrektur und Entschuldigung.« Das hat Stil und Format und wird von jedem ernsthaften Künstler anerkannt und angenommen werden. Über eine helfende Kritik wird er sich Gedanken machen und aufgezeigte Fehler oder auch nur kleine Unarten abzustellen versuchen.

Aus eigener Erfahrung weiß ich, wie wichtig (und richtig) kritische Hinweise, in vernünftiger Form serviert, für die weitere künstlerische Arbeit sein können. In München las ich einmal in einer Musikzeitschrift die Kritik über meinen Wotan. Da war vom »Idealbild des Göttervaters«, von »sängerischem Niveau« etc. die Rede. Das las sich alles wunderbar und ließ mir die Brust schwellen; doch plötzlich folgte ein Einwand. Es war ein Hinweis auf eine »Unart dieses Sängers«, welche die Leistung eben doch etwas zu beeinträchtigen schien. Man fragte, warum ich einige Töne auf den Vokal *i* immer so merkwürdig nachzog und, wenn ein *r* folgte, sie dann mit einem leicht »sächsischen« *a* enden lassen mußte. Das klänge dann so, daß man statt: »Loge hör', lausche hieher« ein entstellendes: »Loge hö*a*, hiehe*aa*« oder statt: »zu mir« ein »zu mi*aa*« hören mußte. Ich muß zugeben, daß sich hier bei *»miaa«* eine Schlamperei eingeschlichen hatte, was leicht passieren kann, wenn man eine Rolle sehr lange und gut beherrscht. Zugunsten eines größeren, gewaltigeren Tones verzichtete ich auf einen so wichtigen Endkonsonanten, wie hier das *r*. Das entsprang sicher dem unbewußten Drang, mehr Stimme zu verkaufen, als ich hatte. Es sollte gewaltiger klingen, aber es klang wohl nur unschöner. Ich ging in mich und mußte dem Kritiker recht geben. Diese Kritik, die ja meine sonstige Leistung an diesem Abend gebührend würdigte, fand ich gerecht und für meine künstlerische Arbeit durchaus verwertbar.

Natürlich gibt es auch Kollegen, die auf dem Standpunkt stehen: Der Kritiker solle es erst einmal besser machen! Er ist wahrscheinlich selbst ein gescheiterter Künstler, bei ihm hat es bloß nicht gelangt; da hat er aufgegeben, und nun rächt er sich dafür an den anderen, die es besser können. Dieses aus verständlicher Erregung geborene, jedoch unsachliche Argument läßt sich durch eine kleine Geschichte leicht widerlegen: Als ein Heldentenor von einem Kritiker als Tannhäuser »verrissen« wurde, schrieb er einen geharnischten Brief an diesen. Er – der Kritikus – solle doch den TANNHÄUSER erst einmal selber singen, bevor er ihn, den Sänger, so ablehne. Darauf schrieb der Rezensent: Ich kann zwar ein faules Ei von einem guten Ei unterscheiden, aber Eier selber legen kann ich nicht.

Das Recht zur Beurteilung muß man natürlich jedem Mitmenschen zugestehen, nur ist es dann ein Unterschied, ob er es privat tut oder ob er für die Öffentlichkeit spricht. Um bei der erwähnten Geschichte zu bleiben: Es sind doch zwei verschiedene Dinge, ob ich das Ei – losgelöst vom Huhn – als faul betrachte oder ob ich mit meiner Ansicht in das Berufsleben bzw. die persönliche Leistung des Huhns eingreife!

Eine unqualifizierte Äußerung von Künstlern, wie die vom Bessermachen, wird natürlich oft spontan ausgelöst durch die Art einer Kritik. Daher sollte auch beim Schreiben der Grundsatz gelten: der Ton macht die Musik(kritik)! Auch ich war nicht immer frei von solchen gefährlichen Gedanken wie der verkrachten Existenz eines Schreiberlings, wenn ich mich über eine – meiner Meinung nach – ungerechtfertigte Kritik ärgerte. Aber ich darf zu meiner Freude (und Erleichterung!) auch feststellen, daß dies eigentlich selten geschah, und meine Kritikensammlung aus vielen Jahren doch viel Erfreuliches und Vorzeigbares enthält. Sie soll aber nicht meiner sängerischen Eitelkeit oder gar persönlicher Prahlerei dienen, vielmehr hilft sie manche Erinnerung an Gastspiele, Premieren, Festspiele u. a. aufzufrischen und im Bedarfsfalle auch eigene Behauptungen zu belegen und nachzuprüfen. Denn nicht selten wird ja auch bei einem Interview die Frage gestellt, ob man von diesem oder jenem Ereignis noch Kritiken hat. Wenn man dann eine alte Rezension hervorkramt, erkennt man wieder einmal an dem leicht vergilbten Papier, daß Kunstkritik genau wie die Interpretation immer zeitgebunden ist. Wie der Künstler, so ist auch der Kritiker in seine Zeit hineingeboren und unterliegt dem Zeitgeschmack. Er reflektiert letzten Endes nur die Kunstauffassungen seiner Zeit – und die können morgen schon überholt sein.

Wenn aber seine Gedanken literarisch interessant und dazu in einem guten Stil geschrieben sind, wird man sie auch in späteren Zeiten als anregende und informative Lektüre gern lesen. Die Geschichte der Kunstkritik gibt uns dafür viele belegbare Beispiele und weist große Namen auf. In den Anfängen der Kunstbeschreibung befaßte sich ja die Beurteilung, also die Kritik, zunächst nur mit dem Werk an sich. Es waren Musikzeitschriften, die sich hauptsächlich mit Werkanalysen und Stilfragen beschäftigten. Die tägliche Berichterstattung in der Tagespresse, so wie wir sie heute kennen, wurde erst mit dem aufkommenden Virtuosentum Anfang des 19. Jahrhunderts zur ständigen Einrichtung. Einer dieser streitbaren Geister war u. a. Friedrich Rellstab, dessen Beiträge in der »Vossischen Zeitung« einen bemerkenswerten Bestandteil der Geschichte der Tageskritik darstellten. Sein Gewerbe übertrug sich auch auf seinen Sohn Ludwig Rellstab (uns Sängern vor allem als Textdichter der berühmten Schubert-Lieder aus dem SCHWANENGESANG bekannt), dessen spitze Feder sich eindringlich mit den Kunstfragen seiner Zeit auseinandersetzte. Eine polemische Kritik gegen die Anhänger der berühmten Henriette Sontag brachte ihm im Jahre 1825 eine Woche Festungshaft in Berlin-Spandau ein. Dabei hatte er als »Freimund Zuschauer« nur eine satirische Darstellung der Triumphe der großen Sängerin verfaßt. So streng waren damals die Bräuche, liebe Herren Kritiker! Unser eben erwähnter verrissener Sänger des TANNHÄUSER hätte sicher seine Freude daran gehabt.

Durch die allmählich tägliche Berichterstattung über Aufführungen in Oper und Konzert bekamen Kritiken und ihre Verfasser immer größeren Einfluß auf das Musikleben. Es entstand so ein musikalischer Journalismus, dem sich auch schöpferische Geister, Dichter und Komponisten, anschlossen. E. T. A. Hoffmann, Robert Schumann, Hugo Wolf, Hector Berlioz u. a. waren die Profiliertesten unter ihnen, die sich leidenschaftlich in literarischer Form für ihre künstlerischen Ideale einsetzten. Schließlich war es aber ein Nichtmusiker, der durch Glanz, Schärfe und Suggestivität seiner Sprache den modernen Feuilletonismus begründete: Heinrich Heine. Seine literarische Kunstberichterstattung wurde von anderen geistvollen Köpfen wie Eduard Hanslick in Wien oder George Bernard Shaw in England aufgenommen, weitergeführt und schließlich sogar als Machtinstrument zur Geschmacksbildung von Generationen benutzt. Die Reihe läßt sich bis in unsere heutigen Tage fortsetzen. Es sei noch der Name Alfred Einstein erwähnt, der, ähnlich wie sein berühmter Vetter Albert in der Physik, als eine Autorität auf dem Gebiet der Musikliteratur gelten kann und der seine Meinung zu musikalischen und interpretatorischen Fragen stets mit wissenschaftlichen Erkenntnissen untermauern konnte. Seine Bücher sollten im Regal eines jeden Musikers zu finden sein.

Allerdings gibt es in der Geschichte der Kritik auch eine stattliche Anzahl von eklatanten Vorurteilen und Irrtümern, die sich erst später durch den Siegeszug manches »verrissenen« Werkes als Fehlurteile erwiesen haben. Natürlich spielte dabei wiederum der Zeitgeschmack eine wesentliche Rolle. Man denke nur an die Auseinandersetzungen um das Werk Richard Wagners (die bis heute noch anhalten!). Ehe z. B. sein LOHENGRIN den sieghaften Einzug in allen Musikbühnen der Welt angetreten hatte, versah die Berliner Kritik um die Jahrhundertwende die Musik des Werkes mit Beinamen wie »läppisch, armselig, phrasenhaft und inhaltslos«. Für uns heute unvorstellbar!

Der schon erwähnte Wiener Kritikerpapst Eduard Hanslick, dem Wagner später aus Rache mit dem Beckmesser in den MEISTERSINGERN ein negatives Denkmal setzte, riet gar, den »gefiederten Einspänner« Lohengrin wieder nach Hause zu schicken. Auch er stand damit allerdings, wie die Kritik so oft, im vollen Gegensatz zum Publikum, das dem Werk einen glänzenden Empfang bereitet hatte. Kopfschüttelnd können wir heute noch nachlesen, wie das »Wiener Fremdenblatt« vom LOHENGRIN-Vorspiel als »einer gefüllten Maikäferschachtel« schrieb. Wenn wir auch zugute halten wollen, daß Irren menschlich ist, so stellen diese Urteile, und es gibt in der Geschichte der Kritik nicht wenige von dieser Art, der »Zunft der Kritik« nicht gerade das beste Zeugnis aus.

Bei aller Kritik der Kritik kann man aber auch feststellen, daß es heute erfreulicherweise große, seriöse Zeitungen und Musikzeitschriften in vielen Ländern gibt, deren Feuilletons hervorragend redigiert sind – und das sowohl in aktueller als auch in literarisch-unterhaltender Hinsicht. Hier sind Kritiker am Werk, die nicht nur ihre angelesenen Weisheiten verkünden, sondern als urteilsfähige Schriftsteller gelten können. Sie verstehen sich dabei nicht so sehr als Staatsanwalt der Kunst, sondern vielmehr als Verteidiger künstlerischer Werke und ihrer Interpreten. Auch wenn ich nicht immer mit ihnen einer Meinung sein kann, so gebührt ihnen doch meine Achtung.

Der Gefahr, die Interpreten eines Konzertes, eines Opern- oder Liederabends mit ihrer Kritik zu »ärgern«, unterliegen oft seriöse Kritiker auch auf andere Weise; nämlich dann, wenn sie über Werk, Inhalt und Aufführungsgeschichte ellenlange Ausführungen über mehrere Zeitungsspalten hinweg ausbreiten, die Künstler selbst aber am Ende gerade noch mit einem schmückenden Beiwort erwähnen. Wie oft kann man erleben – meine Kritikensammlung beweist es –, daß nach drei großen Zeitungsspalten, welche ausführliche Analyse über Werk und Regie enthalten, der schon fast diskriminierend anmutende Satz steht: *»Ein Wort* noch zu den Sängern« – Doppelpunkt! Wenn man den ganzen Abend sein Bestes gegeben hat, kann man auch erwarten, daß die Leistung – wie auch immer – entsprechend ihrem Umfang gewürdigt wird. Ein einziges Beiwort kann ja beim normalen – nicht dabeigewesenen – Leser mitunter nur die Funktion des berühmten Daumenzeigens bei antiken Gladiatorenkämpfen bedeuten. In einem solchen Falle darf man sich als Künstler wohl zu Recht ungenügend beachtet fühlen.

Die heutigen Kritiker an den Leistungen ihrer großen, hier zum Teil erwähnten Vorgänger zu messen mag natürlich auch ungerecht erscheinen. Ich will ihnen allen, auch den von mir bereits erwähnten Boulevardkritikern zugestehen, daß in unserer schnellebigen Zeit, in der ja ein Ereignis das andere jagt, dem Kritiker oft die Zeit und der in seinem Blatt zur Verfügung stehende Raum fehlt, um musikwissenschaftlich oder musikästhetisch tiefer zu loten. Aber eine sorgfältige und taktvolle Formulierung dürfte bei einem »Profi« keine Zeitfrage sein.

Nach diesen Ausführungen wird mich nun der Kritiker mit Recht fragen dürfen: Künstler, wie hättest du es nun gern? Wem soll ich es denn recht machen? Dem Wertanspruch der Kunst, den ich genauso achte wie du, oder dem Publikum, das allerdings immer eine unberechenbare Größe in meiner und deiner Kalkulation darstellen wird? Soll ich es allein dir recht machen, der nur das Lob vernehmen will, oder vielleicht nur mir, der ich eine Befriedigung darin sehe, andere zu kritisieren? Die Antwort ist gar nicht so einfach. Künstler und Kritik – das wird immer ein heikles Thema bleiben. Der Interpret begibt sich da notgedrungen ein bißchen auf das »Glatteis«; und die Gefahr, nach irgendeiner Seite auszurutschen, ist sehr groß. Wie dem auch sei: ob man zur Kritik positiv oder negativ steht, ist Ansichtssache. Ignorieren vermögen wir sie alle nicht. Wenn ein Künstler behauptet, daß er keine Kritiken über sich liest, dann spielt er Theater – und zwar schlechtes!

Unsere Probleme mit der Kritik verdrängen wir gern, indem wir versuchen, uns über sie mit Kalauern und Bonmots hinwegzusetzen, etwa mit diesem: »Mach Dir keinen Kummer, morgen kommt die nächste Nummer!« Der Komponist Max Reger drückte es noch drastischer aus und schrieb einem Rezensenten: »Ich sitze im kleinsten Raum meiner Wohnung und habe Ihre Kritik vor mir. Bald werde ich sie ›hinter‹ mir haben!« Nun, ich glaube, ganz so sorglos und überlegen, wie wir uns, einschließlich Max Reger, geben, stehen wir unseren Kontrahenten mit der spitzen Feder wohl doch nicht gegenüber.

Kunstwerke überleben ihre Schöpfer und sind auch in späteren Jahren beurteilbar. Die Interpretation aber lebt nur vom Augenblick, im nächsten Moment ist sie schon Erinnerung. Auch die aktuellste Kritik darüber ist Erinnerung. Aber wir haben gegenüber der schöpferischen Kunst die einmalige Chance, unsere Leistung zu wiederholen, zu kontrollieren und zu verbessern. Und dazu könnte uns die Kritik ein Helfer sein, und wir Künstler sollten die Kraft haben, sie als solchen anzunehmen.

Eine Rollenanalyse aus dem Publikum

Es bleibt nicht aus – und wäre es anders, müßte man sich fragen, aus welchem Grunde wohl –, daß man als anerkannter Künstler auch viele Verehrerpost bekommt. Da gibt es kurze sachliche Autogrammwünsche, schwärmerische Teenagerelogen, sachkundige Stellungnahmen von erfahrenen Opernstammbesuchern, natürlich auch Bittbriefe, Lob und manchmal auch Kritik, die aber fast immer gutgemeinter Absicht entspringt. Die verschiedensten Temperamente und Charaktere aller Altersgruppen offenbaren sich da dem Künstler als sein Publikum. Wenn dann die Briefschreiber gar ins Detail der Rollendarstellung gehen und damit signalisieren, daß man »angekommen« ist, empfindet man das als eine schöne Bestätigung der eigenen künstlerischen Absichten. Ich habe mitunter seitenlange, interessante Briefe erhalten, die zeigten, daß mancher Opernbesucher sachkundig mit dem betreffenden Werk und meiner Rolle vertraut war. Oft übertraf der Inhalt und die Beurteilung der künstlerischen Leistung dabei in Stil und Qualität manche schnell zusammengeschriebene journalistische Fachkritik.

Im September 1983 sang ich anläßlich meiner 30jährigen Zugehörigkeit zur Deutschen Staatsoper Berlin den FLIEGENDEN HOLLÄNDER. Wenige Tage später erhielt ich u.a. einen Brief einer Besucherin aus Halberstadt, den ich hier ausnahmsweise einmal veröffentlichen will. Ich tue dies nicht, um damit zu prahlen, sondern weil mir dieser Brief besser als jede eigene Rollenanalyse bestätigt, daß meine Interpretationsabsichten vom Publikum verstanden worden sind. Beim Lesen solcher Briefe gibt es für mich eine Genugtuung, ich möchte sogar sagen, ein glückliches Gefühl, das mir ein wesentliches Kriterium für das vieldeutbare und verlockende Wort Erfolg zu sein scheint: Wenn nur eine(r) im Publikum meine Interpretation als richtig empfindet und sie annimmt, dann hat sich der ganze künstlerische Einsatz schon gelohnt. Als ich z. B. meinen ersten König Marke in TRISTAN sang, fühlte ich mich stimmlich und auch darstellerisch noch etwas unsicher. Ich hatte mich wohl nicht richtig auf diese wunderbare, tragische Figur eingestellt. War es zu sehr Klage, was ich da bot, klang es zu larmoyant? Oder war die Anklage zu aggressiv, sang ich zu weich oder zu hart? Es dauerte eine Weile, bis ich meiner Sache sicher war und hinter meiner Auffassung von der Rolle wirklich »stand«! Da bekam ich auch solche Briefe, in denen nicht nur schwärmerisches Lob und gutgemeinte Glückwünsche standen, sondern die auch ein paar gute Ratschläge gaben und – was mich besonders freute – positive Vergleiche mit großen Rollenvorgängern zogen. Der Beifall am Abend ist gewiß eine wunderbare Sache. »Wir leben davon« – sagen wir immer. Aber er ist letztlich eine spontane Angelegenheit – und damit auch flüchtig. Solche Briefe aber, die sich mit unserer Arbeit auseinandersetzen, zeigen, daß eine künstlerische Leistung auch über den Abend hinauswirken und manchmal auch zum Nachdenken anregen kann.

Der nachfolgende Brief, mit dem ich hoffentlich keine Indiskretion der Briefschreiberin Silke (deren Zunamen ich nicht ganz entziffern konnte) gegenüber begehe, hat mich sehr beeindruckt und bewegt. Ich könnte sicher eine ausführliche Rollenanalyse des Holländer geben, einer Rolle, die ich immer sehr gern singe, weil ich glaube, daß sie meiner Stimmlage gut liegt, aber sicherlich keine treffendere und, was meine Rollenauffassung betrifft, auch keine authentischere.

Auch im künstlerischen Leben gibt es mitunter Alltag, und gar zu schnell wird manchmal eine Repertoirevorstellung nur als »Dienst« angesehen. Solche Briefe aber erinnern einen immer wieder daran, daß in jedem Publikum mitdenkende und erwartungsfrohe Menschen sitzen, die keinen weiten Weg, keine Zeit und Kosten scheuen, um aufmerksam und kritisch einem künstlerischen Ereignis beiwohnen zu können. Für sie lohnt es sich, immer das Beste geben zu wollen. Daran möge uns ein solcher Brief auch erinnern!

Halberstadt, den 19. 9. 83

Sehr verehrter Herr Kammersänger!

Endlich ist es mir gelungen, den FLIEGENDEN HOLLÄNDER mit Ihnen zu erleben. Meine herzliche Gratulation zu Ihrem Jubiläum, das mit gestriger Aufführung wohl kaum besser begangen werden konnte. Noch nie habe ich diesen »Unseligen« mit soviel Seele interpretiert erlebt, wie durch Sie. Sie verleihen der Figur in ihrer Verzweiflung, Verbitterung, Resignation aber auch Trotz echtes, zutiefst berührendes Leben. Selbst das gewisse Pathos – mit den entsprechenden Gesten – an einigen Stellen im Monolog wirkt nie aufgesetzt und leer, sondern immer wahrhaftig. Ich fand es mal schön, wenn immer viel Bewegung, viel Aktion auf der Bühne ist. Aber zum Glück komme ich langsam dahinter, daß dabei oftmals die Musik einfach totgespielt wird. Man ist doch besser beraten, der Musik zu vertrauen. Durch Ihre Interpretation ist mir das auch wieder sehr deutlich geworden. Mit sparsamen äußeren Mitteln erreichen Sie weitaus größere Wirkungen, als mit übertriebenem Aktionismus, der dann oft aufgesetzt und unecht wirkt. Letzteres ist, glaube ich, auch tödlich für die Interpretation des Holländers. Allein, wenn Sie nur still stehen, spürt man schon eine ungeheure innere Spannung. Beeindruckend für mich war, wie Sie die Gefühlssteigerung – mir fällt kein besseres Wort ein – des Holländers im Verlauf der Handlung zum Ausdruck bringen. Diese gewisse Starrheit und Unnahbarkeit brechen Sie im Verlauf der Szene mit Senta. Bei Ihnen wird der Holländer nun »ganz und gar Mensch«, wie Wagner ja selbst äußerte. Einige Details fand ich auch sehr schön, z. B. das kurze Zurückweichen nach Sentas Treueschwur, wie im Zweifel gepaart mit Hoffnung; es ist zu unglaublich für ihn. Im 3. Akt konnte man schon an der Art, wie Sie aus dem Schiff herauskommen, genau ablesen, wie es im Holländer aussieht: dumpfe Ahnung, Zweifel, Angst vielleicht auch schon um Senta. Seine Verzweiflung ist am Schluß auch viel stärker, als zu Beginn. Jetzt ist er wirklich am Ende! Und das zeigen Sie. Daher sicher auch die unkontrolliert wirkenden Bewegungen – er verliert die Selbstbeherrschung –, z.B. dieses förmliche Losreißen von Senta, dieses krampfhafte Festhalten am Schiffstau, oder auch wie er sich, nachdem er sich zu erkennen gab, verzweifelt die Hände vor's Gesicht hält und zurück ins Schiff stürzt, wie von Grauen vor sich selbst gepackt. Das war ungeheuer erregend. Das Finale war für mich der Höhepunkt Ihrer Holländer-Interpretation.

Aber vor allen Dingen bewegte mich Ihre ausdrucksstarke stimmliche Gestaltung – das Herzstück Ihrer Interpretation. Diese langsame Steigerung im Monolog, von fast tonlosem Beginn bis zu kraftvollen, verzweifelten Ausbrüchen. Die Stelle »Dich frage ich, gepries'ner Engel ...«, wie eine verzweifelte Bitte vorgetragen, ging mir besonders unter die Haut. Auch den Egoismus des Holländers machen Sie deutlich durch dieses sehr scharfe, fast erschreckende, abstoßende »Sie sei mein Weib!« oder »So ist sie mein!« Aber danach gleich wieder das verzweifelte Festhalten an einem Fünkchen Hoffnung durch die bange Frage »Wird sie mein Engel sein?«. Gefallen hat mir auch die Entwicklung in der Szene mit Senta. Diese inneren Gedanken des Holländers zuerst ganz ruhig, ohne jede Steigerung und Erregung in der Stimme, förmlich wie ein vorsichtiges Tasten. Er kennt ja Sentas Gefühle noch nicht – selbst bei seinen eigenen ist er noch unsicher –, ist nur von ihrem Anblick fasziniert. Für allzu große Hoffnungen ist es sicher noch zu früh. Erst im Verlauf der Szene wird dann Ihre stimmliche Gestaltung intensiver. Schon auch diese noch etwas zaghafte Hoffnung und Erleichterung in Ihrer Stimme bei »Welch holder Klang ...« und dann der freudige, heftige Ausbruch »Du bist ein Engel ...«. Im Finale berührte mich auch sehr stark diese Selbstanklage, die in Ihrer Stimme mitschwang bei »Zahllose Opfer fielen ... durch mich ...«.

Aber ich will mich nicht noch mehr in Einzelheiten verlieren. Ich freue mich nämlich immer besonders an Details einer Inszenierung bzw. Interpretation. Aber eigentlich kann ich meine Begeisterung über Ihren Holländer gar nicht recht in Worte fassen.

Vielen Dank, und nicht nur für Ihren Holländer,
viel Erfolg und Schaffenskraft weiterhin

Silke ... (leider unleserlich)

Soweit einer von vielen Briefen, der mich besonders erfreute, nicht weil er so viel Lob enthält, sondern weil er mir anzeigte, daß ich verstanden worden bin. Eine Rollenauffassung zu erarbeiten ist nämlich nur die eine Seite einer Bühneninterpretation – sie am Abend trotz aller Nerven- und Stimmbelastung auch über die Rampe zu bringen, wohl die weit schwierigere Aufgabe.

Talent ist nur die eine Hälfte ...

Warum sieht man eigentlich immer so gespannt zu, wenn einer einen Salto mortale unter der Zirkuskuppel vorführt? Wäre man hundertprozentig überzeugt, daß er nicht herunterfällt, würde man diese Darbietung, die ja nicht ungefährlich ist – schließlich heißt sie ja übersetzt: Todessprung –, mit viel weniger Spannung und Erregung verfolgen. Kalkuliert man nicht ein, daß der da oben nicht doch herunterfallen könnte? Außerdem weiß man auch genau, daß man z. B. nicht in der Lage ist, selbst »über das Seil zu laufen«. Dieses Spiel mit dem Feuer, das einen so erregt, ist es nicht bei jeder artistischen, sprich künstlerischen Leistung, also auch bei jeder Interpretation, dabei? Zu einem bestimmten Zeitpunkt ist man ein Auserwählter, der einer bestimmten Masse von Menschen, die erwartet, daß man »es« kann, etwas Außergewöhnliches und Gutes bieten muß. Als ich im antiken römischen Theater von Orange (Südfrankreich) in einer herrlichen, sternklaren Nacht vor etwa 12000 Menschen den Wotan gesungen habe und so allein in der weiten Arena stand, wußte ich, daß ich nicht »abstürzen«, versagen und die Zuschauer enttäuschen durfte. Natürlich besteht beim Singen keine Lebensgefahr, aber auch für mich hieß es: jetzt oder nie! Half mir da der Gedanke, daß die Zwölftausend den Wotan eben nicht singen konnten, ich aber unter ihnen auserwählt war, dies zu tun? Wenn dies auch objektiv sicher zutrifft, so kamen mir im Gegenteil Zweifel: Wieso eigentlich ausgerechnet ich? Wollen die mich wirklich alle hören? Bildest du dir das nicht bloß ein? Ich spüre in solchen Augenblicken immer, daß dem vermessenen Anspruch, Künstler sein zu wollen, schon etwas Abenteuerliches anhaftet.

Wenn ich vom Auserwähltsein des Künstlers spreche, weiß ich, daß ich mich auf ein gefährliches Gebiet begebe. Ich muß mich fragen, ob da nicht eine dünkelhafte Selbstüberschätzung naheliegt. Und doch wird ein Mensch, der einen künstlerischen Beruf mit all seiner persönlich gebundenen Selbstdarstellung, wie sie z. B. beim Virtuosen oder Sänger der Fall ist, erwählt hat, in seiner ganzen Laufbahn ständig mit einem Ausleseprozeß, eben dem »Auswählen« und »Auserwähltsein« konfrontiert. Da gibt es schon am Anfang die Aufnahme- oder Eignungsprüfung, später dann Wettbewerbe, Vorsingen, kritische Vergleiche, Konkurrenzdenken, Erwartungshaltungen des Publikums; wenn es gut läuft, auch Preise und Titel etc. Immer muß man sich einer Auswahl stellen, sich qualifizieren, hervorheben, also wohl doch »auserwählt« werden oder sein. Trifft nicht auch auf die Künstler das Matthäus-Evangelium zu: »Denn viele sind berufen, aber wenige sind auserwählt«? Wenn sich endlich der große Erfolg einstellt, dann allerdings wird aus der Bestimmung des Auserwähltseins die große Verpflichtung. Es beginnt die schwerste Strecke der künstlerischen Laufbahn, denn nun muß der Erfolg bei jedem neuen Auftreten verteidigt, das Auserwähltsein ständig neu bewiesen werden. Wird am Anfang wohlwollend das Talent registriert, erwartet das Publikum vom großen, erfahrenen Künstler nur noch Meisterschaft.

Natürlich ist zunächst das Talent unabdingbare Voraussetzung jeder erfolgreichen künstlerischen Tätigkeit. Aber was liegt zwischen Talent und Meisterschaft? Was gehört dazu, um eine besondere Begabung zu pflegen, aufzubauen, zu fördern und zu fordern? Ich will versuchen, diesen undefinierbaren Zwischenraum, das Vakuum, das zwischen Talent und Meisterschaft zu liegen scheint, mit meinen Erfahrungen etwas näher zu untersuchen. Es liegt auf der Hand, daß ich mich in einer Sängerwerkstatt dabei besonders mit den Kriterien des Kunstgesanges befasse.

Vom erfolgreichen Künstler, vom »Gesangsstar«, wird

schnell behauptet: Na ja, er hatte eben Talent und Glück! Und vom jungen Begabten wird – vielleicht etwas weniger schnell – gesagt, daß er es mit seinem Talent schon »schaffen« wird. Aber was liegt zwischen Anfang und künstlerischem Zenit? Nichts weiter als Zeit, in der sich alles von allein entwickelt und reift – eine Lücke? Das erwähnte Vakuum wäre dann ein Widerspruch in sich, denn existierte es wirklich, käme es wohl nie zur Meisterschaft. Diese nicht zu berechnende Strecke zwischen Talent und Meisterschaft ist gepflastert mit Fleiß, Arbeit an sich selbst, Zähigkeit, Besessenheit, Geduld, Erfolg, Rückschläge und wohl auch ein bißchen Glück, auf das man sich nur nicht verlassen, ihm höchstens durch Selbstdisziplin und Bescheidenheit dankbar sein sollte. Aber vielleicht ist Zufall ein besseres Wort für Glück, denn der spielt in mancher Karriere schon eine gewisse Rolle. Allerdings sollte man auf Wunder nicht hoffen. Die gibts nur in Künstlerlegenden und -anekdoten!

Natürlich braucht eine künstlerische Entwicklung ihre Zeit, bei dem einen weniger, bei dem anderen mehr. Da kann man keine Norm aufstellen. Hier haben die Gesangslehrer eine besondere Verantwortung; aber auch die angehenden Künstler müssen lernen, sich in Ausdauer und Beharrlichkeit zu üben. Man sollte gerade in unserem Beruf nicht den zweiten Schritt vor dem ersten tun, so verständlich jugendliche Ungeduld und Vorwärtsstreben sind. Ich bin meinem Lehrer Rudolf Dittrich heute noch dankbar, daß er mich während meines Gesangsstudiums immer mit Vorsicht vor stimmlicher Überforderung zur Geduld und Besonnenheit ermahnte. Eines Tages kam in unsere Gesangsstunde der Intendant des Görlitzer Theaters und wollte mich anhören. Er hatte von dem »jungen talentierten Sänger« gehört. Ich sang – wie könnte es bei jungen Bassisten anders sein? – die Arie des Sarastro »In diesen heiligen Hallen« vor. Um meine Höhe zu testen, ließ man mich noch das Gebet des König Heinrich aus LOHENGRIN singen. Der Erfolg war, daß er mich noch im selben Jahr nach Görlitz verpflichten wollte. Ich war natürlich sofort Feuer und Flamme. Endlich sollte es losgehen! Doch in der nächsten Stunde führte mein Lehrer mit mir eine ernste Aussprache. Bei aller Freude über den ersten »Erfolg« legte er mir nahe, diesen Schritt doch zu überdenken und mit einem Engagement noch zu warten. Es wäre besser, ein Jahr intensiv weiter zu arbeiten und es dann mit einem Vorsingen an der Dresdner Staatsoper zu versuchen. Seinem fürsorglichen Rat bin ich heute noch dankbar; denn vielleicht wäre ich – unfertig wie ich war – in der »Provinz« vorzeitig verschlissen worden. Womit nichts gegen die nützlichen Erfahrungen vieler Kollegen in ihrer Anfängerzeit an kleineren Theatern gesagt werden soll.

Am Beginn jeder künstlerischen Laufbahn muß natürlich die besondere Fähigkeit und Veranlagung, das Talent, stehen. Aber es muß auch entdeckt werden! Wenn es auch bei Goethe im »Torquato Tasso« richtig heißt: »Es bildet ein Talent sich in der Stille!«, so kommt doch den heutigen Erziehern, Eltern und Künstlern und der gesamten gesellschaftlichen Öffentlichkeit bei der Talentefindung und -förderung eine besondere Verantwortung zu. Ist die Auswahl geschehen, muß dem Begabten aber auch von Anfang an klargemacht werden, daß – wie der Dirigent Georg Solti sagte – Talent nur die eine Hälfte ist. Den anderen Teil muß man sich selbst erarbeiten, d. h., »... man muß *es* machen wollen«. Das wahre Talent manifestiert sich daher auch in der Unbeirrbarkeit und inneren Sicherheit, die dazu noch wächst, wenn es sich folgerichtig weiterentwikkelt. Ohne sich selbst zu überschätzen, wird es einen festen Glauben an sich selbst haben.

Ein wichtiger Bestandteil eines künstlerischen Talents schließt auch Konzentrationsfähigkeit, Ehrgeiz und Intensität ein. Aber alle diese hervorstechenden Merkmale werden vergeblich sein, wenn sich Talent nicht mit dem notwendigen Fleiß paart. Dann wird die Meisterschaft ein Wunschtraum bleiben. Denn auch für den noch so begabten (Gesangs)-Künstler gilt Friedrich Schillers Rat: »Voraussetzung des Lebens ist die Arbeit. Das Ziel: Glückseligkeit und Erfolg.« Wobei ich erfahrungsgemäß sagen möchte, daß der Künstler Glückseligkeit nicht mit Rausch verwechseln darf. Denn des Künstlers Ziel: Erfolg und Größe birgt auch Gefahren der Eitelkeit und Selbstgefälligkeit in sich. Der Erfolg darf kein bequemes Ruhekissen werden. Er kann auch zur Last und Qual werden; nämlich dann, wenn er uns verwöhnt oder gar rastlos weiterhetzt! Der Erfolg bekommt einen falschen Wert, wenn man ihn erhaschen und durch Bluffen übersteigern will. Dann ist es ein Schein-Erfolg, und der Größenwahn ist nicht mehr weit. Viele von uns, die großen Starruhm erworben haben, verloren damit oft auch etwas sehr Wichtiges: das innere Gleichgewicht. Ist dieses aber abhanden gekommen, besteht gerade auf den Gipfeln des Ruhms die Gefahr des Absturzes.

Wenn das junge Talent nun den Rat Georg Soltis befolgen soll, es »machen zu wollen« und den »anderen Teil« zu erarbeiten, wird es uns Ältere mit Recht fragen: Welchen Weg soll ich denn gehen, gebt mir euren Rat! Wie kann ich künstlerische Meisterschaft erreichen? Hier muß man aus Erfahrung sofort einschränkend sagen: Wer kann diese schon für sich in Anspruch nehmen? Solange man künstlerisch tätig ist, versucht man, nach ihr zu streben. Daher sind praktische Ratschläge nicht einfach zu geben. Sie schriftlich niederzulegen ist aber noch schwerer, wenn nicht unmöglich. Es ist ja eine unumstrittene Tatsache, daß man z. B. das Singen nicht aus Büchern lernen kann. Das ist nur in der täglichen praktischen Übung und unter Anleitung erfahrener Gesangspädagogen zu erreichen. Und auch die können im Idealfall nur zeigen, wie es gemacht wird. »Machen« muß es aber auch das begabteste Talent schließlich selbst. Denn Singen ist letztlich eine zutiefst menschliche, persönliche Äußerung, die sich mehr im Unterbewußten abspielt. Wenn der Ton, den wir von uns geben, eine »Andeutung des inneren Lebens« ist, wie es in Pieres »Enzyklopädischem Wörterbuch« von 1825 heißt, und wir fragen, wie er erzeugt wird und warum er bei jedem Menschen anders klingt, kommen wir zu der Feststellung, daß die menschliche Stimme, ob Natur oder künstlerisch vervollkommnet, eine geheimnisvolle und unerklärbare Angelegenheit ist und bleibt.

Helge Rosvaenge, mit dem ich noch einige Jahre auf den Bühnen der Deutschen Staatsoper Berlin und der Wiener Staatsoper stehen konnte, gab in einem »Leitfaden für Gesangsbeflissene« folgendes Credo ab, dem ich mich anschließen möchte: »Selten gibt es auf einem Gebiet der Wissenschaft so viel Widerspruch wie bei der Erforschung der menschlichen Stimme im Dienste der Kunst ... sie ist wohl das diffizilste, aber vielleicht auch das schönste Organ der tönenden Welt, und ihr muß die pfleglichste Behandlung zuteil werden, soll sie sich zu letzter Reife und Blüte entfalten.« Hier haben die Gesangspädagogen, auch die jungen Begabungen selbst, vor allem aber die, welche später mit unseren Talenten arbeiten sollen, die Intendanten, Regisseure, Kapellmeister und nicht zuletzt wir älteren Kollegen eine hohe Verantwortung zu tragen, damit kostbares Material nicht vorzeitigem Verschleiß ausgesetzt ist.

Wenn junge Sänger ihr erstes Engagement antreten, dauert es oft einige Zeit, bis sie begreifen lernen, daß Singen und eine Rolle ausfüllen, nicht nur Stimme-*Geben*, sondern auch Stimme-*Führen* heißt. Hier müssen wir ihnen helfen, frisch erworbenes Können künstlerisch und vor allem auch ökonomisch anzuwenden und ihren Einsatz und Elan in die richtigen Bahnen zu lenken. Denn wenn man sich auf die gestalterische Ausdruckskraft konzentrieren muß, wodurch ja Kunst überhaupt erst einmal entsteht, bleibt bei der Bewältigung einer großen Bühnenrolle überhaupt keine Zeit mehr, über gesangstechnische Fragen nachzudenken, geschweige denn, mit ihnen zu experimentieren.

Daher fand ich es eine interessante und notwendige Aufgabe, als die Dresdner Hochschule für Musik »Carl Maria von Weber« an mich herantrat mit dem Wunsch, ob ich einmal einen Kursus über »Gesangsinterpretation in Oper und Lied« übernehmen wollte. Es ging also nicht in erster Linie um gesangstechnische Fragen, obwohl sie dabei schließlich nicht ausgespart blieben, sondern um Interpretationsfragen, um Probleme des gestalterischen Ausdrucks. Die Aufnahmebereitschaft, ja Begeisterung und Besessenheit, mit der die jungen Sänger da bei der Sache waren, offenbarte, daß hier ein großer Nachholebedarf besteht. Sie waren dankbar, daß einer, der fast täglich auf den großen Bühnen immer von neuem die Feuertaufe der künstlerischen Bewährung durchstehen mußte, ihnen praktische Ratschläge aus seiner Erfahrung übermittelte und sie nicht als Schüler, sondern als junge Kollegen ansprach. (Es erfüllte mich mit großer Freude, daß einige von ihnen später tatsächlich in der Semperoper neben mir auf der Bühne als Partner sangen!) Ich konnte ihnen dabei beweisen – und nicht wenige der Studenten waren darüber erstaunt –, daß die Grundfragen jeder Interpretation, wie z. B. die Wahrhaftigkeit des Ausdrucks, das Erfühlen und Erfüllen einer sängerischen Phrase, die ganze Disposition zum Singen für *beide* Formen der Gesangskunst, Oper und Konzert bzw. Lied, uneingeschränkt Geltung haben. Die Grenzen zwischen Opern- und Liedgesang, die in früheren Anschauungen oft sehr streng gezogen wurden, haben sich in unseren heutigen Interpretationsauffassungen doch weitgehend verwischt. Der Bühnensänger muß heute, selbst in den »schweren« Wagner-Opern auch die Erfahrungen des Liedgesanges, d. h. eine schlanke und ausgeglichene Tongebung, das gestützte Piano oder das Strömenlassen der Stimme ohne Druck und Anstrengung in seine Interpretation einbringen; wie umgekehrt der Liedersänger den dramatischen Impuls und die Spontaneität des Bühnengesanges beherrschen muß, damit sein Vortrag nicht in eine akademische Künstlichkeit abgleitet und der lebendige Organismus seiner Stimme eingeengt wird.

Wenn man nun mit den jungen angehenden Sängern interpretatorisch arbeitet, wollen sie natürlich erst einmal beweisen, was sie in der Gesangsstunde gelernt haben, zeigen Stimme vor und singen so schön sie können, was ja durchaus verständlich und zu loben ist. Man kann ihnen dann nicht nachhaltig genug klarmachen, daß heute auf der Bühne mehr gefragt ist als ein rein ästhetisch vollendeter Stimmklang. Man erwartet vom singenden Menschen, daß er seine stimmlichen Äußerungen in Vitalität und geistiger Aussage nacherlebt. Nicht Stimmbesitzer mit leeren Gesten sein, sondern einem menschlichen Charakter, einer geistigen Situation, einem Gedanken stimmlich den wahren Ausdruck zu geben, darauf kommt es letztlich an. Ein Ton, eine Phrase kann schön, muß aber auch zuweilen schaurig, kalt, häßlich oder verletzend klingen können, wenn es die Situation verlangt. Das kostet Mut und Kraft. Ein Schönsänger wirkt sicher am Anfang verblüffend; wenn sein Gesang aber nur immer angenehm tönt, wird er auf die Dauer langweilig und fad. Die »primadonna assoluta« unseres Jahrhunderts, Maria Callas, feierte ihre Triumphe und faszinierte die Opernbesucher nicht nur wegen ihrer stimmlichen Fähigkeiten. Bei ihr blieb die Technik immer dem Ausdruck, die Stimmschönheit der dramatischen Wahrheit untergeordnet. Stimme und Emotion waren für sie untrennbar, wenn sie sagte: »Es genügt nicht, eine schöne Stimme zu haben. Was heißt das? Wenn man eine Rolle interpretiert, so muß man über eine Palette von tausend Farbtönen verfügen, um Glück, Freude, Sorge, Furcht wiedergeben zu können. Wie kann man dies mit einer ›schönen‹ Stimme erreichen? Wenn man ›unschön‹ singt, wie ich das manchmal getan habe, so ist dies vom Ausdruck her notwendig … Man muß die Menschen dann überzeugen von der Richtigkeit dessen, was man tut.«

Auch am großen Caruso war es nicht *nur* seine Stimme,

die man bewunderte (sie war übrigens im 36. Lebensjahr des Tenors schon arg strapaziert), sondern vor allem sein »ausdrucksvoller« Gesang, womit eben seine Interpretation gemeint war.

Ich sehe also meine Aufgabe in solchen Interpretationskursen nicht darin, zu zeigen, wie dieser oder jener Ton zu erzeugen, der Atem einzuteilen ist, der Stimmansatz präzis gehandhabt wird usw. Ich möchte meinen jungen, angehenden Kollegen vielmehr glaubhaft machen, daß der Gesang für sie eine notwendige Lebensäußerung der jeweilig darzustellenden Figur sein muß. Der Seelenzustand des Agierenden, der innere Gedanke eines Liedes – die humane Grundhaltung und Nachdenklichkeit eines Hans Sachs, der Machtanspruch und die Zwiespältigkeit des Gottes Wotan, aber auch die Eiseskälte in der geistigen Landschaft der WINTERREISE oder die Traum- und Blumenwelt der DICHTERLIEBE – muß die Auslösung, der Impuls zur gesanglichen Äußerung sein. Die Stimme darf also nicht Selbstzweck sein. Walter Felsenstein lehrte uns, daß »der musikalische und konzentrationsfähige Sänger die physisch phonetische Funktion der Stimme in seinem Bewußtsein zugunsten der besonderen Aussage zurückzudrängen hat, die Gewohnheit des Singens vergessen muß ... Die Gefahr des bloßen Rezitierens wird überwunden, wenn der Anlaß zur musikalischen Äußerung erkannt wird.« Diesen Anlaß finden zu helfen muß Aufgabe des erfahrenen Kollegen in einem solchen Kursus sein.

Auch die kleinste Rolle muß man als eine in sich abgeschlossene Gestalt sehen, auch sie hat irgend etwas Charakteristisches, das es stimmlich auszudrücken gilt. In den wenigen Tönen des 2. Gefangenen im FIDELIO muß z. B. Umsicht, Vorsicht, Erfahrung des Älteren mitschwingen. Diese Phrase setzt sich ganz deutlich von der Hoffnung und Zuversicht des 1. Gefangenen ab. Dies auszudrücken, genügt der schöne Ton allein eben nicht. Ohne die innere Anteilnahme werden aneinandergereihte schöne Töne immer ein seelenloser akademischer Gesang bleiben, der niemanden erschüttern kann. Unser Instrument sind nicht nur unsere Stimmbänder, sondern der ganze Körper vom Scheitel bis zur Sohle. Das spüren wir ja immer dann, wenn wir irgendwo ein Wehwehchen haben, im Rücken, am Bein oder wo auch immer. Es fehlt uns dann die (innere) Kraft und Einstellung zum Singen. Wenn wir uns als künstlerische Persönlichkeit äußern, darf nicht nur unsere Stimme klingen, sondern es muß der ganze Mensch, es müssen unsere Sinne, Seele und Gedanken mitschwingen. Die Kraft unseres gestalterischen Ausdrucks wird den Gesang – und der Gesang wiederum kann die Gestaltung erhöhen. Nur so wird der Sänger auch künstlerisch überzeugen können.

Bei aller geforderten emotionellen Aussage stellt sich aber dem Sänger auch das Problem, daß er das kostbare Gefäß seiner Stimme immer im Auge behalten und bewahren muß. Denn jedes unkontrollierte Forcieren in Stimme und Darstellung kann sich bitter rächen. Mit Rücksicht auf stimmliche Gegebenheiten müssen sich hier Besessenheit und Besonnenheit die Waage halten. Ein Problem des modernen Musiktheaters ist es, daß viele Regisseure dieses nicht kennen und nicht wahrhaben wollen. Die Gesangspädagogin Franziska Martienssen-Lohmann schrieb einmal über dieses sehr wichtige Problem des Bühnensängers die treffenden Worte: »Keine Gattung unter allen Künstlern büßt den bacchantischen Taumel des Dionysos so schwer wie gerade der Sänger. Je stärker er seelisch begabt ist, um so größer die Gefahr, sich dem Bereich der Seele blind zu überliefern. Bereich der Seele ist Hingabe, ist Selbstaufgabe. Ihr muß die Erziehung zur wachen Selbstbehauptung gegenübertreten. Wo diese verlorengeht, da geht die Stimme verloren.« Die Regisseure mögen das bitte nie vergessen: Die große Kunst einer gesanglichen Leistung auf der Bühne ist es, auch in den dramatischen Momenten, in höchster Verzückung oder Verzweiflung, immer einen Rest von Kontrolle über die eigene stimmliche Disposition zu bewahren.

Dem wahren Talent, der künstlerischen Begabung werden alle die hier – unvollständig – aufgezeigten Kriterien oft schon angeboren sein. Es wird von Natur aus dank seiner inneren Selbstsicherheit, einer bereits vorhandenen Disposition zum Singen und einem inneren Motor, der Disziplin einschließt, das »Vakuum« zwischen Talent und Meisterschaft mühelos ausfüllen können. Aber ihm sei auch gesagt, daß, wie in allen Bereichen des Lebens, eine hohe Begabung und Talent auch in der Gesangskunst nicht nur ein Geschenk der Natur, sondern auch eine Verpflichtung gegenüber der Gesellschaft, in unserem Falle gegenüber dem Publikum sind.

Auch Bach verlangt Stimme und Engagement

Erfahrene und routinierte Opernsänger, die uns mit ihren Gesangsleistungen zu begeistern und deren Bühnengestalten uns zu erschüttern vermögen, bleiben bei der Interpretation der Werke Johann Sebastian Bachs oft nur im durchaus anzuerkennenden Bemühen stecken. Auf den ersten Blick hin scheint das an der Verschiedenheit der Aufgaben zu liegen, die der Sänger in der Oper und im Oratorium zu vollbringen hat. Hat er auf der Opernbühne immer eine Person mit dramatischer Geste, in Maske und Kostüm, in einer Szene zu »verkörpern«, so ist bei der Interpretation Bachscher Musik in erster Linie die Konzentration auf die musikalisch-geistige Gestaltung vonnöten. In meinen frühen Anfängen, als ich vor meiner Verpflichtung an die Oper nur als Konzert- und Oratoriensänger tätig war, glaubte ich noch an die absolute Unvereinbarkeit der einzelnen Bereiche in Oper und Oratorium. Und natürlich ist mir auch heute wie damals bewußt, daß eine Verdi- oder Puccini-Arie anderen gesanglichen Gestaltungsprinzipien unterliegt als z. B. die KREUZSTABKANTATE von Johann Sebastian Bach. Aber als in der Tradition der »musica sacra« aufgewachsener Sängerknabe des Dresdner Kreuzchors versuchte ich doch lange Zeit die Gesangssoli in Bachs Kantaten und Passionen sehr instrumental und, wenn auch nicht gefühllos, so doch möglichst »neutral« zu singen. Das subjektiv-künstlerische Engagement, der totale Einsatz der Person, in der Oper hoch gelobt und gefordert, hatte wohl in der geistig-objektiven Gestaltung einer Bach-Arie nichts zu suchen. Gefühl zu zeigen, den Text bildhaft zu gestalten, dynamische Differenzierungen, Tempoveränderungen vom Text her abzuleiten galt – nicht nur für mich – als opernhafte Romantisierung, die ja in den Augen mancher orthodoxer »Bach-Spezialisten« einer Schändung der Musik des Thomaskantors gleichkommt!

Nach fast vierzigjähriger Tätigkeit als Bach-Sänger habe ich aber in zahlreichen Aufführungen die Erkenntnis gewonnen, daß »Bach-Gesang« alles andere heißt, als nur instrumental oder geistig-objektiv, neutral oder gar unengagiert zu singen. Instrumental oder konzertant singen darf ja nicht mit seelenlosem, gefühlsarmem oder temperamentslosem Gesang verwechselt werden. Auch in einer Bachschen Koloratur gibt es oft eine dramatische Aussage, sie ist nicht immer nur Form oder Selbstzweck. Der Schmerz der »Erbarme dich ...«-Altarie in der MATTHÄUS-PASSION oder das »Agnus dei« der h-moll-Messe bedingen wohl einen starken, gefühlvollen Ausdruck und eine lyrische, seelenvolle Tongebung, natürlich ohne äußerliche Schluchzer und unangebrachte Schwelltöne. Die verzweifelte Reue eines Judas in der Baß-Arie »Gebt mir meinen Jesum wieder« verlangt geradezu nach dramatischen Tönen. Das künstlerische Engagement, der totale stimmliche Einsatz, der uns bei guten Leistungen auf der Opernbühne so fasziniert, muß also auch im Oratoriumgesang gefordert werden.

Denn letztlich haben ja Opern und Oratorien – und hier besonders die Passionen – auch gemeinsame Bereiche, wie z. B. die Handlungsebenen in Rezitativen und die Betrachtung und Gefühle ausdrückenden Arien, natürlich mit der Einschränkung, daß in der Passion nichts szenisch dargestellt wird. Dabei ist die Dramatik des Vorgangs oft nicht weniger eindringlich. Welche ungeheuer erregenden, aber auch tief erschütternden Szenen gibt es in den Bachschen Passionen, die nur von Sängern gemeistert werden können, die viele Farben beherrschen und die auch die nötige zur Gestaltung drängende künstlerische Einbildungskraft besitzen, gepaart mit dem entsprechenden musikalischen Stilgefühl!

Nichts macht eine Passionsaufführung langweiliger und

geradezu uninteressant, als wenn die Evangelistenpartie in dem Glauben, objektiv berichten zu müssen, neutral, farblos und unengagiert gesungen wird. Wie bildhaft-plastisch, faszinierend und spannend erzählt uns mein in aller Welt geschätzter Freund und Kollege Peter Schreier da die Passionsgeschichte, in fast jeder Aufführung neue Nuancen auskostend! Er gibt uns eine realistisch-bildhafte Beschreibung von Situationen so emotionell, als wäre er selbst dabei gewesen. Aus unserer jahrelangen Zusammenarbeit heraus wage ich zu behaupten, daß in seine anschauliche, gar nicht »objektive«, sondern von innerer Anteilnahme erfüllte Schilderung sicher einige seiner Opernerfahrungen hinsichtlich gestalteter Menschenschicksale mit eingeflossen sind. Wenn also ein Sänger seine musikalischen Gestaltungsmittel beherrscht und er entsprechendes Stilgefühl besitzt, kann ihm die Arbeit in der Oper auch in Konzert und Oratorium wertvolle Hilfe sein.

Im künstlerischen Wert ist für mich eigentlich jedes Wirkungsgebiet gleichbedeutend; ich kann da keine schematischen Aufteilungen und Bewertungen machen. Obwohl ich die jeweiligen musikalisch-stilistischen Spezifika berücksichtigen muß, gibt es für mich nur die übergreifende Einheit jeder Gesangsdarbietung. Gewiß ist der Bach-Gesang wohl der diffizilste musikalisch-stilistische Balanceakt. Ein Zuwenig an Stimmklang und Ausdruck läßt die Interpretation eintönig, trocken und akademisch wirken. Ein Zuviel an Dynamik kann schnell als opernhaft, forciert oder sentimental erscheinen. Hier das richtige Maß zu finden, um eine frische und natürliche Darbietung zu erreichen, ist letztlich nur dem künstlerischen Geschmack des Interpreten allein überlassen. Daß dieser sich auch im Laufe der Jahre wandeln kann, analog dem Aufführungsstil Bachscher Werke im Wandel der Zeit, habe ich an mir selbst erfahren können. Als Sänger der Christus-Worte in den Passionen war mir schon durch meine musikalische Erziehung im Kreuzchor die besondere Gültigkeit dieser

Worte und die musikalisch auszudrückende Majestät bewußt. Jahrelang hörte ich von bedeutenden Vorgängern den göttlichen Nimbus der Christus-Worte in einem mitunter etwas frömmelnden Pathos vorgetragen. Bei der Gestaltung dieser wunderbaren Gesangsphrasen wollte der Sänger wohl jenen Heiligenschein imaginieren, der auf alten Gemälden die Christusfigur krönt. Ein gewisses Pathos ließ sich in dieser Interpretationsart natürlich nicht vermeiden. Auch ich war einige Zeit bei der Erarbeitung der Christusworte in dieser Tradition befangen. Der Respekt vor der Bedeutung der bis in unsere Zeit fortwirkenden Aussprüche des Evangeliums ließ mir da keine Alternative im künstlerischen Ausdruck. Heute versuche ich diesen Worten eine gewisse Natürlichkeit und Einfachheit zu verleihen. Man darf ja nicht vergessen, daß Jesus in diesem Passionsgeschehen keine Predigt oder Verkündigung für die Nachwelt hält, sondern daß dies alles nur eine – wenn auch für uns nachträglich tiefer lotende – Unterhaltung mit seinen Jüngern darstellt. Er ist ein Mensch – kein Übermensch –. Um dies zu betonen, ist die musikalische Ausdeutung der Gestalt von Bach ja auch mit einfachsten Mitteln geschehen. In der MATTHÄUS-PASSION sind die Worte in einfache Streicherharmonien gebettet, während in der JOHANNES-PASSION die Orgel die Begleitung übernimmt. Das Menschliche der Partie herauszuarbeiten, helfen dem Sänger sicher auch die Erfahrungen des Liedgesanges. Dabei muß man natürlich differenzieren zwischen dem Christus der MATTHÄUS-PASSION und jenem der JOHANNES-PASSION. Ist der eine als Mensch, Dulder und Erlöser mit göttlichem Nimbus zu charakterisieren, so ist jener als kämpfender Mensch gleichsam ein distanzgebietender König, bei dem wir auch bezeichnenderweise die menschlich so anrührende Abendmahlsszene vermissen.

Dem Sänger dieser Christusworte ist also die Aufgabe gestellt, die Balance zwischen innerer Größe, Seelennot, Anfechtung, Güte, aber auch äußerer Dramatik in einigen prophetischen Passagen zu halten. Dies ist für den Bach-Sänger in jeder Aufführung von neuem eine sängerische und musikalisch-stilistische Prüfung.

So gilt für diesen eigentlich die gleiche künstlerische Forderung wie für den disziplinierten Opernsänger, der sich ernsthaft mit seinen Rollen auseinandersetzt: auf äußerliche Effekte zu verzichten darf nicht bedeuten, ausdruckslos und ohne inneres Engagement zu singen! Stimme, Musikalität, Ausdruck und Gefühl sind in beiden künstlerischen Bereichen gefordert, nur die stilistischen Voraussetzungen sind unterschiedlich. Je tiefer man in Text und Musik eindringt, um so natürlicher wird man seinen Part vortragen und gestalten. So gilt eigentlich für jeden Gesangsvortrag, was Albert Schweizer vom Bach-Sänger fordert: »Gesangliche Kunst als solche darf in Bachschen Arien und Rezitativen überhaupt nicht bemerkbar werden, *so sehr* sie auch vorausgesetzt wird: Der Gesang muß im Gegenteil etwas Frische, Unbefangenes ... an sich tragen.«

Ein Mikrophon denkt nicht

»Wer meines Speeres Spitze fürchtet, durchschreitet das Feuer nie!« Wotans bewegender Abschied von seiner Tochter Brünnhilde klingt aus im herrlichen E-Dur-Nachspiel der Streicher und Harfen, das – wie Wieland Wagner es in Bayreuth immer formulierte – ein Publikum todsicher zu Tränen rührt. Im Schallplattenstudio »Lukaskirche« in Dresden herrscht zwar wie in einer Opernvorstellung zunächst atemlose Stille, aber niemand wird zu Tränen gerührt. Es ist kein Publikum da, auch erklang der Abschied bereits zum zweiten Mal. Ergriffenheit bedeutet also diese Stille sicher nicht, vielmehr denkt jeder Musiker, der Dirigent, vor allem aber ich selbst: »... das muß es gewesen sein!« Alle warten gespannt auf die vertraute Stimme des Aufnahmeleiters aus dem Studioraum: »Danke, gestorben!« Was bedeuten soll, daß die Aufnahme gelungen und damit beendet sei.

Eigentlich ein makabres Wort für eine gelungene Sache; andererseits: hat nicht auch das Sterben etwas mit Vollenden zu tun? Wie dem auch sei, wir sind hier mit Wotans Abschied noch nicht am Ende; denn sanft und vorsichtig meldet sich die Lautsprecherstimme: »Da war viel Schönes drin, und es war die Endfassung. Leider waren die sechs Harfen bei Takt x nicht ganz zusammen. Können wir bitte den letzten Abschnitt ab Takt y noch einmal haben?« Allgemeines Stöhnen – hier im großen Raum der Kirche klang doch alles so herrlich; bekommen wir das beim dritten Mal wieder so hin? Werden wir den großen Bogen, den emotionellen Elan einer lebendigen Aufführung, der bei einer erstmaligen Aufnahme trotz mancher Ungenauigkeit eigentlich immer vorhanden ist, wieder einbringen können? Oder wird bei der dritten bzw. vierten Aufnahme alles nur perfekt sein, leider aber auch den Anflug einer gewissen Sterilität haben? Mit diesen berechtigten Fragen wird der Kern des Problems einer Schallplattenaufnahme angeschnitten.

Wir leben ja in einer Zeit, in der sich durch die großen technischen Möglichkeiten ein Streben nach Perfektion auf allen Gebieten beinahe verselbständigt hat. Bringt uns dieses im täglichen Leben viele Annehmlichkeiten und Vorteile, so birgt es doch in Bereichen, die nicht nur dem Verstand und Kalkül unterliegen, so eben gerade im künstlerischen Leben, auch Gefahren in sich. Dabei ist nicht nur der Künstler als Interpret, sondern auch das Publikum als Zuhörer betroffen.

Wer sich zu Hause durch mehrmaliges Abhören perfekter, erstklassiger Aufnahmen auf ein Konzerterlebnis vorbereitet, hat nicht selten Schwierigkeiten, sich unvoreingenommen dem unmittelbaren Kunstgenuß hinzugeben, da er vielleicht die gleiche lupenreine Perfektion erwartet, die ihm auf »seiner« Schallplatte so vertraut ist. Der Künstler wiederum erreicht durch das Streben nach Perfektion (und die heutigen enormen technischen Möglichkeiten zwingen ihn ja dazu) eine Leistungsstufe, die durch das Fehlen wohltuender menschlicher Unzulänglichkeit jene bereits erwähnte Sterilität hervorrufen kann.

Natürlich garantiert die Schallplattenaufnahme im Studio unter optimalen Arbeitsbedingungen fast immer ein Höchstmaß an musikalischer Konzentration. So kann die Partitur, z.B. einer Oper, viel transparenter bis zu den letzten Feinheiten zum Klingen gebracht werden, als dies in nicht immer besten akustischen Bedingungen der Konzertsäle oder der Opernhäuser möglich ist. Werden wir Sänger dort mitunter vom Orchester »zugedeckt«, so kann im Studio auch die kleinste Stimme durch die Hilfe der Mikrophone und Lautstärkeregler bestens zur Geltung kommen. Fehler und Unregelmäßigkeiten, Temposchwankungen etc.

können durch Wiederholungen ausgeschaltet oder korrigiert werden. Stimmliche Ermüdungserscheinungen oder nervliche Belastungen an schwierigen Stellen, wie sie im Laufe einer anstrengenden Opernvorstellung mitunter auftreten können, werden vermieden, indem man z. B. den Schlußteil einer großen Rolle zuerst oder gesondert aufnimmt. Auch können die eingangs erwähnten Wiederholungen der Aufnahme zum Segen gereichen, weil sie ja immer die Chance zur Verbesserung bieten. Da aber die menschliche Stimme sehr sensibel ist und nicht, wie andere Musikinstrumente, beliebig oft belastet werden kann, ist man nie sicher, wohin das Pendel bei Wiederholungen ausschlägt: zur Leistungssteigerung einerseits, andererseits zur emotionslosen Sachlichkeit oder gar einfach nur zur Ermüdung?

Was man aber bei allen Vorteilen einer Studio-Aufnahme als Künstler immer vermißt, ist das Fehlen eines Publikums. Nicht, weil man sich produzieren und seine Eitelkeit befriedigen will, sondern weil einfach die intimen Schwingungen fehlen, die einer lebendigen Aufführung das Fludium verleihen und die unserer künstlerischen Arbeit die Berechtigung geben. Es ist halt schwierig, künstlerisch etwas zu vermitteln, wenn das Auditorium aus einem kleinen, unbarmherzig objektiven Metallstück, dem Mikrophon, besteht. Als ich in einem Berliner Studio in einer Abhörpause einmal ganz verzweifelt war, weil wir den Eindruck hatten, im großen Kirchenraum habe alles klanglich so wunderbar »gestimmt«, uns das Abhören aber so »trokken« vorkam und enttäuschte, wir die Ursache suchten und diskutierten, sagte ein Toningenieur (sonst nur mit technischen Problemen beschäftigt) den treffenden, beinahe philosophisch anmutenden Satz: »Ein Mikrophon denkt und fühlt eben nicht«. Hier scheint das Problem zu liegen, an dem manche Künstler vor dem Mikrophon oft scheitern. Vor einem lebendigen Publikum zu singen (und natürlich auch zu spielen) ist nicht nur interessanter, sondern vor allem auch anregender. Das Gefühl des Einmaligen und Unwiderruflichen, das dem Seiltanz des Artisten gleicht, fehlt eben letztlich im Studio. Es ist eigentlich auch nicht durch noch so eindringliche Selbstsuggestion zu erlangen. So ist man künstlerisch mit dem Ergebnis auch fast nie ganz zufrieden – mir geht es jedenfalls so.

Nun bereitet ja gerade eine Opernrolle vor dem Mikrophon schon einige Schwierigkeiten. Eine Person darzustellen, ohne sich bewegen zu können, ohne sichtbare Reaktion eines Partners, ohne Kostüm und Maske verlangt eine andere Konzentration als auf der Bühne. Manchmal ist es erforderlich, auf Zehenspitzen wahre Rösselsprünge von Mikrophon zu Mikrophon zu vollführen, um szenische Vorgänge akustisch glaubhaft zu machen. Die dabei nötige Körperbeherrschung vor dem Mikrophon, das jedes Bewegungsgeräusch, Notenumblättern, Fußbodenknarren, ja auch heftiges Atmen erbarmungslos wiedergibt, bedeutet für manchen stark emotional veranlagten oder auch undisziplinierten Künstler schon eine Art künstlerischer Zwangsjacke. Es bleibt auch oft eine gewisse Anonymität des Interpreten, eine Kluft zwischen Künstler und dem – unbekannten – späteren Hörer, die nur durch äußersten musikalischen Ausdruck und gestalterische Intensität überbrückt werden kann und muß. Auch hier gewinnt man erst durch mehrere Aufnahmen eine gewisse Schallplattenerfahrung, um diese Umstellung zu meistern.

Könnte der Käufer einer Schallplatte den Ablauf einer Studioaufnahme miterleben, würde ihm vielleicht manche Illusion beim Abhören daheim verlorengehen. So bietet sich dem unverhofften Besucher, z. B. im Studio der Dresdner »Lukaskirche«, auf den ersten Blick hin wohl ein chaotisch anmutendes Bild. Er erblickt ein Labyrinth von Kabeln, Steckern und Mikrophonen. Bei großen Opernaufnahmen habe ich schon bis zu 40 Mikrophone gezählt; selbst die Pauke hat da ihren eigenen »Zuhörer« und ist noch dazu von schalldämpfenden spanischen Wänden abgeschirmt. Bandmaschinen im Abhörraum, Mischpulte, Telephone und Monitore als geheimnisvolle Augen kontrollieren und beherrschen den exakt vermessenen Kirchenraum. Das Dirigentenpodest ist umgeben von Lautsprechern, Blinkanlagen und Telephonen, worüber bei den Musikern auch mancher Scherz die Runde macht. Greift der Dirigent zum Telephon oder läutet es, dann heißt es schon einmal: »Jetzt spricht er mit Mozart über das Tempo usw.« oder auch »Wagner ruft an und beschwert sich, was wir aus seiner Oper machen«. Den Abhörraum füllen Bänder, Partituren, Stoppuhren, Bandmaschinen, Kaffeetassen, volle Aschenbecher (nicht immer zur Freude für uns Sänger!) und beim Abhören vor allem viele Menschen. Wie, so fragt sich der Besucher, falls ihm in diese heiligen Hallen überhaupt Eintritt gewährt wird, kann hier in dieser Alchimistenstimmung künstlerisch gearbeitet werden? Wie kommen hier Höchstleistungen zustande, die kritischer Kontrolle und internationalem Maßstab gerecht werden müssen?

Manchmal gleicht die hektische Stimmung in einem Studio schon einem wahren Tollhaus, vor allem dann, wenn, wie z. B. bei der Meistersinger-Aufnahme 1974 unter Herbert von Karajan oder dem Fidelio unter Karl Böhm 1969 in Dresden geschehen, mit Solisten, Chor, Sonderchor und großem Orchester etwa 250 Menschen den Raum füllen. Dann muß jeder seinen musikalischen Part gut beherrschen, denn je mehr Instrumente, je mehr Menschen, um so größer auch die möglichen Fehlerquellen. Denn die Zeit der international stark beschäftigten Künstler des Jet-Zeitalters ist immer knapp bemessen und dadurch, wenn auch nicht Geld, so doch immerhin kostbar. An der Größe der künstlerischen Aufgabe wachsen die aus allen Himmelsrichtungen Angereisten schließlich für eine Weile zu einer großen Familie und verschworenen Gemeinschaft zusammen, die gewillt ist, auf ihrer Schallplattenaufnahme mit Disziplin und Hingabe künstlerische Höchstleistungen zu erreichen.

Beim gemeinsamen Abhören eines Aufnahmeabschnittes, eines »Take«, ist dann mit dieser »Familie« die selbstkritischste Künstlerschar der Welt versammelt. Jeder fühlt sich wie auf einer Anklagebank und bekennt sich je nach Temperament schuldig oder findet sich unmöglich. Aber das Abhören bringt auch Klarheit und Bestätigung einer eingebrachten Leistung. Ist hier etwas sehr gut, da aber etwas weniger gut gelungen, wird aus mehreren Aufnahmen zusammen ein vertretbarer Schnitt gesucht. Der Hörer darf davon allerdings nichts merken, er will schließlich den Gesamteindruck einer großen künstlerischen Leistung genießen. Auf dem internationalen Markt, für den wir ja produzieren, gelten hochgesteckte Anforderungen! Daher muß man sich, auch wenn es noch so schwer fällt und man nach einem fünften Anlauf müde ist, immer zu der Einstellung zwingen: »Jetzt oder nie!« Es kann ja jede Aufnahme die Endfassung bedeuten. Und wenn man diese dann im Abstand nach Monaten oder Jahren auf der Platte hört, freut man sich, daß sich diese wiederholte Anstrengung von »damals« doch gelohnt hat.

Nicht selten kommt es auch in den Abhörpausen zu interessanten Gesprächen über musiktheoretische oder auch allgemeine Lebensfragen zwischen den Beteiligten. Dabei muß es ja nicht immer nur um die Musik gehen. Mancher Text eines Liedes oder eines größeren Vokalwerkes gibt oft Anlaß zum Nachdenken über unser Leben schlechthin. Ich kann mich da gut an eine Aufnahme in der Berliner »Christuskirche« mit dem Orchester der Komischen Oper und dessen Chefdirigenten Rolf Reuter erinnern. Jener war vor vielen Jahren im Dresdner Kreuzgymnasium mein Klassenkamerad gewesen. Nun nahmen wir zusammen die Hyperion-Fragmente von Siegfried Matthus auf, die mir gewidmet sind und die ich im Jahre 1980 in Berlin uraufgeführt habe. Angeregt durch den herrlichen Hölderlin-Text

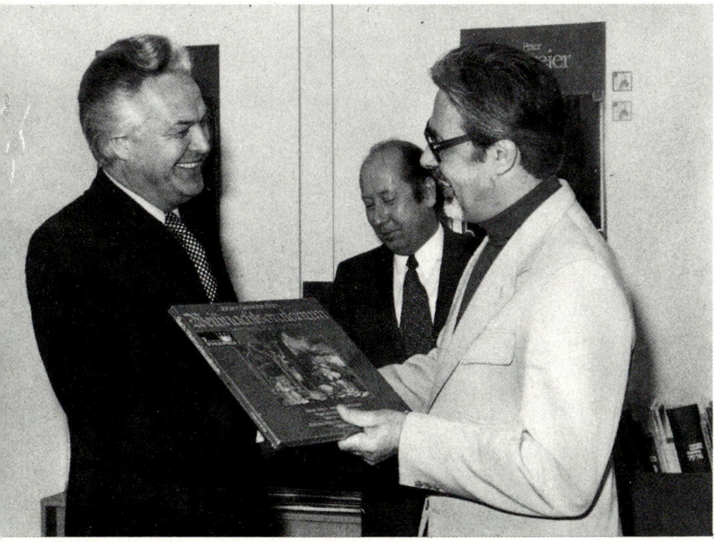

TITUS – Schallplattenaufnahme in Dresden 1979, mit Teresa Berganza und Julia Varady.
In der Münchner Schallplattenfirma »Ariola«: Überreichung des in Dresden eingespielten WEIHNACHTSORATORIUMS

Im Dresdner Schallplattenstudio: MEISTERSINGER – Aufnahme unter Herbert von Karajan, Theo Adam (Hans Sachs) im Gespräch mit dem Dirigenten, rechts: Helen Donath und René Kollo

Konzentriertes Abhören der Baal-Gesänge mit Gewandhauskapellmeister Prof. Kurt Masur.
Rheingold – Aufnahme mit Peter Schreier und Sigmund Nimsgern, 1980

und dessen musikalische Ausdeutung und Erwiderung durch Matthus' Komposition kamen wir ein bißchen ins Philosophieren. Dieser Hölderlin-Text, den wir damals in der Schule pflichtgemäß durchlesen mußten, der uns aber aufgrund unserer Jugend und Unerfahrenheit nicht »erreichte«, ging uns heute – älter geworden – ganz schön unter die Haut. Es war ein sehr anregendes Gespräch, an dem sich auch Toningenieure und Orchestermitglieder beteiligten und bei dem man sich dadurch persönlich etwas näherkam. Als wir die Aufnahme schließlich wiederholten, glaubte ich, bei allen eine neue Bereitschaft und Einstellung zu dem neuen Werk festzustellen.

Ein solch neuer Einstieg und Elan nach erschöpfenden Aufnahmestunden wird natürlich oft auch auf andere, leichtere und heitere Weise erzeugt. In einem »guten« Aufnahme-Studio gibt es natürlich auch eine kleine Kaffee- bzw. Teeküche, die nicht nur trockene Sängerkehlen aufmuntert. Da werden die neuesten Theaternachrichten und Gerüchte kommentiert und glossiert, Witze erzählt, kurz, es herrscht eine gelöste familiäre Atmosphäre. Es wird auch schon mal tüchtig gelacht und »geflaxt«, bis ..., ja bis das rote Warnlämpchen wieder »Achtung Aufnahme« signalisiert und aus dem gerade noch so »kindischen« Völkchen wieder die verschworene Gemeinschaft wird, die bei jedem neuen »Takt« bereit ist, ihr Bestes zu geben.

Diese gute Absicht, das Letzte zu geben, führt leider bei allem Bemühen nicht immer zum gewünschten Erfolg, denn auch bei Schallplattenaufnahmen – und hier ganz besonders – steckt der Teufel im Detail. Aber auch er ist zu besiegen, weil gerade für so viele kleine Details ein technisches Studio bestens eingerichtet ist. Welches klangliche Wunder bewirkt da z. B. nur eine winzige Drehung an einem Reglerknopf! Wenn viele Stimmen miteinander verknüpft sind, wie in der Prügelfuge der MEISTERSINGER, erfordert es vom Tonmeister großes Fingerspitzengefühl und ein geschultes Ohr, die nötige Transparenz auf der Platte zur Wirkung zu bringen. Aber was nützen alle Bemühungen, wenn eine gelungene Aufnahme doch nur für die Katz ist, weil sich im entscheidenden Moment, ausgerechnet während einer Piano-Stelle, ein Flugzeug der Kirche näherte und als störendes Geräusch letztlich die Aufnahme unbrauchbar machte! Also bitte alles noch einmal! Da eben jedes Geräusch und jede Ablenkung stört, sind auch Zaungäste, und seien sie noch so interessiert, unerwünscht. Denn Konzentration ist wohl das wichtigste Kriterium, das von allen Mitwirkenden einer Schallplattenaufnahme verlangt werden muß. Und das betrifft nicht nur die Künstler, sondern alle Mitwirkenden des Aufnahmeteams bis hin zu den Technikern und Studiomeistern, die z. B. für den Aufbau von Podesten verantwortlich sind. Gerade von letzteren wird genauso wie von den Künstlern Präzision verlangt. Nicht selten müssen sie das Studio nach einer Aufnahmeperiode mehrmals über das Wochenende wieder zum Kirchenraum verwandeln. Dann muß jedes Mikrophon, jedes Podest, jedes Kabel, jeder Stuhl etc. mit Kreide markiert, müssen Verstärkerwerte aufgeschrieben werden, damit eine Fortsetzung der Aufnahme nach Tagen nahtlos erfolgen kann. Über alle Details wird genau Buch geführt. Die dicken Vorhänge, welche die großen Kirchenfenster verhüllen, damit der Ton nicht »gegen das Glas schlägt«, wie sich die Experten ausdrücken, müssen abgenommen und später in gleicher Präzision wieder aufgehängt werden. Schließlich muß der gute klangliche Ruf, z. B. der »Dresdner Lukaskirchen-Sound«, der international zum Begriff geworden ist, gewahrt werden. Und wenn diese guten Geister des Studios, die ihre Arbeit gewissenhaft im »Hintergrund« verrichten und deren Namen nie auf einer Schallplattenhülle erscheinen, den abgespannten Künstlern mit einer guten Tasse Kaffee bzw. Tee wieder auf die Beine bzw. zur Stimme verhelfen, dann tragen sie so auch zur Qualität einer Schallplattenaufnahme bei.

In zahlreichen Produktionen – im Jahre 1984 schrieb

ich die Hundertste in meine Diskographie ein – habe ich auch beobachten können, welche harte und konzentrierte Arbeit ein Aufnahmeteam zu leisten hat. Da die eigentliche Aufnahmezeit immer genau bemessen und eingeteilt ist, bedarf es sorgfältiger Vorbereitung aller technischer Einrichtungen. Die physische Belastung der drei wichtigsten Mitarbeiter, des Aufnahmeleiters, des Tonmeisters und des Toningenieurs, ist bei Opern- oder symphonischen Aufnahmen schon enorm. Es ist sicher nicht nur ein Vergnügen, vierzehn Tage von morgens bis zur Mitternacht Musik in permanent hoher Lautstärke zu hören. Dabei bleibt es ja nie beim einmaligen Hören, wenn man bedenkt, daß mitunter wahre Bandkilometer in einer Aufnahmeperiode zusammenkommen und die »Takes« bis zu mehreren Hundert numeriert sind. Für den Käufer ein Vergnügen, bedeutet eine Schallplatte für das Aufnahmeteam schon harte Arbeit und Streß.

Welch ein gewaltiges Unternehmen stellt z. B. die Einspielung einer großen Oper dar! Die Arbeiten daran laufen bis zur endgültigen Fertigstellung über einen langen Zeitraum. Die gleiche Sorgfalt, die bei der künstlerischen Bewältigung herrschen muß, erfordert auch die wohlüberlegte Organisation der Vorbereitung und des späteren Ablaufs der Aufnahme. Viele Mitarbeiter der großen Schallplattenfirmen sind daran beteiligt. Besonders das jeweilige künstlerische Betriebsbüro muß mit viel Geduld und Umsicht die Termine der internationalen Gesangsstars, des Orchesters und des Chores aufeinander abstimmen. Die Plattenproduzenten müssen einen Aufnahmeplan vorbereiten, der viele Faktoren zu berücksichtigen hat. Oftmals verdrängen da organisatorische Gesichtspunkte notgedrungen die künstlerischen Belange. Denn die entscheidende Frage ist oft: wann kann dieser oder jener Künstler zur Verfügung stehen? Wer muß mit wem ein Duett aufnehmen? Ist diese oder jene anstrengende Arie dem Sänger am Vormittag zuzumuten? Manchmal muß auch, durch terminliche Schwierigkeiten bedingt, zum Notbehelf der Synchronisation gegriffen werden. Das ist natürlich immer ein kleiner Betrug am künftigen Hörer der Schallplatte. Das Orchester spielt den betreffenden Abschnitt ohne den Sänger auf Band ein. Zu einem späteren Zeitpunkt steht dieser dann im großen Studioraum mutterseelenallein vor dem Mikrophon. Über Kopfhörer bekommt er den Orchesterpart eingespielt und singt seine noch fehlenden Stellen auf das Band. Das erfordert übrigens viel Musikalität und Konzentration. Wenn man singt, hört man sich selbst am stärksten, dröhnt einem aber ein volles Wagner-Orchester ins Ohr, kann man sich selbst gar nicht richtig hören und kontrollieren. Die Sache ist schon ein wenig »technisch« und unkünstlerisch, und ich gehe ihr möglichst aus dem Wege, obwohl es sich bei einigen wenigen eigenen Aufnahmen (z. B. Sachs-Ensembleeinwürfe) nicht vermeiden ließ.

Der Produktionsleiter muß auch gesangstechnische Probleme kennen und oft entscheiden, bis zu welchen Grenzen der einzelne Solist bei nötig werdenden Wiederholungen belastet werden kann. Wenn sich ein Sänger, bedingt durch klimatische Umstellungen, nicht wohl fühlt, muß kurzfristig umdisponiert werden. Das alles erfordert auch äußerstes Einfühlungsvermögen in die Psyche sensibler Künstler. Wie weit kann z. B. eine musikalische Anregung oder eine kritische Bemerkung des Aufnahmeleiters als Einmischung in die künstlerische Auffassung eines Interpreten verstanden werden? Es gibt ja in unserer Zunft auch nicht wenige »Mimosen«! Wenn man in seinem Beruf immer viel Emotion und Empfindung geben muß, liegt natürlich die Gefahr der Empfindlichkeit sehr nahe! Nun kann man als Sänger mit einem hochempfindlichen Gesangsapparat bei ständigen Wiederholungen schwieriger Passagen, bei möglichen Orchesterpannen oder Fremdgeräuschen schon leicht stimmüde und dadurch nervös und auch mal gereizt werden. Aber da verordnet ein guter Aufnahmeleiter ganz diplomatisch eine Pause; dann gibt es ein paar aufmunternde Worte, wie »phantastisch man gerade heute wieder ist«; oder es wird ein Spaziergang an die frische Luft unter die alten Kastanien an der Dresdner »Lukaskirche« empfohlen – und schon sind wir gereizten »Mimosen« wieder sanfte Lämmchen, die alles noch einmal mit sich machen lassen.

Die Studioaufnahme ist die geläufigste Form einer Schallplattenproduktion, sie ist das Resultat einer ausgefeilten Detailarbeit in optimaler musikalischer Konzentration, bei der eine fast schlackenlose Wiedergabe möglich ist. Ihr steht nun als durchaus gültige Alternative die Live-Aufnahme gegenüber, der Schallplattenmitschnitt einer Aufführung. Bei allem Verständnis für die Vorteile der Studio-Perfektion ziehe ich ihn in vielen Fällen – vor allem hinsichtlich meiner Mitwirkung – vor. Denn die Live-Aufnahme gibt etwas wieder, das im Studio notgedrungen verlorengehen muß, die lebendige Atmosphäre, der man den zündenden Funken, das Dabeisein anmerkt. Ich glaube, daß das Engagement des Interpreten stärker zu spüren und zu hören ist. Das Gefühl der Spannung des Erstmaligen und Einmaligen bewirkt auch, daß ich mich bei einer ersten Probeaufnahme im Studio immer am wohlsten fühle und diese mir eigentlich immer am meisten zusagt.

Sicher ist der Mitschnitt technisch schwieriger zu bewältigen. Denn nicht jeder Saal und jedes Opernhaus ist ein idealer Aufnahmeraum; die Technik muß da manchmal schon erfinderisch sein und auch manipulieren können. Aber letztlich werden durch die wechselnde Stellung zu den Mikrophonen auf der Bühne die Handlung oder die Proportionen zwischen Solist und Orchester besser eingefangen als oft im Studio.

Ein besonderes Gewicht erhält der Live-Mitschnitt auf Schallplatten auch wegen seines dokumentarischen Wertes. Große musikalische Ereignisse können so für die Nachwelt festgehalten werden. So betrachte ich die Aufnahme des

Ring des Nibelungen aus Bayreuth 1966 unter der Leitung des Altmeisters Karl Böhm als ein historisches Ereignis. In dieser Aufnahme mit einem berühmten Gesangsensemble, dem u. a. Birgit Nilsson, Leonie Rysanek, Wolfgang Windgassen, James King, Annelies Burmeister angehörten, als Wotan mitgewirkt zu haben, empfinde ich heute noch nach zwanzig Jahren als ein großes Geschenk. Nicht ohne Grund hat man diese Produktion eine »Dokumentation der bisher bedeutendsten Bayreuth-Interpretationen der zweiten Hälfte unseres Jahrhunderts« genannt. Diese Aufnahme ist sicher nicht perfekt nach neuesten klangtechnischen Gesichtspunkten, aber ihre Atmosphäre und Dramatik ist unwiederbringlich, erregend und ergreifend zugleich!

Auch andere Konzertmitschnitte, die aufgrund ihrer Qualität auf Schallplatten festgehalten wurden, betrachte ich – nicht nur für mich persönlich – als besonders wertvoll. Da gibt es u. a. hervorragende Platten-Wiedergaben des Wozzeck und des Parsifal als Aufnahmen des Leipziger Rundfunks, die in ihrer Qualität keine Studio-Einspielung zu scheuen brauchen. Auch in Salzburg konnte ich in einigen Live-Mitschnitten mitwirken, die ob ihrer Einmaligkeit besonderen Wert erhielten: u. a. in Karl V. von Ernst Krenek, in Penthesilea von Otmar Schoeck und, ebenfalls als Schallplattendokument, in Dantons Tod von Gottfried von Einem, wo ich die interessante Titelpartie in der berühmten Salzburger Felsenreitschule sang. Die Aufnahme der IX. Sinfonie unter Kurt Masur anläßlich des Eröffnungskonzertes des Neuen Gewandhauses zu Leipzig 1981 gehört zu den vielen Platten, die ich von diesem Werk schon »eingesungen« habe. Daß die Live-Mitschnitte von der Eröffnung der Dresdner Semperoper 1985 – u. a. vom Rosenkavalier und meinem Liederabend – über ihren dokumentarischen Wert hinaus für mich eine persönlich wertvolle Erinnerung darstellen, ist wohl bei einem Sänger, der seiner Heimatstadt Dresden seit über 40 Jahren künstlerisch eng verbunden ist, als ein legitimer Lokalpatriotismus zu verstehen!

Bleibt als Resümee einer jahrzehntelangen Schallplattenerfahrung auch zu sagen, daß die Schallplatte, ob Studio-Aufnahme oder Live-Mitschnitt, für einen Künstler immer noch das größte Medium für die Verbreitung seines Images und seines Namens darstellt. Denn seien wir ehrlich: sich Gehör zu verschaffen, ist ja ein Hauptanliegen des reproduzierenden Künstlers. Neben der großen Resonanz hat aber diese Seite meiner künstlerischen Arbeit noch einen sehr nützlichen Nebeneffekt: Sie dient auch einer ständigen Kontrolle und Selbsteinschätzung und bewirkt dadurch hoffentlich eine Verbesserung der künstlerischen Substanz.

Poesie und ihre musikalische Erwiderung

Es ist sicher kein Zufall, daß sich die Komponisten der klassischen wie auch – und da vor allem – der romantischen Epoche für die Vertonung ihrer musikalischen Eingebungen besonders gern anspruchsvoller literarischer Vorlage bedienten. So entsprachen z. B. die Verse Goethes mit ihren ästhetischen Forderungen in hohem Maße den Klangvorstellungen der musikalischen Meister. Und das aus gutem Grund, teilte doch Goethe auch mit allen anderen Dichtern seiner Zeit die Grundeinstellung, daß seine Worte und Verse »durch die Composition supplimiert werden sollten« und daß »eigentlich das Lied durch jede Composition erst vollständig« wird.

Literatur und Musik, Wort und Ton waren so in allen kunstgeschichtlichen Epochen sich gegenseitig bedingende, ergänzende, ja befruchtende Partner. Sowohl die Bildhaftigkeit der Sprache unserer klassischen Dichter als auch die tiefe Empfindungskraft der Romantiker wie Eichendorff, Heine, Mörike, Rückert u. a. mußten zwangsläufig die schöpferische Phantasie eines Beethoven, Schubert, Schumann, Brahms, Wolf u. a. anregen. Die Ausdrucksmöglichkeiten, literarische Vorlagen zu vertonen, reichten dabei vom einfachen Strophenlied über durchkomponierte Stimmungsbilder bis hin zur großen epischen und historisierenden Ballade.

Innerhalb dieser farbenreichen Palette behauptet die Balladenform einen besonderen Platz, da sich gerade durch sie die romantischen Stilkriterien am eindringlichsten widerspiegeln. Diese Erzählungen, oft auch in Versform gesetzt, mit ihren starken dramatischen und rhythmischen Akzenten, mit Dialogen und Stimmungsmalereien wollten weniger gelesen als vor allem gesprochen werden. Da war es nur noch ein kleiner Schritt zur gesungenen Darbietung. So erkennen wir in der musikalischen Umsetzung der literarischen Vorlage, sei es die hochdramatische oder auch die Naturballade, unschwer alle die Symptome, welche die umfangreiche geistesgeschichtliche Epoche der Romantik charakterisieren: Die Vorliebe für die mittelalterliche und auch germanische Gedankenwelt, die Poetisierung eines mitunter auch trivialen Stoffes, die Bedeutung des Schicksalsgedankens, die der Phantasie wiederum keine Grenzen zu setzen scheint. Dabei weisen die musikalischen Balladen des 19. Jahrhunderts in gleicher Weise die großartige schöpferische Einfühlungskraft auf, die wir bei den geistesverwandten Künsten der romantischen Malerei und Dichtkunst bewundern.

Die Ballade stellt sich fast immer in der durchkomponierten Form vor, während das normale Kunstlied oft von einer Stropheneinteilung gekennzeichnet ist. Werden in den meisten Liedkompositionen Gedanken, Seelenzustände, Lust und Leid, Sehnsüchte oder Erinnerungen musikalisch verarbeitet, so breitet sich uns in der Ballade ein großes Panorama einer dramatischen, manchmal auch rührseligen Geschichte mit verteilten Rollen mehrerer Personen aus, die aber alle von einem Interpreten dargestellt werden. Dabei werden oft Einflüsse des Melodrams und gestalterische Momente der Opernszene verarbeitet. Robert Schumanns Balladenkunst ist hierfür ein beredtes Beispiel: in seinen Gesängen waltet eine unüberseh- und unüberhörbare Einheit zwischen dem wortgebundenen und dem musikalischen Rhythmus. Eingeschobene Rezitative, wie z.B. in Franz Schuberts DER SÄNGER (Goethe), oder die gelegentliche Verwendung von Leitmotiven weisen uns darauf hin, daß die Ballade auch auf Gestaltungsmomenten der Oper beruht. Nicht ohne Grund nehmen gerade wir Opernsänger die Balladen gern und oft in unsere Liedprogramme auf.

Des achtzehnjährigen Schuberts berühmtes Opus 1, der Erlkönig – die wohl bekannteste und daher volkstümlichste Ballade –, kann für diese Behauptung als Beispiel genialer musikdramatischer Verarbeitung einer bedeutenden literarischen Vorlage gelten. Die Worte des Poeten sind von Schubert nicht einfach musikalisch untermalt worden; hier gab die Dichtung Goethes dem Komponisten schöpferische Impulse, die als musikalische Gestaltung durchweg Gleichwertiges darstellen. Die zunehmende Dramatik des Gedichtes findet ihre musikalische Entsprechung in einer ungeheuren dynamischen Intensivierung. Man kann sagen, daß die seelischen Erlebnisse ihre unmittelbare Vergegenwärtigung im musikdramatischen Gestus finden. Trotz unterschiedlich auftretender Gestalten sind die verschiedenen Teile dieser Ballade in unterschiedlichen Tonarten komponiert, motivisch eng verzahnt. Hier hat Schubert einen dramatischen Ausdruck erreicht, um den er sich bei seinen bühnendramatischen Versuchen vergeblich bemühte.

Mit der romantischen Dichtkunst, die durch Namen wie Eichendorff, Uhland, Rückert und Heine eine bedeutsame Entwicklung genommen hatte, vollendete sich nun die Symbiose zwischen Dichterwort und musikalischer Gestaltung vor allem in einem Komponisten: Robert Schumann. Selbst von umfassender literarischer Bildung, kreiste seine Musikanschauung immer um das Poetische. Seine eigenen Pläne für Erneuerungen in der Musik entsprachen dem analysierenden, kritischen Charakter der poetischen Aussage Heinrich Heines. »Ein neuer Dichtergeist« spiegelte sich nach Schumanns eigenen Worten nunmehr in der Musik wider. Heines Genius, der den sentimentalen Gefühlsüberschwang der Romantik durch Ironie und präzise Wortschöpfungen auf den Wahrheitsgehalt und eine kritische Lebensnähe reduzierte, kam Schumanns Gedankenwelt wohl am nächsten. Bei seinen eigenen literarischen Interessen war es dabei gar nicht verwunderlich, daß sich seine Kompositionen als eine musikalische Erwiderung der

Poesie dokumentierten. Wie ausdrucksstark und bilderreich sind gerade seine Balladen nach Heineschen Textvorlagen. Ja mehr noch: Die bittere Ironie des Dichters gewann durch die musikalische Umsetzung eine völlig neue Motivierung, durch welche die Aussagekraft des Wortes auf eine höhere ästhetische Stufe transponiert wurde.

Nachhaltiges Beispiel hierfür ist seine wohl volkstümlichste Ballade Die beiden Grenadiere. Heines ironisch-balladeske Erzählung von dem Soldaten, der »wie eine Schildwach« noch im Grabe seinem Kaiser die Treue halten will, bekommt nun durch die Einbeziehung der Marseillaise musikalisch eine neue Dimension, die uns durch die Absurdität der Situation revolutionäre Gedanken schon ahnen läßt.

Im Belsazar, jener Ballade vom letzten König von Babylon, der mitten im wilden Trinkgelage dem Gott Jehova höhnt und eine geheimnisvolle Warnung über seinen Sturz erhält, scheint das Menetekel über die literarische Darstellung einer fernen Historie revolutionäre Ahnungen auszudrücken. Im fruchtbaren »Liederjahr 1840« entstanden, zeugen gerade diese Vertonungen Heinescher Vorlagen eindrucksvoll von Schumanns Verbindung einer träumerisch-romantischen Phantasie mit scharfem kritischem Verstand. »... Einen Kranz um ein wahres Dichterhaupt schlingen – nichts Schöneres ...« – mit seinen eigenen Tönen, mit seinen Kompositionen, die offenbaren, wie er sich die Gefühls- und Gedankenwelt seiner Texte zu eigen machte, bestätigte er überzeugend seinen eigenen Ausspruch.

Noch ganz unter dem Einfluß Robert Schumanns stand Hugo Wolf in seinen Liedkompositionen. Er war nun ein wahrer Dichterkomponist. Das Wort des Dichters war ihm geradezu heilig; der Melodie der Sprache und ihrer Deklamation entsprach seine musikalische Durchformung und Eingebung. Seine musikgeschichtliche Bedeutung erlangte er zweifellos als Liederkomponist, wobei seine grenzenlose

Verehrung für die von ihm vertonten Dichter so weit ging, daß er seine Lieder oft als »... ein Gedicht von ... für eine Singstimme« bezeichnete. Wie bei Schumann, so war auch bei ihm der Klavierpart eines Liedes längst keine reine Begleitstimme mehr, sondern hatte eine selbständige Funktion bekommen, die einer symphonischen Dichtung oft nahezukommen schien.

Seine Balladen, wie z. B. Der Feuerreiter, stellen eine plastische musikalische Nachbildung des Textes dar, die bestimmt ist von geradezu orchestral aufleuchtenden Farben im Klavier. Die Gesangsstimme kontrapunktiert dazu in teils dramatischer, teils gespenstisch wirkender Art, die Dichtung folgerichtig ausdeutend. Zu dieser Komposition wurde Wolf angeregt durch die Poesie des schwäbischen Pfarrers und Poeten Eduard Mörike, den er so schätzte, daß er dessen Bild seinem ersten Band der Mörike-Lieder voranstellte. Es ging ihm ja vor allem um eine klare Deklamation, wobei er in oft herber Tonsprache mit kühnen musikalischen Wendungen die durchkomponierte Form in seinen Balladen und Liedern bevorzugte. So erlangte er auch durch einen beziehungsvollen Dialog zwischen Gesangsstimme und Klavierpart neue musikalische Ausdrucksformen des romantischen Liedes. Die Prinzipien, die der von ihm verehrte Richard Wagner auf dramatischem Gebiet begründete, wandte Wolf nun in der Lyrik an. So gesehen, sind aus den Gedichtvorlagen der Romantik und der Klassik (die von Goethe nahmen in Wolfs Schaffen einen breiten Raum ein) Musikdramen der kleinen Form geworden, die in ihrer Wirkung den großen dramatischen der Musikbühne nicht nachstehen.

Einer der fruchtbarsten Balladen-Vertoner war, wenn auch heute nicht ganz unumstritten, Carl Loewe. Erzählende Geschichten sagenhaften Inhalts, die die Phantasie der Menschen von jeher reizten, waren ihm Vorlagen für sein umfangreiches Balladen-Schaffen. Sehr oft kommt bei ihm noch die strophische Anlage vor. Seine harmonische Erfindungsgabe aber war von oft überraschender Kühnheit, und reiche Tonmalerei sowie leitmotivische Verzahnung geben mancher seiner Balladen ihren musikalischen Reiz. Richard Wagner sprach von Loewe als einem »... Meister, der die schöne deutsche Sprache mit Bedeutung behandelt ...«. Uhland, Fontane, Herder in seinen Nachdichtungen nordischer Sagen und vor allem Goethe waren seine literarischen Partner. Auch er vertonte den Erlkönig, der zwar bei weitem nicht die tragisch-geniale Wirkung des Schubertschen Meisterwerkes erreichen konnte, das Loewe übrigens nicht kannte, der aber gerade die nächtliche Stimmung mit beinahe impressionistischer Wirkung eindrucksvoll nachzeichnet. Das flimmernde Mondlicht, die unheimliche Wirkung des Goetheschen Nachtstückes wird durch die Einförmigkeit des gebrochenen immerwährenden Dreiklanges, einmal in Dur, dann wieder in Moll, zu einer phantasieerregenden Nachschöpfung. Ohne Schuberts melodisch überquellendes Meisterstück zu schmälern, kann man die Frage stellen, ob nicht in Loewes zwar musikalisch simplerer Darstellung das Dämonische, unheimliche Zwielicht der Dichtung spürbarer zu hören ist!

Wenn auch die musikalische Gattung der Balladenkunst hauptsächlich der Befriedung von biedermeierlichen Gefühlsregungen ihre Entwicklung verdankt – heute vielleicht nur als Programmusik bezeichnet werden kann –, so liegen doch gerade dieser Kunstliedform mitunter bedeutende und historisch wertvolle literarische Quellen zugrunde, wie ich an Hand von einigen Beispielen zu zeigen versucht habe. Es lohnt sich jedenfalls auch im Zeitalter der Dissonanzen, Cluster, der technischen Errungenschaften und gesellschaftskritischen Literatur sich an der vielseitigen, phantasie-beredten Balladenkunst unserer großen Dichter und Tonsetzer zu erfreuen und sich mit Robert Schumann: »... gern versetzen (zu) lassen in jenes Zeitalter der Barden und Volkssänger, deren Lieder wie die Aussprüche eines Gottbegeisterten vernommen und verehrt wurden!«

Die Partitur ist das beste Regiebuch!

»Er frönt seinem Hobby – dem erfolgreichen Star wird sein Wunschtraum erfüllt!« –, so kann man es mitunter raunen hören, wenn man sich als Sänger auf das heute so dominierende Terrain des Musiktheaters begibt und eine Oper inszeniert. Es kann aber wohl ein solcher Gedanke, die Opernregie als Hobby zu bezeichnen, nur oberflächlicher Betrachtung oder – was ja auch mitunter in Künstlerkreisen vorkommen soll – neidvoller Mißgunst entspringen. Zur Erfüllung eines Wunschtraumes kann ich mich da schon eher bekennen, wenn ich bisher fünf Opern inszenieren konnte.

Wenn man jahrzehntelang in den verschiedensten Inszenierungen gesungen hat und sich nicht nur als Gesangsbeamter fühlt, sondern versucht, sich mit jeder Rolle und Figur zu identifizieren, wenn man sich darstellerisch engagiert und in einer durchdachten und konzeptionell, handwerklich gut gearbeiteten Inszenierung kooperativ mitarbeitet, dann kommt früher oder später zwangsläufig der Gedanke oder Wunsch, die ganze Sache einmal selbst in die Hände zu nehmen. Dabei bin ich mir bewußt, daß jede künstlerische Arbeit Entwicklungsmöglichkeiten einschließt und meine Regietätigkeit vor allem von der Presse nicht vorurteilsfrei an meiner bisherigen Resonanz als Sänger gemessen wird.

Es gibt die landläufige Anschauung, daß, wenn einer das eine gut kann, er nicht unbedingt auch das andere gut können muß. Nun liegt ja die Opernregie nicht allzu weit von der Arbeit des Sängerdarstellers entfernt. Berührungs- und Bezugspunkte, auch Interesse sind hier also durchaus gegeben. Daher betrachte ich meine Arbeit als

Regisseur keineswegs als zusätzliches Hobby. Sie ist im Gegenteil für mich eine ernsthafte, künstlerische Arbeit; denn das Theater interessiert mich als Ganzes. Als Sänger und Darsteller bin ich immer nur ein Teil einer Aufführung. Das ist z.B. bei einer Titelpartie sicher sehr viel und kann künstlerisch durchaus befriedigen. Aber bei steigendem Interesse für das ganze Werk bleibt es nicht aus, daß man seine eigenen Vorstellungen und Auffassungen von der szenischen Umsetzung einer Oper auch einmal selbst verwirklichen will.

Wenn junge Opernregisseure ihre erste Inszenierung abliefern, haben sie nach oder während ihres theoretischen Studiums einige Assistenzjahre hinter sich und setzen ihr Regietalent mit Elan in die Praxis um. Das ist richtig so, und wir freuen uns, wenn sich nach ihrer Ausbildung damit eine neue Potenz auf dem Gebiet der Opernregie herausbildet. Wenn ich mich nun als Opernsänger immer bemüht habe, die Forderungen zu erfüllen, die wir an einen modernen Sängerdarsteller haben, so weiß ich natürlich, daß es von der anderen Seite aus, d.h. aus Regie- und Zuschauersicht, immer ganz anders aussieht. Der Überblick über die Gesamtsituation der Szene muß anders ausfallen als über eine einzelne Rollensituation. Ich kann aber guten Gewissens sagen, daß ich mich eigentlich immer auch als regielicher Mitarbeiter gefühlt und mit den Jahren der Erfahrung auch betätigt habe. Schließlich konnte ich von so profilierten Regisseuren wie Wieland Wagner, Günther Rennert, Leopold Lindtberg, Rudolf Hartmann, Franco Zeffirelli, August Everding, Otto Schenk, Harry Kupfer, Jean-Pierre Ponnelle u. a. viele Anregungen und praktische Hinweise empfangen und verarbeiten, die für eine eigene Regiearbeit nützlich sind. Natürlich gab es auch hier und da negative Erfahrungen, die sich aber als notwendige Lernprozesse erwiesen. So kann ich fast jede Neuinszenierung, die ich irgendwo in der Welt gesungen habe, guten Gewissens auch als eine Art Assistenzlehrzeit betrachten, in der für meine Arbeit als Opernregisseur wohl einiges hängengeblieben ist.

Für meine erste Regie an der Deutschen Staatsoper Berlin, Mozarts Die Hochzeit des Figaro, war ich als »Regieneuling« eigentlich sehr gut vorbereitet. In diesem Meisterwerk der Opernkunst war ich quasi »wie zu Hause«. Die Titelpartie des Figaro hatte ich ja bereits in über hundert Aufführungen in den verschiedensten Inszenierungen in Frankfurt am Main, Berlin, Hamburg und Dresden gesungen, kannte also das Werk bis ins Detail genau.

Da war mir z. B. aufgegangen, daß die vielen Arien der Oper jeweils eine ganz verschiedene dramaturgische Bedeutung und Aussage haben. Da gibt es Arien, die Handlung darstellen, die Szene und Aktion also weiterführen. Andere sind sogenannte Gedankenarien, während derer die Handlung stillsteht. Diese sind dann nur ein reflektierendes Moment des Bühnengeschehens. In ihnen können ein scheinbares Verweilen oder ein musikalisches Ausdeuten eines Gemütszustandes gezeigt, über Gewesenes nachgedacht oder auch Hinweise auf Kommendes gegeben werden. Bei meiner ersten Regie habe ich versucht, diese Gedankenarien einmal als »Großaufnahme« auf einem zentralen Punkt in der vorderen Bühnenmitte herauszustellen, wobei eine besondere Lichtregie einen zusätzlichen Effekt schaffte. Ich glaubte, daß der Sinn und die Schönheit dieser Arien so besser zur Wirkung kommen könnten als durch eine erzwungene Choreographie und sinnloses Zerlaufen mit leeren Gesten und Gängen. Bei einem solchen Konzept ist natürlich Voraussetzung, daß die Sänger ihre Gedanken und Gefühle mit äußerster Intensität und Emotion vortragen, damit daraus nicht ein uninteressantes Rampensingen entsteht.

Bei meinen Regiearbeiten gehe ich immer von der Erkenntnis meiner Sängererfahrungen aus, daß Oper in erster Linie ein musikalisches Drama darstellt, wobei ich natürlich weiß, daß nicht jede Repertoireoper diese anspruchs-

In der eigenen Inszenierung der Hochzeit des Figaro
(Graf Almaviva) mit Anna Tomowa-Sintow und Renate Hoff,
Berlin 1972

Figaro – Finale (2. Akt) mit Peter Olesch, Annelies Burmeister und Peter Schreier (links stehend), Siegfried Vogel, Anna Tomowa-Sintow und Renate Hoff (rechts)

Eugen Onegin, eigene Inszenierung an der Berliner Staatsoper, mit Anna Tomowa-Sintow und Bernd Weikl, 1975

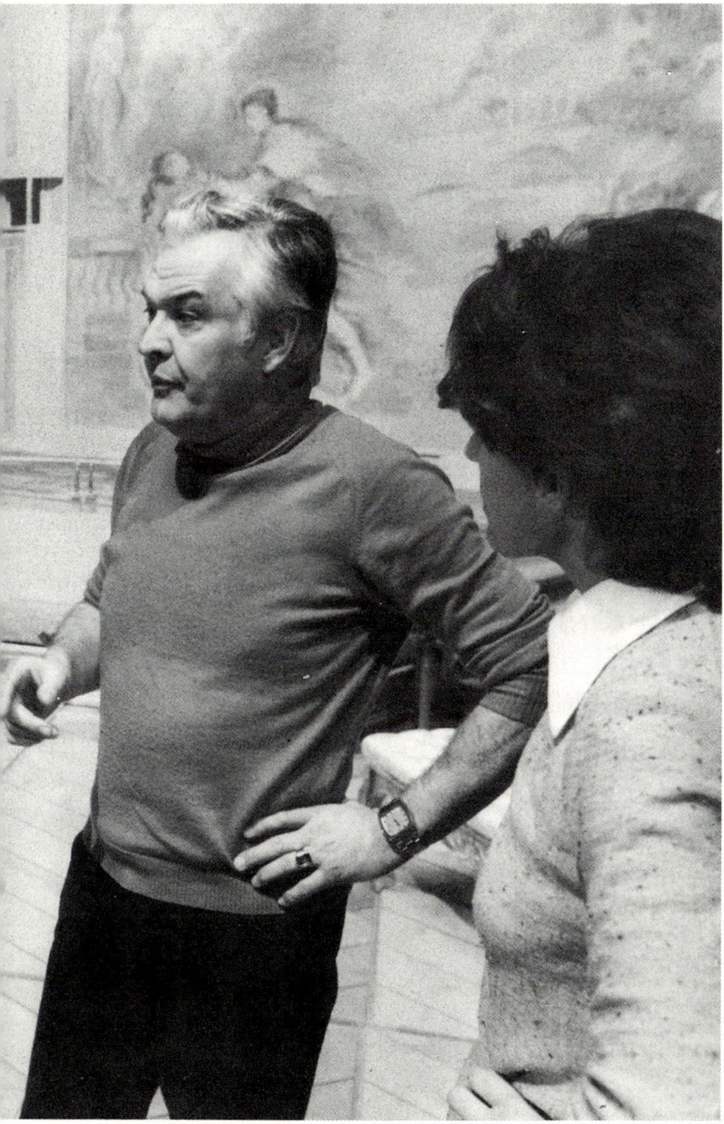

Als Regisseur bei den Capriccio-Proben 1980 in Berlin:
mit Peter Schreier (links), Celestina Casapietra (Hintergrund)
und Ute Trekel-Burckhardt (rechts)

Als La Roche in der Capriccio-Inszenierung an der Berliner Lindenoper, mit Ute Trekel-Burckhardt als Clairon

Theo Adam inszeniert an der Staatsoper Berlin seine erste Wagner-Oper: LOHENGRIN. Während der Probenarbeit mit Siegfried Vogel (oben rechts) und Gisela Schröter (links) sowie mit Magdalena Hajóssyová und Eberhard Büchner (unten)

Lohengrin in der Berliner Staatsoper mit Eberhard Büchner in der Titelrolle und mit Magdaléna Hajóssyová und Eberhard Büchner

volle Bezeichnung verdient. Daher hat die Darstellung, die Handlungsebene und meine szenische Ausarbeitung immer von den musikalischen Grundlagen der Partitur auszugehen und gegebenenfalls sich ihr auch unterzuordnen. Heute gibt es ja eine ganze Menge um Profilsucht bemühte – meist junge – Regisseure (gegen deren Jugend natürlich absolut nichts einzuwenden ist), die der Ansicht sind, eine Operninszenierung müsse in jedem Fall eine freie *Neuschöpfung* in kritischer Lesart sein. Sie setzen dabei eine selbständige theatralische Form neben die zugrundeliegende musikalische Idee des Werkes (nicht selten geschieht das auch bewußt gegen die Musik). Ich bin da mehr für eine *Nachschöpfung*, die sich aus dem Geist der Musik ergeben muß.

Es ist eine Binsenweisheit moderner Opernregie, daß die Musik die Aktion auf der Bühne auslösen muß. Dabei steht es außer Frage, daß sich das Musiktheater, will es seinem Anspruch genügen, auch um eine hohe Qualität des Szenischen bemühen muß. Aber die Wirkung einer szenischen Leistung wird künstlerisch nicht an ihr selbst gemessen, und sei sie noch so virtuos, sondern letztlich am Wert des durch sie vermittelten Inhalts. Eigenständiges dazuzugeben ist legitim und gut; es darf nur keine überspitzte Auslegung daraus werden, sondern muß noch in Übereinstimmung mit dem Grundanliegen des musikalischen Werkes stehen. Manchen Regiefanatikern und veränderungswütigen Opernregisseuren, welche die Opernbühne allzu oft als Spielwiese ihrer privaten Anschauungen (oder auch Frustrationen) betrachten und sich dazu noch gern auf den großen Felsenstein berufen, sei ein bemerkenswerter Satz des Altmeisters ins Stammbuch geschrieben, den dieser anläßlich eines Referates in London 1971 formulierte: »Die unmittelbare Wirkung einer Musiktheateraufführung wird durch die *Überbetonung* des inszenatorischen Faktors emotionell wie geistig gefährdet.«

Natürlich ist die Frage »Musiktheater oder kostümiertes

Konzert?« heute nicht nur von uns Interpreten, sondern auch vom Publikum längst beantwortet. Dem Opernbesucher genügt nicht mehr nur Schöngesang mit einigen schauspielerischen Gesten, die nur untergeordnete Beigaben von noch so überragenden sängerischen Qualitäten darstellen. Er erwartet auf der Opernbühne eine szenische Gestaltung, die den Lebenserfahrungen und -gewohnheiten unserer sachlichen, technisch hochentwickelten, leider aber auch illusionslosen Gegenwart nicht entgegensteht. Es ist ganz zwangsläufig, daß unsere veränderten Lebens- und Gesellschaftsformen heute andere Bilder und szenische Lösungen auf der Bühne nach sich ziehen. Günther Rennert, der große Theatermann und universelle Regiekünstler, für den der singende Darsteller immer im Mittelpunkt stand, der aber auch stets bereit war, ein künstlerisches Risiko einzugehen, stellte an die heutige Opernregie die Forderung, daß es »unser Anliegen sein muß, unter Zugrundelegung von Partituren aus *anderen* Epochen *heutiges* Theater zu machen«. Für ihn gab es aber bei jedem zu erarbeitenden Werk auch Grundgesetze der Form und der Proportionen, »die wir nicht ungestraft verletzen dürfen«. Die Form der szenischen Umsetzung muß also auch bei moderner Ausdeutung immer dem eigenen Stil des jeweiligen Kunstwerkes entsprechen.

Jedes Werk lebt aus seiner Einmaligkeit heraus. Es kann also kein allgemeingültiges Rezept für Opernregie geben. Der in heute schon legendären Dresdner Nachkriegsspielzeiten als progressiv geltende Regisseur Heinz Arnold stellte einmal das Paradoxon auf, es wäre das Prinzip der Oper, daß es eben keines gibt. Das kann man wohl auch auf die Opernregie erweitern. Auch für sie gibt es keine endgültigen Lösungen. Denn jedes Werk muß auf die ihm eigenen Gesetzmäßigkeiten untersucht und mit den Erfahrungen der lebendigen Wirklichkeit auf die heutige Bühne mit ihren technischen Möglichkeiten projiziert werden. So unterliegt z. B WOZZECK anderen Gestaltungsprinzipien als

Lohengrin. Diese Opern kann auch der erfahrenste Regisseur nicht über einen (Regie-)Leisten zimmern.

Ich bin der Meinung, daß die szenische Realisation einer Oper immer so ausgerichtet sein muß, daß der Ideengehalt und die Handlung nicht nur für die Dramaturgen, Theaterwissenschaftler und Kritiker, sondern auch für das Publikum augenfällig wird. Ich versuche daher, mich in meiner Regie verständlich zu machen und nichts in das Werk hineinzugeheimnissen. Das bedeutet natürlich nicht ein Buhlen um den Publikumsgeschmack. Wobei ich der Meinung bin, daß der Geschmack unseres heutigen Opernpublikums, das durch viele flankierende Maßnahmen wie Schallplatten, Einführungsvorträge, Opernzeitschriften usw. »erzogen« wird, so schlecht gar nicht ist. Es kann schon unterscheiden zwischen der kritischen Betrachtungsweise einer allzu faden Opernhandlung und der willkürlichen Kritik am Werk, selbst von seiten solcher Regisseure, die sich mangels eigener Aussagekraft um das interessierte Publikum überhaupt nicht kümmern. Einer der größten Opernregisseure, Franco Zeffirelli, unter dessen Regie ich den Don Giovanni zur Spielzeiteröffnung 1972 an der Wiener Staatsoper erarbeiten konnte und dabei von seinem Regiehandwerk einiges profitierte, sagt hierzu: »Sprache, Zeit und Geschmack ändern sich. Aber es bleibt immer Aufgabe des Regisseurs, dem Publikum nahezubringen, was der Autor sagen wollte. In der Oper ist der Autor alles; der Regisseur darf nichts anderes tun als ihm helfen.« Leider gibt es viele Operninszenierungen, wo dieser gute Vorsatz völlig außer acht gelassen wird!

Natürlich ist auch jede Regie eine eigenschöpferische Arbeit. Phantasie, Wagemut und Experimentierfreudigkeit sind durchaus gefragt. Wieland Wagner hat uns das in Neu-Bayreuth in geradezu genialer Weise vorgemacht. Gewiß, er hat dem Autor nicht immer in Werktreue gedient. Er hat aber mit seiner Abstraktion und Entrümpelung der Szene, die heute gern etwas hochmütig als »Mystizismus«

abgetan wird, eine Konzentration auf den singenden Menschen gegeben und dem Geschehen auf der Bühne, u. a. durch eine geniale Lichtregie, ganz neue Dimensionen erschlossen. Er hat mit der Erneuerung der Werke seines Großvaters Denkanstöße gegeben, von denen heute noch die Regisseure profitieren. Dabei bezeichnete Wieland Wagner seine Regietaten, die man auch »Genietaten« nannte, nur als Versuche, an denen er jedes Jahr neu feilte und so immer wieder veränderte. Als er mit mir einige meiner großen Wagner-Partien, wie Amfortas, Wotan, Pogner, Holländer, König Heinrich u. a., erarbeitete, habe ich bereits damals etwas von ihm lernen können, was ich heute als Regisseur nicht vergessen darf: daß man auch die Persönlichkeit des Darstellers (aber auch seine Grenzen) entdecken muß und seine individuellen künstlerischen Möglichkeiten in die szenische Konzeption einzuordnen hat. Gerade bei Doppelbesetzungen einer Rolle muß man als verantwortlicher Regisseur berücksichtigen, was man dem einen oder anderen Sänger zumuten kann und darf. Wer von verschiedenen Individuen den gleichen Gang, die gleiche Geste oder gar gleiche Mimik fordert, gleitet unweigerlich in eine Dressur ab. Es ist auch wichtig, bei mancher Konstellation der Szene die physischen Probleme der Sänger zu kennen, was ich mir bei meiner eigenen Regiearbeit doch ein bißchen zum Vorteil halte. Es gibt nun einmal schwierige Gesangspassagen, die man eben nicht in einer unmöglichen oder verkrampften Körperhaltung bewältigen kann.

So sehe ich meine Aufgabe als Regisseur einer Oper u. a. auch darin, die Führung einer Figur nicht nur aus der Rollenanalyse, sondern auch aus der Struktur und Anlage der jeweiligen Singstimme, wie sie vom Komponisten vorgegeben ist, zu entwickeln. Jede große Rolle hat z. B. eine gewisse Aura, die sich durch die Absetzung von den anderen Klangfarben der sie umgebenden Partner ergibt. Das ist nur aus der Partitur herauszulesen und durch genaue musikalische Kenntnis des Werkes zu verwirklichen. Nur aus dem Textbuch heraus zu inszenieren geht eben in der Oper nicht. Ich werde nie vergessen, wie wir Sänger uns in einer WALKÜRE-Produktion an der Grand Opéra Paris abmühten und wie deprimierend die ganze Probenatmosphäre war, als der Regisseur aus einem kleinen Reclam-Textheft versuchte, uns Anweisungen für die Gestaltung unserer großen Rollen zu geben. Er blätterte ständig hin und her und wußte nie, wo wir uns im Augenblick befanden. Schon die Proportionen waren einfach unmöglich: das gewaltige Bühnendrama die WALKÜRE und dazu das ständige Herumblättern in einem kleinen Textheftchen. Wir intervenierten natürlich mehrmals beim Intendanten Rolf Liebermann, der uns händeringend bat, bei der Stange zu bleiben und unsere eigenen Erfahrungen und Rollenauffassungen in die Arbeit einzubringen. Es war für uns eine nicht sehr erfreuliche Angelegenheit, mit einem unmusikalischen oder – noch schlimmer – der Musik fremd gegenüberstehenden Regisseur eine Oper zu erarbeiten. Die Premiere allerdings zeigte wieder einmal deutlich, daß Wagner bei guter Besetzung auch von dem »fortschrittlichsten« Regisseur nicht umzubringen ist. (Allerdings wurde die Produktion bald wieder abgesetzt, weil das Publikum nicht mitzog!)

Musikalische Regie schließt durchaus nicht aus, zur Musik auch einen darstellerischen Kontrapunkt zu setzen. Ungewohnte, neue und überraschende szenische Details sind dann legitim, wenn sie Stimmungen, Aktivitäten und Gefühle werkimmanent wiedergeben. Dann ist es auch erlaubt, einmal in ungewöhnlicher Stellung oder Haltung, z.B. mit dem Rücken zum Publikum, zu singen. So ließ ich im LOHENGRIN den Dank des Titelhelden an seinen Schwan nach hinten gewandt singen. Das Orchester schweigt ohnehin, so daß der Sänger bei deutlicher Artikulation auch so gut zu hören ist. Für den Sänger selbst hat es noch den Vorteil, daß er seine schwierige erste Gesangsphrase nicht allzu sehr zurücknehmen muß, was am Anfang der Rolle in der Aufregung des ersten Auftritts beruhigend wirken kann. In meiner Inszenierung des EUGEN ONEGIN ließ ich meine Tatjana, Anna Tomowa-Sintow, in der berühmten Briefszene, nachdem sie ihren Entschluß, Eugen Onegin ganz zu gehören, in aufgeregter Stimmung hin- und herlaufend herausgesungen hatte, erschöpft und überglücklich auf das Bett sinken. Mit dem Kopf rücklings zum Publikum liegend, schwenkte sie in seliger Stimmung den begonnenen Brief über sich. Dabei mußte sie die nächsten Gesangsphrasen ohne Blick zum Dirigenten – nur aus ihrem Gefühl heraus – singen, also damit auch das Tempo bestimmen. Das Orchester begleitete im wahrsten Sinne nur nach dem Gehör. Tatjana war so optisch kaum wahrzunehmen, aber ihr Gesang kündete vom Traum ihrer Liebe und ihrem Glücksgefühl. So konnte sie ihre Vision natürlich empfinden und erschöpfte sich nicht nur in einer vordergründigen Opernpose.

Es liegt mir bei meiner szenischen Arbeit immer daran, eine unverkrampfte Selbstverständlichkeit zu erreichen und nicht in die Opernhandlung etwas hineinzuinterpretieren. Wie oft erleben wir heute Regietaten oder – besser – Regieuntaten, wo versucht wird, eine »Story zu enthüllen« oder das Werk kritisch zu befragen und – in schlimmen Fällen – zu »entlarven«. Da werden dann selbst ein Mozart oder Verdi, von Wagner ganz zu schweigen, nur noch als »Material« benutzt, um regieliche Einfälle und Kunststücke vorzuführen. Bei noch so problemlosen oder naiven Libretti werden »doppelbödiger Hintersinn, Tiefenschärfe oder Handlungsumschwünge« bloßgelegt mit dem Erfolg, daß das Publikum ratlos ist; vor allem dann, wenn es vorher nicht das Programm gelesen hat und in die intellektuellen Höhenflüge des Regisseurs eingeweiht worden ist. Bei ablehnender Haltung bekommt es dann von der Presse noch schlechte Noten, weil es mit der »eigenwilligen Regie-Neusicht« überfordert scheint.

Ich glaube, daß sich eine Operninszenierung durch ihre Wirkung auf der Bühne erklären muß und nicht durch Kommentare vorher im Programmheft oder hinterher in der Presse. Eine großartige Konzeption im Kopf zu haben, sie mit sprachlicher Brillanz zu formulieren ist die eine Sache; sie mit Menschen unterschiedlichster Individualität auf der Bühne zu verwirklichen ist die weit schwierigere Aufgabe. Deshalb bin ich immer etwas skeptisch und vorsichtig, wenn ich von der Dramaturgie gebeten werde, mich zu meiner Arbeit schriftlich zu äußern, weil ich es da lieber mit dem künstlerischen Motto Goethes halte: »Bilde, Künstler, rede nicht!« Ließ ich mich dann schließlich doch überreden, habe ich nicht versucht, meine Regie zu erklären oder gar zu rechtfertigen, sondern versuchte lediglich meine Absicht und Gedanken zu dem Werk zur Diskussion zu stellen.

Wenn ich nun nachfolgend dem Leser diese Programmbeiträge zu meiner bisherigen Regiearbeit mit freundlicher Genehmigung der Deutschen Staatsoper Berlin unterbreite, bin ich mir bewußt, daß es immer schwierig bleiben wird, Oper zu beschreiben. Oper muß man machen und erleben.

Die Hochzeit des Figaro

Zu Werk und Interpretation

»Den Himmel zu erringen, ist etwas Herrliches und Erhabenes, aber auch auf der lieben Erde ist es unvergleichlich schön! Darum laßt uns Menschen sein!«

Wolfgang Amadeus Mozart

Die Hochzeit des Figaro, im Originallibretto »Komödie für Musik« genannt, hat bei allen theaterwirksamen Intrigen, heiteren und tragikomischen Zügen, bei allen turbulenten Verwirrungen durch ihren sozialpolitischen Zündstoff ein zutiefst menschliches Anliegen zum Inhalt: das Recht jedes Menschen auf persönliches Glück und Wohlergehen. Und um dieses Recht auf Menschenwürde gibt es im Stück einen erbitterten Kampf zwischen den sich gegenüberstehenden Ständen.

Untergebene scheuen sich nicht, gegen feudalistischen Machtanspruch um ihr Glück und Recht zu kämpfen. Obwohl sie sich dabei der ihnen verbleibenden einzigen taktischen Mittel, der Intrige und List, bedienen, ist dieses alles andere als ein harmloses Spiel. Wir haben es ja hier nicht mehr mit den oft verspielten und daher oberflächlichen Figuren der *opera buffa italiana* zu tun, sondern begegnen echten Menschengestalten, deren Probleme und Ziele uns ansprechen und interessieren. Erschöpfen sich die Gestalten der italienischen *opera buffa*, ob Grafen, Kammerdiener, geprellte Gattinnen oder kokettierende Weibchen, u. a. meist nur in der Etikette, Intrige oder Galanterie, so dringt Mozart – und ich meine, das ist das Besondere am FIGARO – durch die äußere Hülle der Konvention auf den allgemein menschlichen Kern. Dies tritt z. B. besonders deutlich bei den herrlichen Ensembles und Finali dieser Oper zutage. Geht es den Italienern bei ihren Ensembles meist um Situationskomik, Zuspitzung und vor allem um Klanggruppierung und -wirkung, so verliert Mozart seine lebendigen Charaktere auch im Ensemble nie aus dem Auge. Seine Klanggruppierungen entsprechen immer einer Gemeinschaft der Interessen. So wird die hohe Kunst erreicht, zu gleicher Zeit die Reaktionen verschiedener Persönlichkeiten auf eine gegebene Situation musikalisch zu profilieren.

Mozart ging es um die Schöpfung lebendiger, individueller Charaktere, die, ihren gesellschaftlichen Positionen, Zielen und Interessen entsprechend, in Konfrontation zueinander stehen. Das so meisterhaft diesen Personen verliehene musikalische Profil in szenische Realisation zu setzen, sie folgerichtig handeln und sich entsprechend mitteilen zu lassen, soll Sinn und Absicht der Inszenierung sein. Die Herausarbeitung der erwähnten gesellschaftlichen Positionen erfordert die genaue szenische Fixierung jeder der handelnden Personen auf der Bühne.

Bei der Durcharbeitung der Partitur dieser Meisteroper kann man feststellen, daß Mozart uns von jeder seiner Hauptpersonen bis hin zu den scheinbaren Nebenfiguren, wie Basilio, in zumindest einer Arie ein großartiges und typisches Charakterbild entwirft. Im Gegensatz zu den unmittelbare Handlung darstellenden Arien (z. B der ersten Arie der Susanna, der zweiten Figaro-Arie oder der Kanzone des Cherubin sind es immer Gedanken, Gefühle, Erkenntnisse oder Entschlüsse, die der Betreffende ganz allein auf der Bühne vorträgt. Dabei ist interessant festzustellen, daß die meisten dieser *»Gedankenarien«* aus zwei Teilen bestehen. Formal entwickelt sich immer aus dem einleitenden *Betrachtungsteil* allmählich ein *Allegroteil*, der uns einen Entschluß oder eine Erkenntnis vermittelt und so daß Charakterbild des Betreffenden großartig umreißt. Es soll hier nun der Versuch gewagt werden, diese »Charakterarien« einmal nicht auf der Bühne *zerlaufen* zu lassen, sondern sie szenisch auf einen zentralen Punkt zu fixieren. Sie sollen dabei natürlich nicht aus der Handlung herausfallen, sondern eine Konzentration auf die musikalisch-geistige Aussage und auf den jeweiligen Stand der Handlung darstellen. Eine besondere Lichtregie soll dabei erreichen, daß uns die persönliche Äußerung und das Bekenntnis der jeweiligen Person unmittelbar anspricht. Die Konsequenz, alle von Mozart geformten Charaktere so vorzustellen, erfordert, auch die oft weggelassenen Arien Marzellinas und Basilios singen zu lassen.

Wir wollen auch zu der in der Partitur verlangten Zweiteilung des 4. Aktes zurückkehren, in dem durch ein Zwischenbild angedeutet wird, wo die Begegnung Figaro-Marzellina-Barbarina stattfindet. Durch die Beibehaltung der Arie Marzellinas gibt das auch ein geschlossenes Bild; und es kann nur so logisch gefolgert werden, warum Figaro eigentlich auch in den Garten kommt. (Er erfährt erst hier durch Barbarina den Ort des Stelldicheins des Grafen mit Susanna.) Hier ist wieder festzustellen, daß im gesamten FIGARO trotz der scheinbaren Handlungszufälle, Intrigen und Verwirrungen eben nichts zufällig und theatralisch unglaubwürdig geschieht. Alle Personen, die im Garten erscheinen, haben dafür ihren ganz persönlichen Grund. Infolge immer neuer hinzutretender Personen erweitert sich die Handlungsebene von Akt zu Akt. In dem Gartenbild scheint sich nun noch die Natur, einer Johannisnacht gleich, in die Gefühlssphäre der Menschen einzumischen. Sie spielt selbst mit. Kein Wunder also, daß die Verwirrung vollständig wird. Bis auf den Ruhepunkt der stimmungsvollen »Rosenarie« Susannes, eine der schönsten Liebeserklärungen auf dem Theater, treibt alles auf einen Höhepunkt zu, bis die verzeihende Geste der Gräfin alle Verwirrung aufhebt und sich schließlich alles im herrlichen Abgesang vereinigt. Was auf den ersten Blick als Tribut an den Zeitgeschmack des »lieto fine« (frohen Endes) erscheinen mag – und zweifellos auch gewesen ist –, wird durch das Bekenntnis zur Macht der Liebe, die alle Personen des Stückes einschließt, zu einem Zeugnis und tönenden Dokument Mozartischer Humanität!

EUGEN ONEGIN

Dramatik der Seelenzustände

Pjotr I. Tschaikowskis EUGEN ONEGIN bedeutet im großen Opernrepertoire für den Regisseur einen ganz »spezifischen« Fall. »Der Inhalt ist so unraffiniert, bietet gar keine Bühneneffekte, und auch die Musik ist jeglichen Glanzes, jeglicher verblüffender Knalleffekte bar ... Diejenigen also, welche in der Oper auf die Handlung das Hauptgewicht legen, werden unbefriedigt bleiben.« Mit dieser

Äußerung in einem Brief an Frau von Meck weist Tschaikowski auf das Besondere der musikalischen Dramaturgie seines Werkes hin. Der großen literarischen Vorlage Alexander Puschkins »Roman in Versen«, in welchem der Dichter das Bild der russischen Gesellschaft des frühen 19. Jahrhunderts reproduzierte, entnahm Tschaikowski charakteristische Teile und fügte sie zu »Lyrischen Szenen« aneinander. So ist eine Opernhandlung entstanden, die weniger den äußeren dramatischen Konflikt sucht, als vielmehr eine epische Reihung einzelner Bilder darstellt.

Die wesentlichen dramatischen Kollisionen liegen meist unter der Oberfläche der äußeren Handlung, werden aber durch Tschaikowskis Musik so lebendig und treffend charakterisiert, daß man als Regisseur nur verstehen muß, das im Text Unausgesprochene, nur Angedeutete herauszuhören, um den Personen und ihren Absichten richtiges Profil geben zu können. Der ständige Wechsel von Stimmungen, Leidenschaft, Trauer, Melancholie, erwachendes Glücksgefühl, Lebensfreude u. a. gibt dieser Oper eine Form der »inneren Dramatik«. Diese »Dramatik der Seelenzustände« gilt es auf der Bühne herauszuarbeiten. Weniger die äußeren Vorgänge sind es, die uns zu interessieren haben – vielmehr werden psychologische Aspekte in den Vordergrund gerückt.

Zwei gegensätzliche Charaktere, geprägt von ihrer Umwelt, prallen in »Eugen Onegin« aufeinander. Zwei miteinander unvereinbare Einstellungen zum Leben werden aufgezeigt: Tatjanas reines und tiefes Gefühl für den Partner, ihre Liebes- und Leidensfähigkeit, ihre Menschlichkeit finden bei Onegin kein Echo. Sein egozentrisches Weltbild, sein skeptischer Individualismus finden keinen Zugang zu Tatjanas innerer Größe. Der übersättigte Aristokrat, krampfhaft bemüht, jedes aufkeimende Gefühl in sich selbst zu töten, ironisiert den gesunden Drang des sensiblen Mädchens nach Verstandenwerden und Geliebtwerden. So geht er ständig an den menschlichen Werten seiner

Partner vorbei und isoliert sich von der Gesellschaft. Puschkin charakterisiert seinen Helden als »des Luxus und der Launen Kind«. Die in der Misere der russischen Gesellschaft begründete Isolation Onegins von seiner Umwelt gilt es im Stück herauszuarbeiten, sie ist der Kernpunkt der äußerlich so »undramatischen« Handlung. Durch seine Unfähigkeit zu lieben – und zwar die Menschen im allgemeinen – ruft er immer wieder Katastrophen hervor. Ist es bei Tatjana psychische Verwirrung und ein gebrochenes Mädchenherz, so steht bei seinem Freund Lenski, dem ebenfalls – aus ganz anderen, emotionalen Gründen – fremder Wirklichkeit gegenüberstehenden Romantiker am Ende gar die physische Vernichtung. So richtet Onegin mit seiner unproduktiven Einstellung zum Leben andere und schließlich sich selbst zugrunde. Wir können ihm nur beipflichten, wenn er am Ende – zu spät – erkennt und zerbrochen bekennt: Ich habe falsch gelebt.

Aus dieser Sicht erscheint auch verständlich, warum die Oper Eugen Onegin heißt, obwohl die Figur der Tatjana viel ausführlicher herausgearbeitet ist, und Tschaikowskis ganze Liebe – wie auch unsere Sympathie – der ethischen Schönheit dieser Gestalt gehört. Tatjana, die alle menschlichen Konflikte – den zerstörten Traum von Glück und Liebe, die als notwendig erkannte Treue gegenüber ihren freiwillig übernommenen Pflichten – auf Grund ihrer Seelengröße und Menschlichkeit bestanden hat, erscheint uns als Beispiel einer wahrhaften und schönen Bühnengestalt, die uns die ethischen Ziele in den menschlichen Beziehungen sichtbar werden läßt.

Diese unterschiedlichen Haltungen zur Welt, die im Stück kollidieren, auf der Bühne aufzuzeigen, die »Seelenzustände« in dramatische Äußerungen und Aktionen zu übertragen, macht diesen »spezifischen« Fall, das russische Meisterwerk Eugen Onegin für den Regisseur zur interessanten Aufgabe.

»Schweigt stille plaudert nicht«

Ein Abend mit kleinen Werken großer Meister

Verehrliches Publikum!

Bitte nehmen Sie Platz in den bequemen Sesseln des Apollosaales der Deutschen Staatsoper und lehnen Sie sich behaglich zurück! Sie brauchen heute einmal nicht die Rolle zu spielen, die wir Ihnen sonst immer von der Bühne herab zuweisen: Sie sollen heute nicht bildungshungrig sein, Sie brauchen nicht »mitzuarbeiten«, keine Erschütterung oder Faszination wird Ihnen zugemutet. Nein, Sie dürfen sich einmal schlicht von uns unterhalten lassen. Entspannen Sie sich, amüsieren Sie sich – hoffentlich – und »baumeln Sie mit der Seele«. Es darf »romantisch geglotzt werden« (um ein Zitat von B. Brecht, dem Anti-Kulinarischen, umzukehren)!

Drei launige kleine Werke großer Meister, die Sie bisher vielleicht nur als Schöpfer von großen Oratorien, Suiten, Liedern und Kammermusik kennen und lieben gelernt haben, wollen wir Ihnen vorführen und Sie damit erfreuen – mehr nicht! »Das deutsche Singspiel und seine Vorstufen« könnte das heutige Bildungsziel heißen. (Also doch wieder – wir Regisseure können's eben nicht lassen!) Da kommt der wackere Schulmeister des Herrn Georg Philipp Telemann mit seinen ungezogenen Jungen hereinspaziert, um mit diesen einen zopfigen lateinischen Cantus einzustudieren, was nicht ohne Schwierigkeiten vonstatten geht. Das war ja auch in der Schule immer so. Wenn wir ehrlich sind, haben wir die Singstunden in der Schule immer nicht so richtig ernst genommen, oder? Machte es nicht einen merkwürdigen Eindruck, wenn der gestrenge Herr Lehrer sich plötzlich alle Mühe gab, milde, klangvolle – sozusagen versöhnlichere Töne anzuschlagen? Welche Freude in ungezogenen Schülerherzen, wenn es ihm womöglich nicht ganz so gut gelang! Wie unserem Schulmeister, der – von seiner »Kunst« besessen – seiner Weisheit letzten Schluß verkündet: Wer die Musik nicht liebt und ehret, der ist und bleibt ein Asinus!

Hat dieser cholerische Kauz mit seinen Zöglingen die Bühne verlassen, kommt schon ein zweiter brummiger Geselle hereinspaziert und führt sein Töchterchen Liesgen an der Hand, das ihm mit seiner Vorliebe für »Coffee« argen Kummer bereitet. Herr Schlendrian versucht mit allerhand »Disziplinarmaßnahmen« das flatterhafte junge Ding von seiner »Coffee-Sucht« zu heilen. Selbst die Drohung, ihr keinen Mann zu verschaffen, geht ins Leere: Liesgen bleibt ihrer Liebe zum Kaffee treu. »Die Katze läßt das Mausen nicht« … – diese hübschen Schlußverse setzte der große Johann Sebastian selbst der Dichtung seines »Hofpoeten« Picander hinzu.

Auf launige Art wird hier die Kaffeeleidenschaft des damaligen Leipziger Bürgertums ein bißchen auf den Arm genommen. Schließlich war ja das »braune Gift«, dieses »hitzige Mohrengetränk« zu Lebzeiten Bachs auch eine umstrittene Angelegenheit. Es hatte den Ruf einer Droge. In vielen deutschen Fürstentümern war das Kaffeetrinken – wie in Frankreich – verboten. Die »Coffee-Riecher« gingen um. Harte Zeiten waren das damals! Jedoch – aufzuhalten war der Siegeszug des Kaffees auch damit nicht – und des sind wir ja auch heute herzlich froh! Wie auch der große Thomaskantor, in dessen vergnüglicher Kantate wir wohl auch autobiographische Züge vermuten dürfen. (Wie übrigens auch in Telemanns SCHULMEISTERKANTATE, der die Nöte eines Musiklehrers, sicher als Kantor am Hamburger Gymnasium, aus eigener Anschauung kannte!) Da Bach im Zimmermannschen Kaffeehaus in Leipzig wöchentlich sein Studentencollegium abhielt, ist anzunehmen, daß er, der ja irdischen Genüssen keineswegs abhold war, wie seine Kinderschar beweist, daselbst auch dem »braunen Gift« kräftig zusprach. Als echter Sachse hat er den Kaffee sicher »scheen süße« getrunken. Wie könnte er sonst in dieser bedeutendsten musikalischen Laudatio auf den Kaffee behaupten: Ei wie schmeckt der Coffee süße ...?

Die KAFFEEKANTATE, ein legitimer Vorläufer des Singspiels, war der Ausgangspunkt unserer Überlegungen für einen heiteren Abend, in dessen Mittelpunkt sie stehen soll. Haben wir Ihnen damit gar Appetit gemacht, so hätten wir unser »Soll« mehr als übererfüllt!

Kantate heißt übersetzt schlicht »Singstück«. Da ist es, so meine ich, kein weiter Weg zum »Singspiel«, das wir für Sie als drittes Werk – rein kulinarisch – ausgesucht haben. DER VIERJÄHRIGE POSTEN ist ein liebenswürdiges, unverbildetes Werk Franz Schuberts, durch dessen gefühlvolle Musik mit ihren zu Herzen gehenden Kantilenen hie und da eine echte Menschlichkeit durchblickt. Daß ein väterlicher General wie ein deus ex machina erscheint, daß ein der Truppe »abhanden« gekommener Husar ihn mit einer List überzeugen kann, für seinen Schwindel aber nicht bestraft, sondern belohnt wird – kann wohl nur in einer Singspielarmee geschehen!

Eine harmlose Geschichte also, wie so viele andere Textvorlagen der Opern von Franz Schubert, an denen sein zähes Ringen um Anerkennung auf der Opernbühne – unter anderem – gescheitert ist. (Er hat in 14 Jahren nicht weniger als 16 Bühnenwerke geschaffen!) Aber Sie werden sicher mit uns übereinstimmen, daß sich Schubert auch in diesem Werk als ein Meister des melodischen Einfalls erweist. In zehn Tagen hat er es im Jahre 1815 geschrieben; es hat lange Zeit in den Archiven geschlummert und ist Ende der zwanziger Jahre von keinem Geringeren als Fritz Busch in Dresden unter dem Titel DER TREUE SOLDAT bearbeitet worden.

Im musikalischen Ablauf des Abends werden Sie feststellen, daß wir instrumental von Stück zu Stück immer »fülliger« werden. Im Apollo-Saal breitet sich immer mehr »Klang« aus, der »Apparat« wird immer umfangreicher. (Ein kleiner, nicht unwichtiger musikgeschichtlicher Nebeneffekt!) Am Ende werden wir uns freuen, wenn Sie uns bestätigen können, was der Schulmeister, dieser legitime Vorläufer des Lortzingschen BACULUS, uns lehrt: Ein schönes Lied von rechten Meistern kann Herze, Leib und Seel' begeistern ...

Sie sollten sich entspannen, liebes Publikum – und haben doch bildungshungrig diese Zeilen gelesen. Sie können es eben nicht lassen – wie wir das Theaterspielen! Bevor Sie uns dabei nun zuschauen, darf ich meinen Zeigefinger erheben, Sie mahnen und den unsterblichen Karl Valentin zitieren: »Sie sind nicht auf uns angewiesen, aber wir auf Sie! Merken Sie sich das!«

Ich diesem Sinne wünsche ich Ihnen viel Spaß bei den kleinen Werken großer Meister.

Ihr Theo Adam

CAPRICCIO

»Eine Kunst durch die andere erlöst«

Zu den subtilen Kostbarkeiten des Musiktheaters gehört das letzte Bühnenwerk von Richard Strauss, sein »Konversationsstück für Musik«, die Oper CAPRICCIO. Dieses gescheite, in seiner musikalischen Struktur überaus geistreiche, wenn auch handlungsarm und undramatisch erscheinende Werk, in dem ein jahrhundertealtes Problem – das Wort-Ton-Verhältnis in der Musik – in liebenswürdiger Form diskutiert wird, entstand im Jahre 1941. Auf dem Höhepunkt eines mörderischen Krieges, umgeben von Brutalität und Haß, die alles kulturelle Leben auszulöschen drohen, erwächst aus der Hand eines Meisters der Musik ein Werk des »Rokoko«, dessen Inhalt und ästhetischer Charme im krassen Widerspruch zu den Realitäten seiner Zeit stehen. Erstaunt und erschüttert betrachten wir aus heutiger Sicht die Tatsache, daß hier zwei große

Vor der neuerbauten und im Februar 1985 wiedereingeweihten Semperoper Dresden, deren Kuratorium Prof. Theo Adam als Präsident vorsteht

Als Ochs in der ROSENKAVALIER-Premiere anläßlich der Wiedereröffnung der traditionsreichen Semperoper. Pausenschnappschuß: Drei Generationen begegnen sich – Theo Adam, Schwiegersohn Jürgen Hartfield und Enkel Florian

»Konzert in der Oper« am 3. März 1985 – Liederabend
während der Eröffnungsfestwoche in der Semperoper Dresden,
mit Rudolf Dunckel am Klavier

Nach dem Konzert mit Rudolf Dunckel im Foyer
der neuerbauten Semperoper

Künstler – Richard Strauss und sein Librettist Clemens Krauss – aus einer grausamen Wirklichkeit in die Kunst flüchteten und sich in einem »Elfenbeinturm« mit Worten und Tönen eine Scheinwelt erträumten. Strauss muß es selbst empfunden haben, wenn er resigniert feststellte: »Hat denn das überhaupt einen Sinn, dieses Stück zu schreiben, jetzt im Krieg, wer wird sich dafür interessieren?« Von Clemens Krauss jedoch ermutigt, beschloß er: »Schreiben wir es eben für uns und noch ein paar Leute, die noch nicht den Verstand verloren haben, machen wir es zu unserem eigenen Vergnügen!«

Wenn man als Regisseur dieser Entstehungswelt der Autoren kritisch gegenübersteht, liegt die Versuchung nahe, diese Kritik auch das Werk entgelten zu lassen, indem man es zum Beispiel aus dem verspielten Rokoko-Zeitalter in die Zeit der Jahrhundertwende oder in die Entstehungszeit verlegt. Das zeitlose Thema »Prima le parole – dopo la musica« (bzw. umgekehrt), das uns beschäftigen wird, solange wir Oper spielen, gäbe hierzu sicher Anlaß und gewisse Berechtigung. Die Anlage des Werkes aber, die Personen und ihre Zusammensetzung, das ganze Milieu sind vom Salon des Rokoko meines Erachtens nicht zu trennen. Hier muß ich mich als Regisseur wohl zu dem »Elfenbeinturm« der Autoren bekennen. Denn der kulturhistorische Hintergrund für dieses Thema ist eindeutig vorgegeben in der Tatsache, daß Gluck in der zweiten Hälfte des 18. Jahrhunderts in Paris sein großes Reformwerk der Oper begann. Wir sind bei den Gesprächen und Diskussionen in CAPRICCIO Zeugen der Auseinandersetzungen um eine Reform der Opernkunst. Von gesellschaftlichen Erschütterungen und revolutionären Ahnungen – wie in einer anderen Rokoko-Oper, dem FIGARO – ist hier nichts, noch nichts zu spüren. Natürlich gibt es Unterschiede in den gesellschaftlichen Positionen, die herauszuarbeiten auch hier für den Regisseur reizvoll erscheinen. Da stehen den Müßiggängern aus gräflichem Geblüt glutvolle und tatkräftige Theaterleute gegenüber. Den Dichter Olivier darf man als intellektuell eingestellten Mann von Geist und Überzeugungskraft, als Anhänger der Aufklärung betrachten. Seinem Wort geht stets die genaue Formulierung eines Gedankens voran. Der Musiker Flamand ist in seiner emotionalen und schöpferischen Kraft ein glühender Bewunderer des Reformers Gluck. So erleben wir bei aller geistigen Auseinandersetzung, bei allen klugen Wortspielen und -gefechten die Figuren nicht nur als Träger ästhetischer Grundsätze, sondern als Menschen aus Fleisch und Blut in einer theaterwirksamen Musikkomödie. Und ist nicht der Theaterdirektor La Roche ein Weltmann aus dem Geschlecht der Komödianten, eine gelungene Mischung aus einem Ernst von Possart und einem Max Reinhardt? Hier spricht ein Praktiker des Theaters zu uns, dessen erzieherische Worte sich an das Publikum richten und durch dessen Mund Richard Strauss aussprechen wollte, was ihm am Herzen lag. Hier konnte er – wenigstens verschlüsselt – ein paar Zeitumstände des Theaterlebens anprangern: »Ein paar Ohrfeigen austeilen an Lumpen und Schädlinge der Kunst würde ich nie unter meiner Würde halten!« (Strauss)

Bei aller lebhaften Diskussion über Dichtkunst und Musik in dieser Oper über die Oper werden auch hier und da gesellschaftliche Wahrheiten angesprochen, so auch im köstlichen Oktett der Dienerschaft, die da singt: »Uns machen sie nichts vor – wir sehen hinter die Kulissen (des Salons!). Dort sieht die Sache ganz anders aus!« Gewiß, das sind nur kleine Ansätze, aber sie belegen, daß wir es hier durchaus mit einem »Leckerbissen für kulturelle Feinschmecker« (Strauss) zu tun haben, der über seinen geistvollen, ästhetischen Anspruch hinaus dem realen Leben abgelauscht und der Rokoko-Welt, in der er angesiedelt ist, in ihren menschlichen und gesellschaftlichen Beziehungen entspricht.

Wenn die Gräfin nach den Ereignissen des Tages von

ihrem Haushofmeister erfährt, daß der Dichter Olivier sich für den nächsten Morgen um die gleiche Zeit wie der Komponist Flamand angemeldet hat, um von ihr »den Schluß der Oper«, das heißt ihre Entscheidung zu erfahren, wird ihr bewußt, daß die beiden Nebenbuhler unzertrennlich aneinandergeschmiedet sind. Die von Richard Strauss und Clemens Krauss am Schluß der Oper in humorvoller Weise – an das Publikum weitergereichte – offengelassene Frage (Wort oder Ton – Musik oder Dichtung) erhält durch die Gräfin ihre eigentliche Antwort. Nach einer Entscheidung ringend, erkennt sie: »Vergebliches Müh'n, die beiden zu trennen … Geheimnis der Stunde … eine Kunst durch die andere erlöst!« Diese Erkenntnis sollte auch für uns Interpreten, besonders aber für den Regisseur die Grundlage der Arbeit sein. Welcher der beiden Künste – Wort oder Ton –, die seit Jahrhunderten schon um die Führung ringen, geben wir den Vorzug? Wird nur das Wort (sprich: Text) inszeniert, wird die emotionale Kraft der Musik außer acht gelassen, wohl gar noch durch unmotivierte Gänge und Aktionen zerstört, kann es zu keiner gültigen musikdramatischen Aussage kommen. Schwelgen wir aber nur in Musik, verlieren uns in altem Opernpathos und teilen dem Wort eine sekundäre Rolle zu, arrangieren wir bestenfalls ein kostümiertes Konzert. Wofür also sich entscheiden? Nehmen wir doch den klugen Vorschlag der Frau Gräfin aus CAPRICCIO auf und beherzigen wir ihn: »Schafft gemeinsam das Werk! … Fühlt es mit mir, daß allen Künstlern nur *eine* Heimat eigen ist: unser nach Schönheit dürstendes Herz!« In seinem letzten Bühnenwerk, das er selbst als »besten Abschluß meines theatralischen Lebenswerkes« betrachtete, hinterläßt uns Strauss die Erkenntnis, daß nur in der *Synthese von beiden Künsten*, Dichtung und Musik, ein echtes, die Herzen und die Sinne erreichendes musikdramatisches Kunstwerk, unsere geliebte Oper, entstehen kann. Das gilt nicht nur für den geistigen Urheber, sondern vor allem für den, der die Verantwortung übernimmt, dem Publikum ein solches Werk vorzustellen und nahezubringen. So gesehen hat uns auch heute dieses musikalische Vermächtnis aus dem »Elfenbeinturm« eines Meisters noch etwas zu sagen.

Lohengrin

Einsamkeit in Glanz und Wonne?

Einen »Gipfel der Romantik« nannte Thomas Mann den Lohengrin, Wagners populärstes und in seiner Handlungsstruktur wohl auch verständlichstes Werk. Und wenn Wagner selbst seine Schöpfung als »edles Gedicht sehnsüchtigen menschlichen Verlangens« bezeichnet, so spricht daraus echt romantischer Geist. Ein typischer Zug der Romantiker war es ja, daß sie, von der Realität enttäuscht, ihre sehnsuchtsvollen Träume in ihrer Kunst Gestalt werden ließen. So brachte der romantische Geist ein Reich der Utopie hervor, das unserer heutigen Vorstellungskraft oft fremd erscheint. Bedenken müssen wir aber, daß die utopische Sehnsucht der Romantiker eine Gegenwelt zur bürgerlichen Realität ihrer Zeit darstellt. Im Lohengrin fand dieser Konflikt zwischen Realität und Utopie seine beispielhafte Gestaltung. Das Wunder, das sich in einer Welt voll Haß und Hader vollzieht, steht hier im Mittelpunkt, greift entscheidend in die Handlung ein. Wer heute den Lohengrin aus dem Geiste der Musik inszenieren will, muß sich zur theatralischen Existenz dieses Wunders bekennen, überhöhte Symbolik und Verfremdungseffekte führen in eine Sackgasse.

Was bedeutet uns Heutigen die wunderbare Gestalt des Schwanenritters, uns, die wir die Welt nicht mehr romantisch betrachten können?

Die Frage nach der Titelgestalt erschließt sich uns am ehesten aus der Person Richard Wagners. In Lohengrin dokumentiert sich seine Künstlerseele auf eindringlichste Art. Persönliches verbindet sich hier mit dem Geist der Zeit. Die Situation des um künstlerische Anerkennung ringenden Dresdener Hofkapellmeisters Wagner hat ebenso an der Herausbildung des Werkes mitgewirkt wie das Gedankengut der jungdeutschen Literatur und die Philosophie Feuerbachs. Nach Wagners Worten suchte der aus Glanz und Wonne kommende Held »das Weib, das an ihn glaubte, das nicht früge, wer er sei und woher er komme, sondern ihn liebte, wie er sei und weil er so sei, wie er ihm erschiene.« Er verlangt also den bedingungslosen Glauben an die künstlerische Mission. Wagner sieht den Künstler – und damit sich selbst – als einen Messias, der die Gesellschaft erlösen kann, indem er ihr das Heil bringt. In echt romantischer Begeisterung bekräftigt der Chor mehrmals die Wagnersche Maxime: »... von Gott ist er gesandt«.

Der Dichter-Komponist verleiht seinem Helden jedoch durchaus menschliche Züge, die wiederum den Künstler Wagner selbst charakterisieren: Lohengrin will nichts anderes sein »als voller, ganzer, warmempfindender und warmempfundener Mensch, also überhaupt Mensch, nicht Gott ...«, denn »... gerade eben in der Nichtaufdeckung, in der Nichtoffenbarung dieses höheren – oder richtiger gesagt: erhöhten – Wesens konnte ihm die einzige Gewähr liegen, daß er nicht um dieses Wesens willen nur bewundert und angestaunt ... würde, wo es ihn eben nicht nach Bewunderung und Anbetung, sondern ... nach Liebe, nach Geliebtsein, nach Verstandensein durch die Liebe verlangte«. Aber Lohengrin wurde eben so nicht verstanden, sondern nur angebetet.

Elsa kämpft, wie so viele Frauengestalten Wagners, um ihre Liebe, indem sie sich nicht mit bloßer, willenloser Hingabe begnügt. Es sind nicht nur die Einflüsterungen Ortruds, die sie bewegen, nach Lohengrins »Nam' und Art« zu fragen, sondern der hauptsächliche Beweggrund ist ihre Liebe. Sie erträgt es nicht, nichts über den Geliebten zu wissen. Erst während der Arbeit an der Oper erfaßt Wagner »das Wesen des weiblichen Herzens«, wie er es in Elsa darzustellen hatte. Jetzt erst versteht er sie ganz: »Dieses Weib, das sich mit hellem Wissen in ihre Vernichtung stürzt, um des notwendigen Wesens der Liebe willen ..., dieses so und nicht anders lieben könnende Weib, das gerade durch den Ausbruch ihrer Eifersucht erst aus der entzückten Anbetung in das volle Wesen der Liebe gerät ..., dieses herrliche Weib, vor dem Lohengrin noch entschwinden mußte, weil er es aus seiner besonderen Natur nicht verstehen konnte ...« Das ist eine Gegenkonzeption, die Wagner – jetzt aus der Sicht Elsas – der Forderung Lohengrins nach fraglosem Glauben entgegenstellt. Feuerbachsches Gedankengut wird erkennbar, wenn er schreibt, er sei jetzt »dem wahrhaft Weiblichen auf die Spur« gekommen, »das mir und aller Welt die Erlösung bringen soll, nachdem der männliche Egoismus, selbst in seiner edelsten Gestaltung, sich selbstvernichtend vor ihm gebrochen hat«.

Christlicher und heidnischer Glaube stehen sich in Elsa und Ortrud gegenüber, wobei Elsa und ihrer hingebungsvollen Liebe unsere Sympathie gehört. Letztlich aber scheitern alle handelnden Personen der Oper an ihrer eigenen Weltsicht. Elsa muß ihre Schuld – die weder Wagner noch wir anerkennen wollen – mit der Trennung von dem Geliebten und schließlich mit dem Leben bezahlen. Ortrud, die wilde Seherin – Wagner nennt sie »ein Weib, das die Liebe nicht kennt« –, wird vernichtet, Telramund, ihr Werkzeug, erschlagen und – Lohengrin? Aus Glanz und Wonne kommend, vermochte er diese zerstrittene, heil- und ratlose Welt nicht zu bessern und zu verändern. Bei seinem Abschied läßt er sie noch desolater und deprimierter zurück, als er sie bei seinem Erscheinen vorfand. Einzig den kleinen Gottfried kann er aus seinem Schwanendasein erlösen. Aber bedeutet dieser minderjährige Thronfolger, der sehr bald ein Spielball der Machtkämpfe werden dürfte, eine Lösung? Sicher ist dieses Kind nicht der erhoffte Führer im Kampf gegen die Feinde. Die letzte Reaktion des Volkes ist ein trauriges »Weh!«.

Aus der anfänglichen Staatsaktion des Königs Heinrich ist eine Tragödie geworden. Die Berührung einer transzendenten Erscheinung mit der realen Welt, die Verbindung eines göttlichen Wunders mit einem Menschenkind konnte nicht bestehen. Der tragische Ausgang war von Anfang an vorausbestimmt.

Die Interpretationsgeschichte des LOHENGRIN ist reich an verschiedenen Auslegungen und voneinander abweichenden Konzepten. Wagner selbst gab uns mehrere Deutungen mit auf den Weg. Für mich steht eines fest: Jedes Drama auf der Bühne – auch das romantischste Märchen – geht von einer das Stück bestimmenden Realität aus. Und diesen Boden der Realität sollte auch eine szenische Interpretation des LOHENGRIN nicht verlassen.

Zuschauen – auch eine Rolle

I. Die Zeit, die ist ein sonderbar Ding

Wenn sich auch mein Theaterleben hauptsächlich auf der Bühne oder auf dem Podium abspielt, so ist es doch immer wieder für mich interessant und lehrreich, aber auch entspannend, hin und wieder als Zuschauer »vor« dem Vorhang zu sitzen. Sich dabei Gedanken zu machen, wie unser Tun und Wirken da oben eigentlich von der anderen Seite, ohne die ja unsere Existenz wirkungslos wäre, aussieht, ist doch sehr wichtig und anregend. Dabei erfaßt mich schon von Kindestagen an immer eine besondere Erregung in jenem Moment, wenn das Auditorium, wie von unbekannter Geisterhand gesteuert, langsam dunkel wird und der Vorhang aufgeht. (In der Oper ist ja das Aufgehen des Vorhanges fast immer auskomponiert. Leider kapieren das unmusikalische Regisseure oft nicht und lassen ihr Zauberreich noch vor dem Erklingen der Musik geräuschvoll öffnen!)

Während längerer Gastspiele hat man ja als Sänger oft Gelegenheit, an freien Tagen andere Aufführungen zu besuchen. Ich entscheide mich dann oft für einen Schauspielabend, in dem ich mich nicht so einseitig engagierte wie in einer Opernaufführung und dadurch auch wirklich aufnahmefähig für Anregungen szenischer, gestischer, mimischer und sprachlicher Art von seiten meiner Schauspielkollegen bin.

So hat es in Wien an interessanten Eindrücken dieser Art keinen Mangel. Das Burgtheater, von den vielen Wiener Schauspielbühnen die renommierteste, spielt seit einiger Zeit an drei Spielstätten. So entschied ich mich eines Tages, es war während einer Gastspielserie der FRAU OHNE SCHATTEN von Richard Strauss an der Wiener Staatsoper, für eine Aufführung im Akademietheater, das regelmäßig auch vom Burgtheater bespielt wird. Sie sollte für mich ein eindrucksvolles, nachdenkliches und auch nachhaltiges Erlebnis werden. Es wurde das geistreiche Stück des französischen Autors Jean Bouchaad WIE WAR DAS DAMALS? gespielt. Es ging um Probleme des Alterns und Altwerdens, und im Laufe des Abends empfand ich den Titel aus mehreren Gründen sehr beziehungsreich. Hatte mir mein Unterbewußtsein den Weg in diese Aufführung gewiesen? Denn die Frage des Titels bewegte mich im Laufe der Darbietung immer nachhaltiger und wurde für mich immer mehr Realität. Dabei hatte mich zunächst die Tatsache gelockt, daß ein Großer der Schauspielkunst Regie führte: Paul Hoffmann. Ihn habe ich in meinen Dresdner Jugendjahren oft auf der Schauspielbühne erlebt, bewundert und glühend verehrt. Von diesem Künstler empfing ich damals, als ich auf verbilligten Plätzen im dritten Seitenrang des Dresdner Schauspielhauses auf erhöhten Stühlen hockte (erhöht, damit man überhaupt etwas von der Bühne sehen konnte), entscheidende Impulse für mein späteres Bühnenleben. Er war ein unerhört gut aussehender Mann und wurde vom Dresdner Publikum, besonders vom weiblichen Teil, begeistert verehrt. Die Erarbeitung meiner Opernrollen und ihrer darstellerischen Nuancen fußt wesentlich auf den damals erlebten Eindrücken dieser großartigen Persönlichkeit eines vitalen Schauspielers. Es gibt Zufälle auch im Künstlerleben, die man später eigentlich schon nicht mehr als Zufall, sondern beinahe als Bestimmung, zumindest aber als glückliche Fügung ansieht.

So war für mich – wie schon in diesem Buch erwähnt – die Begegnung mit Paul Hoffmann nach so vielen Jahren in Salzburg 1981, noch dazu als Partner auf der Bühne in der Uraufführung der Oper BAAL, ein sehr bewegender Augenblick. Seine herzliche Kollegialität einem

»Dräsdner« gegenüber und sein lobendes Urteil über meinen »Baal«, der ja eine wahre Schauspielrolle darstellte, war mir besonders wertvoll.

Mein erwähnter Theaterbesuch fiel in die Märztage 1982, als Paul Hoffmann gerade 80 Jahre alt wurde. Nicht ohne innere Beziehung wird er dieses Stück WIE WAR DAS DAMALS? für eine Regie in diesen Tagen gewählt haben. Er bewies übrigens mit seiner Arbeit wieder einmal das bekannte Zitat, daß »die beste Regie diejenige ist, die man nicht merkt!«. Wie oft erleben wir heute auf unseren Bühnen genau das Gegenteil, wo Regie, ob in Schauspiel oder in der Oper, so in den Vordergrund gerückt wird, daß man oft das Werk nicht wiedererkennt!

Als der Vorhang aufging, stand da eine alte Frau – oder besser –, eine alte Dame, die mich geradezu aufschreckte, indem sie mir eigene Beziehungen und Assoziationen zum Titel des Stückes, das da gespielt werden sollte, symbolisierte. Da oben stand Paula Wessely – und ich bezog die Titelfrage »Wie war das damals?« ganz persönlich auf mich. Ich fühlte mich zurückversetzt in jene Jugendjahre, als ich ein Fan von Paul Hoffmann war. Ich sah mich aber im Geiste nicht im Dresdner Schauspielhaus, sondern in einem Kino in Dresden-Trachenberge, das den sinnigen Namen »Rädelsburg« hatte. In meiner Jugendzeit gab es noch kein Fernsehen; aber jeden Sonntagnachmittag gab es im Kino die heißbegehrten Kindervorstellungen. Wenn ich meiner Mutter beim »Aufwaschen« das Abtrocknen des Geschirrs besorgt hatte, durfte ich für 20 Pfennig die Zauberwelt auf der flimmernden Leinwand der »Rädelsburg« sehen. Wie oft begeisterte mich da u. a. das so fesche und herzige Wiener Mädel Paula Wessely! Wie natürlich war sie und was für eine schöne Sprache hatte sie – ich glaube, ich habe oft von ihr geträumt!

Und nun stand diese Wessely nicht auf Zelluloid, auch nicht mehr so fesch und jung da oben, sondern leibhaftig vor mir auf der Bühne, und ich saß wieder in einem Zuschauersessel. An beiden war zu sehen, daß inzwischen viel Zeit vergangen war, an der Künstlerin da oben auf der Bühne und auch an dem Theaterbesucher da unten im Parkett! Plötzlich begriff ich den Inhalt eines Wortes, über das man in der Jugend unbekümmert und sorgenlos hinweggeht, in der Mitte des Lebens schon etwas bewußter erlebt, im Alter aber sicher erst seine wahre Bedeutung erfassen kann: die Zeit. Als ich mein Jugendidol aus der Flimmerkiste da oben auf der Bühne erlebte und in der Pause einmal bewußt in den Foyerspiegel sah, da glaubte ich, den Begriff Zeit kapiert zu haben. Ich hielt es immer für Koketterie, wenn die Marschallin im ROSENKAVALIER singt: »Die Zeit, die ist ein sonderbar Ding. Wenn man so hinlebt, ist sie rein gar nichts. Aber dann auf einmal, da spürt man nichts als sie ...«. Aber die junge Fürstin spricht schon in ihrer Morgenlaune eine tiefe Wahrheit aus. Mir wurde plötzlich klar, daß man in der zweiten Hälfte des Lebens wohl bewußter lebt und daß es – vielleicht? – ein Alter geben kann, wo das Alter an sich gar nicht mehr zählt?

Sie war immer noch schön, da oben. Anders schön als früher natürlich. Nicht mehr so glatt und frisch war das Gesicht, aber dafür »sprach« es, lebte auf und verklärte sich. Es war interessant, zu beobachten, wie sich eine junge Schauspielerin neben dieser alten Dame gestenreich bemühte, den Bannkreis zu durchbrechen, den dieses Altersgesicht, mild und weise, auf und vor der Bühne erzeugte. Hier stand eine »Menschendarstellerin«, wie man sie einmal treffend genannt hatte, auf der Bühne und beeindruckte mich durch ihre Stimme, die weich, fließend über die Rampe kam, aber auch harte Konturen haben konnte. Ihre Zäsuren, ihr Schweigen im rechten Moment bedeuteten für mich hohe Theaterkunst. Wenige Tage nach meinem Theaterbesuch konnte ich zufällig lesen, was Thomas Mann über die Wessely einmal gesagt hat: »Paula Wessely ist eine erwärmende Erscheinung ... Sie hält den Platz in der kleinen Galerie von Frauen, die mir, meist ohne es zu wissen, das Herz bewegt haben!« Meine Betroffenheit an diesem Abend wurde hier nachträglich von kompetentester Seite bestätigt.

So lernte ich wieder von neuem, was bei einer Persönlichkeit auf der Bühne, oder bei entsprechender Erfahrung, ein Blick, ein kurzes Drehen des Kopfes oder auch ein Schweigen und Verharren Großes ausdrücken kann! Sicher, es gibt auch Junge, die das mit Begabung schaffen, aber das sind wirklich wenig Auserwählte. Ob die Wessely das immer schon konnte, weiß ich nicht. Früher begeisterte sie mich aus anderen Gründen, da war sie für mich eben nur schön. Damals wußte ich ja noch nicht, welche Kriterien zu einem darstellerischen Beruf nötig waren, Begabung schien alles zu sein. Heute habe ich viele Erfahrungen bei großen Partnern, aber auch an mir selbst machen können, welche Kunst und Beherrschung, Disziplin und Fleiß es erfordert, auf der Bühne z. B. leise zu sein und ohne große Gestik und Bewegung einfach nur »da« zu sein. Die große Persönlichkeit »spricht« auch dann, wenn sie sich nicht äußert. So gestaltete sich dieser Schauspielbesuch für mich nicht nur als Entspannung, sondern erwies sich lehrreich und nützlich für meine eigene Arbeit.

Wenn wir Sänger altern, wenn unsere physische Kraft nachläßt, wenn das Alter von unserer Stimme den »Tribut« fordert, können wir unsere Stimmkraft nicht in geistige Potenz wandeln. Eine Weile vielleicht gelingt es, aber dann müssen wir aufhören – abtreten! Die großen Alten der Schauspielkunst wie auch Paul Hoffmann, den Grandseigneur der leisen Töne mit der unverwechselbaren Stimme, beneide ich darum, daß sie auch im hohen Alter noch »weitermachen« können. Sie stehen dann über den Dingen – ohne Arroganz – und wirken nur noch durch sich selbst.

Durch ein Erlebnis im Bereich der Kunst bin ich als Zuschauer um diese Erkenntnis reicher geworden. Es hat sich also – nicht nur deswegen – gelohnt, die Bühne einmal mehr mit dem Zuschauerraum zu vertauschen. Jeder

Künstler sollte das von Zeit zu Zeit einmal machen, er kann viel dabei profitieren.

II. Besuch in der Direktionsloge

Ein Theatererlebnis ganz anderer Art, das mir auch für meine eigene Arbeit nützlich schien, wenn auch nicht in tiefgreifender Wirkung, war ein »Gastspiel als Zuschauer« in der Wiener Staatsoper, von dem ich mir unmittelbar nach der Vorstellung im Hotel nachfolgende Notizen aufgeschrieben hatte. Auch sie beweisen, daß ich im Schauspiel immer ein viel dankbarerer und aufmerksamerer Zuschauer bin als in meinem eigenen Bereich, der Oper. Da kann ich mich ja leider nie ganz dem unvoreingenommenen Kunstgenuß hingeben, weil ich mich dabei ertappe, daß ich als möglicher Konkurrent auf ganz spezielle Kriterien und Einzelheiten achte und höre. Da gibt es dann Tage, wo einem das eigene Metier bei etwas Abstand schon manchmal recht seltsam vorkommt. Dann betrachtet man diese Bretter, die einem sonst die Welt bedeuten, die man liebt und der man als Künstler verfallen ist, schon einmal ein bißchen ironisch. Ich hoffe aber, daß der aufmerksame Leser aus meinen »undankbaren« Aufzeichnungen letzten Endes eine heimliche Liebeserklärung an die Wiener Staatsoper, an der ich seit zwei Jahrzehnten immer wieder so gern singe, herauslesen kann.

Zum neuen Spielzeitbeginn bin ich an einem Samstag früh von Leipzig nach Wien geflogen. Der Messeflugplan bot eine günstige Gelegenheit an. Um 10.00 Uhr ist in Wien für den Don Giovanni eine Ensembleprobe bei Prof. Joseph Krips angesetzt. Da das Flugzeug aber erst fünf Minuten nach 10.00 Uhr ankommt, erwartet mich ein Direktionsangestellter der Staatsoper mit dem Auto am Flughafen, um mich in schneller Fahrt, nicht auf normaler Stadtroute, sondern auf ihm bekannten »Schleichwegen«

in das Opernhaus zu fahren. Seinen Fahrkünsten, die mir weit gefährlicher als das Fliegen erschienen, ist es zu danken, daß meine Verspätung zur Probe sich in Grenzen hält. Da der Dirigent verhindert ist, leitet ein Korrepititor die Probe, und sie verläuft – nun ja – wie alle Verständigungsproben eines Stückes, das schon im Repertoire steht, eben verlaufen. Man sieht und trifft sich wieder nach dem Urlaub: Wie gehts, wie war es … was gibts Neues …; und dann wird der Don Giovanni durchgesungen, vieles wird gesprungen, weil eine Sängerin gar nicht da ist, und fünfzehn Minuten nach 12.00 Uhr ist die Probe schon zu Ende. Heute ist Samstag, die Aufführung findet am Montag statt. Für diese gute Stunde Probe bin ich in Dresden um 6.00 Uhr in der Frühe aufgestanden! Morgen früh, am Sonntag, werde ich im Theater meine Rolle allein am Klavier durchgehen, was ich für mich als erfolgversprechender halte.

Für den Abend habe ich mir vorgenommen, eine Aufführung der Tosca zu besuchen. Nach einem kurzen, aber tiefen Nachmittagsschlaf stehe ich auf – und bin wie gerädert! Der Luftwechsel ist mir diesmal wohl nicht bekommen – der Luftdruck hier in Wien scheint wieder einmal sehr niedrig zu sein. Mit einem guten österreichischen Kaffee versuche ich mich aufzumöbeln. Ich gehe in das Hotelcafé. Kaum habe ich die Tür hinter mir geschlossen, begrüßt mich schon der Kellner aus zehn Meter Entfernung: »Grüß Gott, Herr Kammersänger, meine Verehrung.« Das Ganze geschieht in einer Lautstärke, daß alle Cafégäste nun wissen: Aha, ein Künstler trat herein! Der Gast ist König – ein Künstler wahrscheinlich noch ein bißchen mehr. Auf die Frage nach meinem Befinden berichte ich – etwas gedämpfter – von meinem Zustand: Kopfschmerzen etc. »Ja, ist dös a Wunder? Wir haben ja Föhn« – schallt die Stimme wieder durch das Café. Noch ein bis fünf Fragen, u. a. nach der Frau Gemahlin, und dann »ein Apfelstrudel, heute ganz frisch?« Natürlich bestelle ich einen und suche dann Deckung hinter einer der zahlreich ausliegenden Zeitungen und habe nun Muße und Ruhe. Ein »großer Brauner«, die köstliche österreichische Kaffeespezialität, bringt mir mein seelisches Gleichgewicht wieder. Vergessen sind Föhn und Luftdruckwechsel.

In der Hotelhalle versammeln sich allmählich die langen Abendkleider der amerikanischen Touristinnen samt ihren »husbands«. Denn heute abend steht ein Besuch der »Vienna opera« auf ihrem Besichtigungsprogramm. Vor dem Fahrstuhl wartet später mit mir so ein ungleiches Paar. Sie – einen Kopf größer als er – in einem jugendlichen – zu jugendlichen – großgeblümten Kleid. Ich halte die Fahrstuhltür auf und mache eine artige deutsche Geste: »After You!« Ihr Gesicht erinnert mich ein bißchen an die Alpen – ein Faltengebirge. Den Schnee ersetzt eine kräftige Puderauflage. Sollte ich einmal PIQUE DAME inszenieren – was mich sehr reizt –, würde ich sie als Vorbild für die alte Gräfin nehmen. Inzwischen füllt sich die Halle mit weiteren ältlichen Blumenkindern aus Amerika; die Glitzerbrillen auf der Nase signalisieren festliche Erwartung. Der Hotelboy hat jetzt seine große Stunde. Er rotiert schneller als seine Drehtür. Wenn er mit der einen Hand die Drehtür in Bewegung setzt und die andere Hand gleichzeitig zum Trinkgeldempfang aufhält, beweist er geradezu artistische Fähigkeiten. Auch die Taxis stehen bereit, von unsichtbarer Hand dirigiert. Dabei ist die Oper fast schneller zu Fuß zu erreichen. Ich habe es oft genug ausprobiert. Aber woher soll das ein Touristenpaar in Abendrobe schon wissen? Man wird sich hüten, es ihm zu sagen. Im Fremdenverkehrskonzert Österreichs wollen schließlich alle ein wenig mitspielen. Gehören wir Künstler nicht auch ein bißchen zum gleichen »Orchester«??

Nun bin ich also in der berühmten Wiener Staatsoper – heute abend aber nicht auf der Bühne, sondern auf der anderen Seite – vor dem Vorhang. Der Direktor hat mich in seine Loge eingeladen. Man spielt TOSCA zur Spielzeiteröffnung. Ich finde zum ersten, daß der Herr Direktor sich eigentlich ungünstige Plätze für seine Loge gewählt hat. Man muß sich ziemlich den Hals verrenken, wenn man etwas auf der Bühne sehen will. Aber vielleicht interessiert ihn – ähnlich wie mich – heute abend mehr die Reaktion des Publikums. Denn diese kann in Wien auch in ein theatralisches Erlebnis ausarten. Hier sitzen bzw. stehen die Akteure auch mitunter vor dem Vorhang. Der Wiener Stehplatz – berühmt-berüchtigt – ist jedenfalls schon überfüllt. Wie ein Lavastrom ergießt er sich, nach vorn verbreiternd, die »Szene« beherrschend ins Parkett. Vier Wochen mußten sie der Oper entsagen. Heute endlich dürfen sie wieder: Zuhören? Zuschauen? Bravo- oder Buhrufen? Ich würde sagen: Mitspielen! Viele junge Leute sind es, die da stundenlang anstehen, um dann stundenlang Oper erleben zu können. Ihre Liebe zur Oper, ihr leidenschaftliches, wenn auch nicht immer objektives Engagement fordert meinen Respekt. Ihre lautstarken Äußerungen bei Zustimmung oder Ablehnung gegenüber den Leistungen auf der Bühne haben mitunter die Unerbittlichkeit antiker Gladiatorenkämpfe an sich.

Ein junger italienischer Dirigent tritt an das Pult, und er wird mit höflichem Beifall begrüßt. Der Stehplatz ist noch nicht in Aktion, Abwarten heißt die Devise! Vorhang auf, Angelotti stürzt ins Kirchenschiff, das prächtig und großzügig auf der Bühne aufgebaut ist, und sucht den hinterlegten Schlüssel für die Sakristei, wo für ihn Kleider versteckt sind, die er für die Flucht benötigt. In jeder Tosca-Aufführung schweifen da meine Gedanken zurück ins Jahr 1950. Damals sang ich diese Rolle in Dresden. Unmittelbar vor der Aufführung waren unsere Zwillinge Regine und Mathias geboren worden. Ich hatte dieses freudige Ereignis kurz vor meinem Auftritt am Telefon erfahren, stürzte ganz aufgeregt und – der Rolle gerecht – außer Atem auf die Bühne und sang die bedeutungsvollen Worte »Ha, das gelang mir – kann der Schreck verwirren?« Das

Hohngelächter der Kollegen hinter der Bühne soll bis in die ersten Zuschauerreihen zu hören gewesen sein (Oft mußte ich diese Geschichte in Interviews zum besten geben.) Auch hier in der Direktionsloge kam sie mir wieder in den Sinn.

Der italienische Tenor ist aufgetreten. Er hat lange Zeit nicht in Wien gesungen und wird mit Spannung erwartet. Das Stehparkett und die Galerie sind in Bewegung geraten. Noch schont sich der Sänger des Cavaradossi in mezza voce. Großartig, wie die Italiener das können! Wahrscheinlich denkt er nur an seine erste Arie und singt sich für sie langsam ein. Er stellt sich in Positur: »Wie sich die Bilder gleichen« – und blickt natürlich zuerst zum Meister am Pult und dann nach oben. Das Bildnis auf der Bühne und das Medaillon in seiner Hand scheinen ihm gleichgültig zu sein. Es sieht so aus, als hätte Cavaradossi das Deckengemälde des Zuschauerraums gemalt und die Besucher auf der Galerie hätten ihm dabei Modell gestanden. Während ich mir Gedanken über Gesang und richtige Darstellung mache, hat er da auf der Bühne richtig kalkuliert: Kaum ist der letzte Ton der Arie verklungen, werden die Touristen in den Logen von einer plärrigen Bravostimme aus der Galerie aufgeschreckt. Jetzt werden also die »Stehplatzler« zum ersten Mal in der neuen Spielzeit zur Beifallshatz losgelassen! Die Hände des normalen Publikums liegen längst wieder ruhig im Schoß – ich kann es von oben deutlich sehen –, doch die Galerie, das Stammpublikum, tobt noch lange und feiert seinen Star. Nun hat ja der italienische Kollege wirklich gut gesungen. Für seine füllige Figur hat er eine relativ kleine, aber angenehme Stimme. Er hat seine Arie dem Publikum wirkungsvoll vorgetragen – gestaltet und erlebt hat er sie allerdings nicht.

Tosca erscheint in großer Robe mit roten Rosen im Arm, rotblondes Haar, alles in allem ein bißchen zu viel rot. Ich meine, eine italienische Diva sollte in der Regel schwarzes Haar tragen, wie es die Callas richtig vorgeführt hat. Auch könnte man sich zum Kirchgang etwas bescheidener anziehen. Aber man kann Toscas Erscheinen in der Kirche ja auch als Vorwand inszenieren. Auf alle Fälle ist meine Wiener Kollegin eine hervorragende Sängerin, die gewisse stimmliche »Zeiterscheinungen« durch ein intensives Spiel vergessen macht. Als ihr ein paar exponierte Töne nicht so ganz gelingen, hört man doch tatsächlich ein Aufstöhnen und spürt Bewegung auf der Galerie und am Stehplatz. Das übrige Publikum wundert das – wie es mich ärgert. Denn diese Sängerin erlebt ihre Partie und ist nicht nur eine Stimmbesitzerin. Da wäre bei mancher Ungeschicklichkeit und dem Unbeteiligtsein des Tenors ein Kopfschütteln schon eher am Platz gewesen. Aber das Wiener »Stammpublikum« bleibt halt in seiner großen Mehrheit ein Stimmfetischist! Man merkt es auch am Beifall nach dem ersten Akt. Er wird sehr differenziert verteilt. Von dieser Wiener Sitte des Beifallsverteilens profitiere ich zwar selbst oft – aber so richtig froh macht es mich nicht immer, vor allem dann, wenn andere Kollegen neben mir das Gegenteil erleben müssen.

Als am Aktschluß das feierliche Tedeum erklingt, ergießen sich übrigens echte Weihrauchdüfte über Bühne und Zuschauerraum. Geruchstheater – für mich eine neue Erfahrung. Das gibt ja in manchen Opern ungeahnte Möglichkeiten!

Nachdem der zweite Akt recht gut und spannungsreich verlaufen ist, Tosca und Scarpia in ihren Szenen großes Theater geboten haben, gibt es nach Toscas Gebet wieder eine längere Bravo-Unterbrechung der Vorstellung. Da einige die Beifallsorgie zu lange ausdehnen wollen, wird von der Galerie plötzlich heruntergezischt, was die Unruhe im Theater schließlich noch um einiges verlängert. Tosca, die ihr Gebet im Liegen gesungen hat, versucht vergeblich, auf der Bühne weiter zu agieren. Sie ist nicht zu einer Verbeugung aufgestanden – dafür möchte ich ihr nun Bravo zurufen.

In der Pause wandelt man nun durch die schönen Foyers der Wiener Staatsoper, ergattert sich im Gedränge am Buffet – darin gleichen sich wohl alle Theater der Welt – ein teures Glas Sekt und hat auch hier Gelegenheit zu interessanten Beobachtungen. Es gurrt und quirlt um mich herum in vielen Sprachen der Welt. Österreich lebt vom internationalen Tourismus, man spürt es auch hier. Wie viele Besucher werden die italienische Originalsprache verstanden haben? Die Stehplatzbesucher haben sich die vorhandenen Sitzplätze im Foyer zum Ausruhen erwählt. Verständlich, wenn man gezwungen ist, eine ganze Oper nur im Stehen zu genießen. Ich habe an die 200–300 Personen von meiner Loge aus errechnet, die sich da unten in der Mitte und oben auf der Galerie dicht an dicht drängen. In einem nach dem zweiten Weltkrieg wiederaufgebauten Theater eigentlich eine Zumutung! Diese Tradition empfinde ich als falsch verstanden. Gerade das treue Stammpublikum, das in Wien aus vielen Jugendlichen besteht, hat ein Anrecht auf einen angemessenen Sitzplatz, dessen Kaufpreis für jeden erschwinglich sein muß.

Im 3. Akt fordert Cavaradossi auf einer grandios aufgebauten, etwas veralteten Engelsburg (die Erfolgsoper steht schon lange im Spielplan) als letzten Wunsch Tinte und Papier, um ein paar Abschiedsworte an Tosca zu schreiben. »E lucevan le stelle …« singt der Tenor sehr schön. Prasselnder Beifall – in gewohnter Lautstärke. Der Tenor erhebt sich vom Tisch, breitet die Arme aus, als wollte er das Publikum umarmen, und verbeugt sich dankbar gerührt. So vollendet können das wohl nur italienische Sänger! In welchem dramatischen Unterricht haben sie das so perfekt gelernt? Überschrift der Szene könnte jetzt heißen: der überglückliche Tenor kurz vor seiner Hinrichtung. Schade – ich war gerade von der erschütternden Szene gefangen gewesen.

Eine Hand berührt mich leise an der Schulter und zieht mich etwas ins Dunkel der Loge zurück. Der Herr Direktor heißt mich flüsternd zur neuen Spielzeit willkommen. Er sei glücklich, mich wieder in Wien zu wissen, und freue sich besonders auf den Don Giovanni übermorgen. Ich wende mich dankbar um und stelle fest: einen solch treuen Augenaufschlag kann nur ein Wiener Direktor haben. Den ahnt man sogar im Dunkeln einer Opernloge!

Der letzte Akkord der Oper verklingt. Klatsch – hinein in ihn mit Beifall! Müßte nicht doch wenigstens einen Moment noch die Tragik des eben Verklungenen etwas nachwirken? Während das sicher bei einem großen Teil des Publikums geschieht, äußern sich die »Kenner« bereits lautstark. Es wird Licht, man sieht sich wieder, jetzt beginnt der letzte Akt, bei dem der Stehplatz die Hauptrolle spielt! Einige haben mich in der Loge erkannt, es kommen schräge Blicke zu mir hinauf: Klatscht der auch richtig? Und ob, es hat mir ja vieles, trotz einiger lästerlicher Gedanken, gefallen, was da auf der Bühne, vor allem aber auch im prächtigen Orchester zu hören und zu sehen war. Nebenbei schaue ich noch auf den Sekundenzeiger meiner Uhr. Der italienische Kollege »Tenor« entwickelt nämlich jetzt noch bisher unterdrückte große darstellerische Fähigkeiten ... Er beherrscht die Kunst, die Huldigungen des Publikums (die er wirklich verdient hat!) 45 Sekunden lang entgegenzunehmen. Das ist länger, als man glaubt! Jetzt endlich zieht er sich zurück – nein – er unterteilt diesen Gang noch einmal und verteilt noch ein paar Handküsse nach links oben, weitere fünf Sekunden lang. Das ist gekonnt! Sollte dort oben etwa die Claque ...? – nein, solche unkollegialen Gedanken verscheuche ich sofort aus meinem Hirn. Die Sopranistin hält das Verbeugen nur etwa 25 Sekunden durch, während sie dabei noch Blumen – verdientermaßen – aufsammeln muß. Wen die Wiener einmal ins Herz geschlossen haben, dem bleiben sie treu, das macht sie zu einem ganz besonderen Publikum.

Baron Scarpia, im 2. Akt erstochen, sitzt sicher schon im Hotel beim Abendessen. Der Direktor aber schaut während der Beifallssalven durch das berühmte »Loch im Vorhang« und ist zufrieden. Die Spielzeit ist eröffnet. Es war sängerisch und musikalisch (– was Wunder bei den Wiener Philharmonikern?!) eine sehr gute Vorstellung, wie man sie halt in Wien erwarten darf. Daß meine lästerliche, aber nicht böse gemeinte Kritik mehr das Äußere betraf, liegt sicher an meinen Regie-Interessen, soll aber meiner Zuneigung zur Musikstadt Wien keinen Abbruch tun!

Übermorgen werden dann sicher Fragen am »Bühnentürl« gestellt. »Wie hat Ihnen die Tosca gefallen, Herr Kammersänger?« Ein leichter, lauernder Unterton wird dabei nicht zu überhören sein. Ich werde versuchen, diplomatisch zu antworten, denn in Wien »klatscht« man ja in der Oper nicht nur mit der Hand, sondern wohl auch ein wenig mit dem Mund. Meine lästerlichen, undankbaren Gedanken in der Direktionsloge würden sonst im Um- und Dunstkreis der Wiener Oper möglicherweise verzerrt und ungenau die Runde machen. Und dann: wehe mir! Und so werde ich sie für mich behalten, sie aufschreiben und vielleicht später einmal preisgeben.

Was hiermit geschehen sei!

Zeittafel

1926 Am 1. August in Dresden geboren

1937 Aufnahme in den Dresdner Kreuzchor

1944 Abitur, Einberufung zum Kriegsdienst, Gefangenschaft

1946 Rückkehr in die Geburtsstadt, Tätigkeit als Neulehrer, Gesangsunterricht bei Kammersänger Rudolf Dittrich

1949–1951 Engagement durch Joseph Keilberth an die Dresdner Staatsoper. Erstes Gastspiel an der Deutschen Staatsoper Berlin, Partie des Hermann Ortel (MEISTERSINGER)

1952 Erstes Gastspiel bei den Bayreuther Festspielen (Hermann Ortel in den MEISTERSINGERN). Förderung durch Wieland und Wolfgang Wagner

1953 Engagement an der Deutschen Staatsoper Berlin, erstes Auftreten als Pogner in den MEISTERSINGERN

1954 Ständiger Gast in Frankfurt/Main (Don Alfonso, Leporello, König Marke). Wien: Sarastro (ZAUBERFLÖTE). Bayreuth: König Heinrich (LOHENGRIN). Dresden: FREISCHÜTZ (Weber) unter Erich Kleiber. Erste Schallplatten-Einspielung: EIN DEUTSCHES REQUIEM (Brahms)

1955 Eröffnung der im Krieg zerstörten, wiederaufgebauten Lindenoper in Berlin mit Wagners MEISTERSINGERN (Partie des Pogner) unter der musikalischen Leitung von Franz Konwitschny. Am 29. Geburtstag Ernennung zum Kammersänger

1956 Frankfurt/Main: Figaro (Mozart: DIE HOCHZEIT DES FIGARO) unter Georg Solti. Paris: h-Moll-Messe

(Bach) und Der Messias (Händel) mit dem Rundfunkchor Berlin unter Helmut Koch

1957 Wotan (Rheingold) in Dresden unter Lovro von Matačić, danach unter Hans Knappertsbusch an der Deutschen Staatsoper Berlin

1959 Nationalpreis III. Klasse. Schuberts Winterreise in Dresden zum ersten Mal gesungen. Missa solemnis (Beethoven) in St. Gallen aufgeführt

1961 Rom: Wotan (Rheingold). Jeweils zum 50. Mal: König Heinrich und Figaro. Dresden: Erster Ochs auf Lerchenau (Rosenkavalier) zum 50. Jahrestag der Uraufführung (unter Otmar Suitner)

1963 Berlin: Wotan (Walküre). Erster Wotan in Bayreuth. Tournee durch die UdSSR mit Liederabenden in Moskau, Riga, Leningrad und Minsk. La Roche (Capriccio) in Dresden unter Otmar Suitner

1965 Erster Auftritt in der Hamburgischen Staatsoper (Così fan tutte). Dresdner Erstaufführung des War-Requiem (Britten)

1966 Ein Deutsches Requiem (Brahms) in Perugia. Holländer in Brüssel

1967 Gastspielreise nach Japan. Paris: Wotan (Walküre). 100. Vorstellung in Bayreuth. London: Missa solemnis (Beethoven) unter Wilhelm Pitz. Zürich: IX. Sinfonie (Beethoven) unter Rudolf Kempe

1968 Erster Hans Sachs (Meistersinger) in Berlin. Wien: Don Pizarro (Fidelio). Hans Sachs (Meistersinger) zur Eröffnung der Bayreuther Festspiele. Rom: Ring und Die Jahreszeiten (Haydn) unter Wolfgang Sawallisch

1969 Nationalpreis I. Klasse. Schallplattenpreis »Goldener Orpheus« für die EMI-Einspielung von Wagners Fliegendem Holländer unter Otto Klemperer. Erstes Gastspiel an der Metropolitan Opera New York. Mitwirkung bei den Salzburger Osterfestspielen unter Herbert von Karajan. 20jähriges Bühnenjubiläum an der Staatsoper Dresden (MEISTERSINGER). Salzburger Festspiele: Ochs auf Lerchenau (ROSENKAVALIER) unter Karl Böhm. Buenos Aires: Amfortas (PARSIFAL)

1970 Rom: FIDELIO (Don Pizarro) unter Leonard Bernstein. London: IX. Sinfonie (Beethoven) unter Otto Klemperer. Wozzeck in Bergs gleichnamiger Oper in Dresden und München. Schallplatten-Einspielung von Wagners MEISTERSINGERN unter Herbert von Karajan (Partie: Hans Sachs)

1971 Vaterländischer Verdienstorden in Silber. Martin-Andersen-Nexö-Kunstpreis der Stadt Dresden

1972 Erste eigene Inszenierung von Mozarts DIE HOCHZEIT DES FIGARO an der Deutschen Staatsoper Berlin, darin selbst und erstmals gesungen die Partie des Grafen Almaviva. New York und Stockholm: Wotan (WALKÜRE). DON GIOVANNI-Aufführung im traditionsreichen Prager Tyl-Theater. Wien: Zeffirelli-Inszenierung von Mozarts DON GIOVANNI (Titelpartie)

1973 Chicago: Wanderer (SIEGFRIED)

1974 Berliner Kritikerpreis für die Interpretation der Titelrolle in Dessaus EINSTEIN. Dresden: Sir Morosus (DIE SCHWEIGSAME FRAU). Liederabende in Moskau, Budapest, Prag, Wien und der BRD

1975 Eigene Inszenierung von Tschaikowskis EUGEN ONEGIN an der Deutschen Staatsoper Berlin, darin selbst die Partie des Fürsten Gremin. Hamburg: Scarpia (TOSCA). Fünfwöchige Gastspielreise nach San Francisco (HOLLÄNDER). Gastspiel beim Festival Orange (WALKÜRE)

1976 Genf: Wotan (WALKÜRE). Berlin: Scarpia (TOSCA). Paris: Amfortas (PARSIFAL) und Wotan (RHEINGOLD und WALKÜRE). Florenz: Gastspiel der Deutschen Staatsoper Berlin mit EINSTEIN (Titelpartie). Warschau: Titelpartie in Mozarts DON GIOVANNI. Schallplatten-Einspielung des WOZZECK in Leipzig. Konzert mit der Dresdner Staatskapelle innerhalb der Salzburger Festspiele (Frank Martin: Sechs Monologe aus JEDERMANN von H. v. Hofmannsthal für Bariton und Orchester). Lieder- und Balladenabend während der »Berliner Festtage«. Bayreuth: Zum ersten Mal Gurnemanz (PARSIFAL). Händelpreis der Stadt Halle

1977 Gastspielreise mit der Deutschen Staatsoper Berlin nach Japan. Titelpartie in JULIUS CAESAR (Händel) an der Berliner Staatsoper. RING-Gastspiel in Budapest. Don Pizarro (FIDELIO) beim Festival Orange. Schallplatten-Aufnahme der SCHWEIGSAMEN FRAU von R. Strauss (Partie: Sir Morosus). Wagners RING in Paris. Erste eigene Fernsehsendung in der Reihe »Theo Adam lädt ein«. Gastspiele in München, Wien, Stockholm und Hamburg. Liederabende unter anderem in Sofia, Bukarest, München, Karl-Marx-Stadt und Nürnberg

1978 Zum dritten Mal eigene Regiearbeit: »Kleine Werke großer Meister« im Apollosaal der Deutschen Staatsoper Berlin mit Peter Schreier am Pult (Telemann: DER SCHULMEISTER, J. S. Bach: KAFFEEKANTATE, Schubert: DER VIERJÄHRIGE POSTEN, in selbst erarbeiteter Textfassung). München: COSÌ FAN TUTTE. Liederabende unter anderem in Rostock, Greifswald, Frankfurt/Oder, Görlitz, Genf, Paris, Dresden, Budapest

1979 Japan-Tournee mit Liederabenden. Gastspiele in Köln (MEISTERSINGER-Premiere), Hamburg (PARSIFAL), Chicago und New York (FIDELIO unter Georg Solti). Liederabende in Wien, Zürich, Dresden (innerhalb der 2. Musikfestspiele), Bayreuth, Stuttgart, Leningrad, Sofia und Prag. Ernennung zum Österreichischen Kammersänger. Erster Jochanaan (SALOME) an der Deutschen Staatsoper Berlin. Als Professor beim Interpretationskursus an der Dresdner Musikhochschule. 30jähriges Bühnenjubiläum am 15. September. Gastspiel mit der Wiener Staatsoper in den USA und mit der Deutschen Staatsoper Berlin in Moskau. MEISTERSINGER-Premiere in Leipzig. Goethepreis der Stadt Berlin

1980 Ernennung zum Bayerischen Kammersänger. Eigene CAPRICCIO-Inszenierung an der Deutschen Staatsoper. Japan-Gastspiel der Berliner Staatsoper (Titelpartie in Händels JULIUS CAESAR). Madrid-Gastspiel der Staatsoper Berlin (DON GIOVANNI). DDR-Musiktage: Uraufführung der HÖLDERLIN-Fragmente (Liederzyklus) von S. Matthus. Schumann-Preis der Stadt Zwickau. Salzburger Festspiele: Konzertante Aufführung der Krenek-Oper KARL V. (Titelpartie). Liederabende in Paris, Dresden und bei den Bregenzer Festspielen. Chicago: 8. Sinfonie von Gustav Mahler. Paris: IX. Sinfonie von Ludwig van Beethoven. Budapest: DER FLIEGENDE HOLLÄNDER (Wagner). MEISTERSINGER-Aufzeichnung im Fernsehen der DDR.

1981 Barcelona: PARSIFAL (Wagner). Titelpartie in der Oper BAAL (Fr. Cerha) bei den Salzburger Festspielen (Uraufführung). Leipzig: IX. Sinfonie (Beethoven) zur Eröffnung des Neuen Gewandhauses. ELIAS (Mendelssohn Bartholdy) unter Wolfgang Sawallisch in Wien. Salzburger Festspiele: DAS BUCH MIT 7 SIEGELN (Franz Schmidt). Leipzig: Bachfest (h-Moll-Messe). Berliner Festtage: REQUIEM (Mozart). Hamburg: WEIHNACHTSORATORIUM (Bach). DON CARLOS (Philipp) an der Deutschen Staatsoper Berlin. Schallplattenaufnahmen: RING-Einspielung in Dresden unter Marek Janowski; FIDELIO (Partie des Ministers) unter Kurt Masur; Bach: h-Moll-Messe und weltliche Kantaten unter Peter Schreier. Liederabende u. a. in Berlin, Wien, Dresden, Hamburg, Halle, Leipzig, Bratislava

1982 Mit der Berliner Staatsoper in Ravello: PARSIFAL (Gurnemanz). Gastspiel der Staatsoper Dresden in

Venedig: ROSENKAVALIER (Ochs auf Lerchenau). Salzburger Festspiele: Pizarro in FIDELIO (musikalische Leitung: Lorin Maazel, Regie: Leopold Lindtberg), PENTHESILEA (O. Schoeck) in konzertanter Aufführung. Wien: TANNHÄUSER-Premiere (Landgraf). Berlin: Cerha-Oper BAAL (Koproduktion mit der Wiener Staatsoper). Hamburg: Uraufführung der BAAL-Gesänge von Fr. Cerha (Theo Adam gewidmet). Dresden: Uraufführung der KLOPSTOCK-ODE (R. Kunad). Berlin (West): MEISTERSINGER (Sachs). Liederabende u.a. in Berlin, Budapest, Paris, Köln, Dresden, Zwikkau, Karl-Marx-Stadt, Graz, Klagenfurt. Schallplattenaufnahmen: SIEGFRIED (Wagner) und Mozart-REQUIEM

1983 Gastspiel der Deutschen Staatsoper Berlin in Paris und Japan, u.a. mit den MEISTERSINGERN (Sachs) und DER FLIEGENDE HOLLÄNDER (Titelpartie). RING (Wotan) in München. Salzburger Festspiele: FIDELIO (Pizarro), DANTONS TOD (G. von Einem) in konzertanter Aufführung (Titelpartie). Fünfte eigene Inszenierung an der Berliner Staatsoper: LOHENGRIN (Wagner). 30jähriges Bühnenjubiläum an der Deutschen Staatsoper Berlin. Wien: Partie des Dr. Schön in A. Bergs LULU. München: FRAU OHNE SCHATTEN, SALOME, ELEKTRA u.a. Uraufführung der LUTHER-GESÄNGE (G. Neubert) in Dresden. Liederabende in der Mailänder Scala, Wien, Prag, Bonn und Dresden

1984 35 Jahre als Sänger tätig. Wien: WALKÜRE konzertant. Münchner Festspiele: MEISTERSINGER (Wagner). Salzburger Festspiele: Uraufführung von UN RE ASCOLTO (L. Berio), darin die Titelpartie. DIE GEZEICHNETEN von Fr. Schreker (konzertante Aufführung). Aufführung der BAAL-Gesänge (Fr. Cerha) in Wien, Rotterdam, Amsterdam, Paris, Leipzig und Berlin (West) unter Leitung des Komponisten. Florenz: FAUST-Szenen von R. Schumann. MATTHÄUS-PASSION (Bach) in

Hamburg und Stuttgart. Konzerte im neuen Schauspielhaus Berlin (Prometheus von R. Wagner-Régeny, Bach: Weihnachtsoratorium, Händel: Judas Maccabäus, Messias). Fernsehen der DDR: Weihnachtsoratorium (Bach), 15. Sendung der Reihe »Theo Adam lädt ein«. Schallplattenaufnahmen: Hyperion-Fragmente von S. Matthus (Theo Adam gewidmet); Matthäus-Passion (Bach) unter Peter Schreier. Liederabende u. a. in Paris, Hamburg, Berlin, Innsbruck, Linz, Hannover und Dortmund

1985 Eröffnung der Semperoper Dresden mit C. M. von Webers Freischütz (Eremit) und Rosenkavalier (Ochs auf Lerchenau). Berufung zum Präsidenten des Kuratoriums Semperoper Dresden. Wien: Parsifal, Frau ohne Schatten, Meistersinger. Meistersinger-Premiere in Dresden. Matthäus-Passion (Bach) u. a. in Dresden, Hamburg, Leipzig. Zweite Volkslieder-Schallplatte. Liederabende in Jena, Wien, Dresden, Brüssel, Leningrad, Berlin. Don Giovanni in Wien.

Vollständiges Verzeichnis der Opernrollen

In den über 35 Jahren seiner Bühnenlaufbahn von 1949 bis 1985 hat Theo Adam über hundert Opernpartien gesungen. Unsere Übersicht vermerkt sämtliche Rollen in chronologischer Reihenfolge, gegliedert nach Spielzeiten. So ergibt sich ein genauer Einblick in die kontinuierliche Entwicklung des Sängers.

1949/50

1. Tschernikowski. BORIS GODUNOW (Mussorgski)
2. Zweiter Gefangener. FIDELIO (Beethoven)
3. Nikitisch. BORIS GODUNOW (Mussorgski)
4. Richter. MARTHA (Flotow)
5. Eremit. DER FREISCHÜTZ (Weber)
6. Schlemihl. HOFFMANNS ERZÄHLUNGEN (Offenbach)
7. Bourdon. DER POSTILLON VON LONJUMEAU (Adam)
8. Hermann Ortel. DIE MEISTERSINGER VON NÜRNBERG (Wagner)
9. Saretzki. EUGEN ONEGIN (Tschaikowski)
10. Vierter Schäfer. DAPHNE (Strauss)
11. Angelotti. TOSCA (Puccini)
12. Montano. OTHELLO (Verdi)

1950/51

13. Lodovico. OTHELLO (Verdi)
14. Adrast. DAPHNE (Strauss)
15. Ein Polizeikommissar. DER ROSENKAVALIER (Strauss)
16. Graf Ceprano. RIGOLETTO (Verdi)

17. Ein Hauptmann. BORIS GODUNOW (Mussorgski)
18. Magier. SCHWANDA, DER DUDELSACKPFEIFER (Weinberger)
19. Feldwebel. SIMPLICIUS SIMPLICISSIMUS (Hartmann)
20. Don Fernando. FIDELIO (Beethoven)
21. Ferrando. DER TROUBADOUR (Verdi)
22. Zweiter Feldherr. AMPHITRYON (Oboussier)
23. Dr. Grenvil. LA TRAVIATA (Verdi)
24. Tommaso. TIEFLAND (d'Albert)
25. Surin, PIQUE DAME (Tschaikowski)
26. Zuniga. CARMEN (Bizet)
27. Biterolf. TANNHÄUSER (Wagner)
28. Peneios. DAPHNE (Strauss)

1951/52

29. Abgesandter. DON CARLOS (Verdi)
30. Ein Mönch. DON CARLOS (Verdi)
31. Cancian. DIE VIER GROBIANE (Wolf-Ferrari)
32. Komtur. DON GIOVANNI (Mozart)

1952/53

33. Nosal. DIE SCHOLAREN VON KRAKAU (Szeligowski)
34. Vierter König. DIE LIEBE DER DANAE (Strauss)
35. Monterone. RIGOLETTO (Verdi)
36. König Heinrich. LOHENGRIN (Wagner)
37. König Minos. ARIADNE (Händel)
38. Veit Pogner. DIE MEISTERSINGER VON NÜRNBERG (Wagner)
39. Vierter Edler. LOHENGRIN (Wagner)
40. Zweiter Gralsritter. PARSIFAL (Wagner)
41. Ein Steuermann. TRISTAN UND ISOLDE (Wagner)

1953/54

42. Don Alfonso. Così fan tutte (Mozart)
43. Nazarener. Salome (Strauss)
44. Sparafucile. Rigoletto (Verdi)
45. Pimen. Boris Godunow (Mussorgski)
46. Fürst Gremin. Eugen Onegin (Tschaikowski)
47. König Marke. Tristan und Isolde (Wagner)
48. Kreon. Oedipus Rex (Strawinsky)
49. Reinmar von Zweeter. Tannhäuser (Wagner)
50. Fasolt. Das Rheingold (Wagner)
51. Titurel. Parsifal (Wagner)
52. Sarastro. Die Zauberflöte (Mozart)

1954/55

53. Hermann, Landgraf von Thüringen, Tannhäuser (Wagner)
54. Rocco. Fidelio (Beethoven)
55. Leporello. Don Giovanni (Mozart)
56. Hunding. Die Walküre (Wagner)
57. Sprecher. Die Zauberflöte (Mozart)
58. Ramphis, Oberpriester. Aida (Verdi)
59. Crespel. Hoffmanns Erzählungen (Offenbach)

1955/56

60. Figaro. Die Hochzeit des Figaro (Mozart)

1956/57

61. Der Großinquisitor. Don Carlos (Verdi)
62. Alonso. Der Sturm (F. Martin)
63. Kontschak. Fürst Igor (Borodin)
64. Prior. Die Hexe von Passau (Gerster)

1957/58

65. Wotan. Das Rheingold (Wagner)
66. Pater Guardian. Die Macht des Schicksals (Verdi)
67. Philipp II. Don Carlos (Verdi)

1958/59

68. Dosifej. Chowanstschina (Mussorgski)
69. König. Ariodante (Händel)
70. Iwan. Iwan Sussanin (Glinka)

1960/61

71. Ochs auf Lerchenau. Der Rosenkavalier (Strauss)
72. Ezio. Ezio (Händel)

1962/63

73. Banquo. Macbeth (Verdi)
74. Wotan. Die Walküre (Wagner)

1963/64

75. Zaccarias. Nabucco (Verdi)
76. Frank. Die Fledermaus (Strauß)
77. Orest. Elektra (Strauss)
78. La Roche. Capriccio (Strauss)

1964/65

79. Don Giovanni. Don Giovanni (Mozart)
80. Don Alfonso (ital.) Così fan tutte (Mozart)
81. Amfortas. Parsifal (Wagner)

1965/66

82. Don Giovanni (ital.) Don Giovanni (Mozart)
83. Holländer. Der fliegende Holländer (Wagner)
84. Der Wanderer. Siegfried (Wagner)

1967/68

85. Masaniello. Masaniello (R. Keiser)
86. Boris. Boris Godunow (Mussorgski)
87. Hans Sachs. Die Meistersinger von Nürnberg (Wagner)
88. Pizarro. Fidelio (Beethoven)

1969/70

89. Caesar. Julius Caesar (Händel)

1970/71

90. Wozzeck. Wozzeck (Berg)

1971/72

91. Barak. Die Frau ohne Schatten (Strauss)
92. Graf Almaviva. Die Hochzeit des Figaro (Mozart)

1973/74

93. Einstein. Einstein (Dessau)
94. Sir Morosus. Die schweigsame Frau (Strauss)

1974/75

95. Scarpia. Tosca (Puccini)

1975/76

96. Gurnemanz. Parsifal (Wagner)

1977/78

97. Schulmeister. Der Schulmeister (Telemann)

1978/79

98. Jochanaan. Salome (Strauss)

1979/80

99. Musiklehrer. Ariadne auf Naxos (Strauss)

1980/81

100. Baal. Baal (Cerha)

1982/83

101. Dr. Schön. Lulu (Berg)

1983/84

102. Titelpartie. Un Reinascolto (Berio)

Diskographie

Seit 1954 entstanden mehr als hundert Aufnahmen von Opern und -querschnitten (Arien und Szenen), Kantaten, Oratorien, Messen, Passionen und Liedern, die vor allem beim VEB Deutsche Schallplatten, aber auch unter den Firmenbezeichnungen EMI, Eurodisc, Capitol Record, Decca, Deutsche Grammophon GmbH, Supraphon und Philips erschienen. Davon seien nachstehend (in zeitlicher Reihenfolge) genannt.

E = Eterna (VEB Deutsche Schallplatten), Eu = Eurodisc, Su = Supraphon, CR = Capitol Record, D = Decca, DGG = Deutsche Grammophon GmbH, Ph = Philips, O = Orfeo, A = Amadeo, At = Atlantis.

1. Brahms: Ein Deutsches Requiem (CR)
2. Mozart: Figaro-Arien (E)
3. Händel: Der Messias (E)
4. Haydn: Die Jahreszeiten (E)
5. Bach: h-Moll-Messe (E)
6. Bach: Kantaten mit dem Leipziger Thomanerchor (E)
7. Beethoven: IX. Sinfonie (E)
8. Bach: Kantaten mit dem Leipziger Thomanerchor (EMI)
9. Haydn: Die Schöpfung (E)
10. Bach: Magnificat (E)
11. Smetana: Die verkaufte Braut, Kezal (E)
12. Loewe: Balladen (E)
13. Telemann: Lieder, Der Schulmeister/Mozart: Lieder, Arien (E)
14. Mozart: Requiem (E)
15. Mozart: Die Hochzeit des Figaro, Titelpartie, Querschnitt (E)

16. Strauss: Salome, Nazarener (E)
17. d'Albert: Tiefland, Tommaso (E)
18. Haydn: Die Schöpfung (E)
19. Mozart: Bastien und Bastienne, Colas (E)
20. Wagner: Opernszenen, Prag (Su)
21. Wagner: Opernszenen, Berlin (E)
22. Tschaikowski: Eugen Onegin, Gremin, Querschnitt (E)
23. Bach: Kantate unter Karl Richter (DGG)
24. Schütz: Kleine Geistliche Konzerte (E)
25. Schütz: Lukas-Passion (E)
26. Schubert-Lieder (E)
27. Händel: Judas Maccabäus (E)
28. Wagner: Der fliegende Holländer, Titelpartie (EMI)
29. Mendelssohn Bartholdy: Elias (Ph)
30. Strauss: Ariadne auf Naxos, Ein Musiklehrer (E)
31. Arien aus russischen und italienischen Opern (E)
32. Händel: Brockes-Passion (DGG)
33. Strauss und Schumann: Lieder (E)
34. Beethoven: Missa solemnis (E)
35. Wagner: Tannhäuser, Landgraf (DGG)
36. Beethoven: Fidelio, Don Pizarro (E)
37. Mozart: Così fan tutte, Don Alfonso (E)
38. Mozart: Arien (E)
39. Humperdinck: Hänsel und Gretel, Peter (E)
40. Lieder von Ernst H. Meyer (E)
42. Cavalieri: Rappresentazione di anima e di corpo (DGG)
43. Mussorgski: Boris Godunow, Titelpartie (E)
44. Mozart: Die Zauberflöte, Sarastro (E)
45. Dvořák: Rusalka, Wassermann (E)
46. Händel: Jephta (E)
47. Wagner: Die Meistersinger von Nürnberg, Hans Sachs (EMI/E)
48. Mozart: Idomeneo, Stimme des Orakels (E)
49. Schubert: Messen Es-Dur und As-Dur (E)
50. Bach: Kantaten mit dem Leipziger Thomanerchor (E)

51. Schütz: KLEINE GEISTLICHE KONZERTE (E)
52. Berühmte Opernduette mit Peter Schreier (E)
53. Weber: ABU HASSAN, Omar (E)
54. Bach: Messen mit dem Dresdner Kreuzchor (E)
55. Wagner: LOHENGRIN, Heinrich der Vogler, Querschnitt (E)
56. Mozart: DIE ZAUBERFLÖTE, Sprecher (EMI)
57. Weber: DER FREISCHÜTZ, Kaspar (E)
58. Brahms: Lieder (E)
59. Händel: DER MESSIAS (E)
60. Mozart: THAMOS, König in Ägypten, Titelpartie (E)
61. Bach: Weltliche Kantaten (E)
62. Händel: DER MESSIAS, in der Mozart-Bearbeitung (DGG)
63. Bach: Kantaten (E)
64. Bach: WEIHNACHTSORATORIUM (E)
65. Wagner: RIENZI, Orsini, Szenen (E)
66. Schubert: WINTERREISE, Heine-Lieder/Wolf: Michelangelo-Lieder (E)
67. Haydn: DIE SCHÖPFUNG (E)
68. Bach: Weltliche Kantaten (E)
69. Bach: JOHANNES-PASSION (E)
70. Berg: WOZZECK, Titelpartie (E)
71. Arien aus frühen Opern: Telemann, Keiser, Erlebach, Händel, Steffani (E)
72. Beethoven: LEONORE, Don Pizarro (E)
73. Strauss: DIE SCHWEIGSAME FRAU, Sir Morosus (E)
74. Balladen von Schubert, Wolf, Schumann und Loewe (E)
75. Dessau: EINSTEIN, Titelpartie (E)
76. Schubert: ALFONSO UND ESTRELLA, Adolfo (E)
77. Wolf: Ausgewählte Lieder/Schumann: DICHTERLIEBE (E)
78. Theo Adam singt Wagner (E)
79. Mozart: TITUS, Publius (E)
80. Wagner: PARSIFAL, Amfortas, Querschnitt (E)
81. Beethoven: FIDELIO, Don Pizarro (D)
82. Europäische Volkslieder (E)

83. Bach: Weihnachtsoratorium mit dem Dresdner Kreuzchor (E)
84. Schubert: An die Musik (E)
85. Rimski-Korsakow: Mozart und Salieri, Salieri (E)
86. Wagner: Ring, Wotan/Wanderer (EMI)
87. Beethoven: Fidelio, Minister (E)
88. Strauss: Lieder (E)
89. Bach: h-Moll-Messe (E)
90. Bach: Kantaten (E)
91. Beethoven: IX. Sinfonie (E)
92. Mozart: Requiem (E)
93. Bach: Matthäus-Passion (E)
94. Mozart: Zauberflöte, Sprecher (E)
95. Krenek: Karl V., Titelpartie (A)
96. Schoeck: Penthesilea, Achilles (AT)
97. Cerha: Baal-Gesänge
98. Cerha: Baal, Titelpartie (A)
99. v. Einem: Dantons Tod, Titelpartie (O)
100. Matthus: Hyperion-Fragmente (E)
101. Bach: Matthäus-Passion (E)
102. Weber: Der Freischütz, Eremit (E)
103. Strauss: Der Rosenkavalier, Ochs (E)

In den erwähnten Schallplattenaufnahmen stehen folgende Dirigenten am Pult:

Gerd Albrecht, Arthur Apelt, Herbert Blomstedt, Karl Böhm, Christoph von Dohnanyi, Martin Flämig, Heinrich Hollreiser, Marek Janowski, Herbert von Karajan, Herbert Kegel, Rudolf Kempe, Bernhard Klee, Carlos Kleiber, Otto Klemperer, Helmut Koch, Franz Konwitschny, Kurt Masur, Erhard Mauersberger, Rudolf Mauersberger, Rolf Reuter, Karl Richter, Hans-Joachim Rotzsch, Heinz Rögner, Wolfgang Sawallisch, Paul Schmitz, Hans Schmidt-Isserstedt, Peter Schreier, Georg Solti, Otmar Suitner, Johannes Winkler, Lothar Zagrosek.

Personenregister

Inhalt

Fotonachweis:
Theo Adam – Privatarchiv (4), Prof. Hulla/Wien (1) und 3 Umschlagfotos, Wilhelm Rau/Bayreuth (1 Umschlagfoto), Foto Landgraf (2), Photo Ellinger (1), Foto Palffy (3), Erwin Döring (7), Festspiele Bayreuth (1), Anne Kirchbach (1), Photo Schaffler (2), Pressebüro Salzburger Festspiele (3), Elisabeth Hausmann (1), Deutsche Staatsoper Berlin/Marion Schöne (5) und Hella Köppel (1), du Vinage (1), Georges Bruny (1), L. Nerlich (1), Maria Steinfeldt (3), Hans Pölkow (1), Oda Steinberg (1), Siegfried Lauterwasser (1), Gewandhaus zu Leipzig (1), Hansjoachim Mirschel (1), Zentralbild (2)

ISBN 3-362-00009-6

1. Auflage
Lizenz Nr. 414.235/14/86
LSV Nr. 8401
Gestaltung: Bernd Meier
Printed in the German Democratic Republic
Lichtsatz: Karl-Marx-Werk Pößneck V 15/30
Druck und Binden: Sachsendruck Plauen
6256730
01600